高等院校"十三五"应用型规划教材

信息检索实践教程

主 编 于喜展 孙志梅

微信扫一扫

教师服务入口　　学生服务入口

南京大学出版社

图书在版编目(CIP)数据

信息检索实践教程 / 于喜展,孙志梅主编. — 南京:
南京大学出版社,2017.8
高等院校"十三五"应用型规划教材
ISBN 978-7-305-19084-1

Ⅰ. ①信… Ⅱ. ①于… ②孙… Ⅲ. ①情报检索-高等学校-教材 Ⅳ. ①G254.9

中国版本图书馆 CIP 数据核字(2017)第 175573 号

出版发行	南京大学出版社
社　　址	南京市汉口路 22 号　　邮　编　210093
出 版 人	金鑫荣
丛 书 名	高等院校"十三五"应用型规划教材
书　　名	**信息检索实践教程**
作　　者	于喜展　孙志梅
责任编辑	张亚男　武　坦　　编辑热线　025-83597482
照　　排	南京南琳图文制作有限公司
印　　刷	常州市武进第三印刷有限公司
开　　本	787×1092　1/16　印张 12.25　字数 306 千
版　　次	2017 年 8 月第 1 版　2017 年 8 月第 1 次印刷
ISBN	978-7-305-19084-1
定　　价	29.00 元

网址：http://www.njupco.com
官方微博：http://weibo.com/njupco
微信服务号：njuyuexue
销售咨询热线：(025) 83594756

* 版权所有,侵权必究
* 凡购买南大版图书,如有印装质量问题,请与所购
　图书销售部门联系调换

前言

  信息检索课是培养学生掌握文献信息的检索与利用,不断提高学生信息素质和能力的一门科学方法课。自1984年教育部印发《关于在高等学校开设"文献检索与利用"课程意见》的通知后,信息检索课被正式列入我国高校文理工科各专业的教学计划,也成为高校图书馆开设的唯一课程。随着社会信息化程度的不断提高,信息检索教育成为大学生信息素质培养和提高的一个重要途径。因而,许多高校已将其列为学生的必修课或选修课。通过该课程的教学,培养学生获取信息、开拓思维、勇于创新的才能,提高学生分析问题和解决问题的能力。

  本教材主要为满足信息检索课程的教学、培养提高学生的信息素质水平和实践技能的需要而编写的。教材遵循普通高等院校对人才培养目标的要求和课程特点,以大学图书馆资源为基础平台,兼顾开放网络资源,按照"理论够用、注重实践操作"的原则,由一般到具体,虚实并重,理论与案例结合,力求:① 理论结合实际,博采众长,充分吸收国内外相关实践经验和最新研究成果;由浅入深、循序渐进、简明扼要,便于初学者理解掌握。② 在内容取舍与安排上,每章要包含基础理论知识、检索方法与技巧、检索应用案例等内容,做到体系完整而又重点突出,便于学习者在掌握学科体系的同时把握住重点和难点。③ 注重实践能力的培养,各章通过检索案例分析(具体到操作步骤)让学生掌握检索方法和技巧,每章后附有实践技能训练方案,以强化实际操作,提高实践应用能力。

  本教材在编写过程中得到了山东科技大学图书馆长李家祥教授和副馆长张福俊副研究馆员的大力支持和帮助,在初步策划、内容选取、出版使用等方面给予联系和把关。具体由于喜展、孙志梅担任主编,完成全书的统稿审核;李默、李瑞芹、王亚博、徐静(齐鲁师范学院)担任副主编。编者具体分工如下:第一章(李默、于喜展);第二章(于喜展);第三章(于喜展、李瑞芹);第四章(王亚博);第五章(孙志梅);第六章(李瑞芹);第七章(孙志梅、徐静)。

  编者在写作过程中,直接或间接地参阅和借鉴了国内外大量的有关专著、教科书和论文,因数量很多,难以一一列举,在此一并致谢。

  由于编者水平所限,书中缺点、疏漏和错误在所难免,恳请广大读者批评指正。

编 者
2017 年 6 月

目 录

第一章　信息资源与信息素养 ……………………………………………… 1
　　第一节　信息资源概述 ……………………………………………………… 1
　　第二节　主要信息资源 ……………………………………………………… 6
　　第三节　信息素质与创新能力 …………………………………………… 12
　　第四节　综合检索实例及分析 …………………………………………… 16

第二章　图书馆资源与利用 …………………………………………… 24
　　第一节　图书馆的职能与服务 …………………………………………… 24
　　第二节　馆藏资源检索方法 ……………………………………………… 25
　　第三节　电子图书资源的获取 …………………………………………… 27
　　第四节　文献传递与馆际互借 …………………………………………… 31
　　第五节　综合检索实例及分析 …………………………………………… 34

第三章　信息检索的基本原理 ………………………………………… 47
　　第一节　信息检索基础知识 ……………………………………………… 47
　　第二节　信息检索策略与步骤 …………………………………………… 54
　　第三节　综合检索实例及分析 …………………………………………… 62

第四章　常用数据库资源检索 ………………………………………… 75
　　第一节　中国学术资源总库(CNKI) ……………………………………… 75
　　第二节　Ei village 数据库 ………………………………………………… 82
　　第三节　Web of Science 数据库 ………………………………………… 86
　　第四节　ScienceDirect 数据库 …………………………………………… 97
　　第五节　综合检索实例及分析 …………………………………………… 99

第五章 特种文献检索 110
第一节 特种文献检索概述 110
第二节 专利文献检索 111
第三节 标准文献及检索 132
第四节 综合检索实例及分析 140

第六章 网络信息资源检索 148
第一节 网络信息资源基础知识 148
第二节 搜索引擎及检索技巧 150
第三节 开放学术信息资源及其利用 159
第四节 综合检索实例及分析 162

第七章 学术论文写作规范 169
第一节 学术论文写作基础知识 169
第二节 学术论文的写作与发表 172
第三节 毕业论文的写作规范 182

关于印发《发表学术论文"五不准"》的通知 186

发表学术论文"五不准" 187

参考文献 189

第一章 信息资源与信息素养

第一节 信息资源概述

资源是一种能够创造物质财富的东西;信息是物质存在的一种方式、形态或运动状态,也是事物的一种普遍属性;信息资源是人类认识和改造客观世界的知识源泉。在现代社会中,物质资源、能量资源与信息资源共同构成一切事物的三大要素,是现代社会发展的三大支柱,它们互相结合、互相依存。其中,物质资源是人类的物质基础,能量资源给予人类动力,而信息资源则是人类智慧和知识的结晶。

一、信息与信息资源

(一) 信息的定义与属性

1. 信息的定义

信息科学的重要学者维纳在《控制论——动物和机器中的通信与控制问题》中提出了关于信息的两个经典定义:其一,"信息既不是物质,也不是能量,信息就是信息,不懂得它,就不懂得唯物主义";其二,"信息是用于适应外部世界,并且在使这种适应为外部世界所感知的过程中,同外部世界进行交换的内容的名称"。

2. 信息的属性

信息是宇宙万物的时空序,这里的序包括有序和无序,信息科学就是研究信息的属性及其与物质和能量之间的依存和转换关系的学科。信息有多种属性,其中有四个属性是最基本的,它是信息不同于物质和能量的根本区别。

1) 反映性

宇宙的任何实体都是信息的本原,世界总是在其不同时空点下形成具有实体结构状态的物质—能量—信息关系。信息来源于客观世界的物质实体,以及实体之间、实体和反映对象之间的关系,但绝对不是物质实体本身,因为没有反映性就没有信息,反映性是信息的最基本属性。信息不但反映实体的属性、状态、特征、结构和动态过程,而且反映它们之间的依存和转换关系。只有将信息首先理解为本原的反映,才能解释为什么信息总是与特定的对象或环境相关,而没有这种相关就没有信息。

2) 无量纲

信息没有独立的空间维度,实体对象发送信息,空间属于实体,物理实体多大或多小,信息只是一种反映和表现；信息也没有独立的时间维度，实体对象发送信息，时间也属于实体，虽然一个对象的信息模型是与时间无关的，但如果必需，时间又可以与对象关联。正是由于信息具有无量纲的属性，我们才可以对下列现象进行解释：一个硬盘存满了0、1或它们的任意组合，与一个格式化了的空白硬盘相比，在重量上完全相同。

3）不守恒

根据守恒的自然定律，物质和能量既不能再生，也不能消灭，它只能进行转换。而信息世界是不守恒的，因为信息可以再生或消灭。比如，语言信息、科学知识、病毒信息等等都遵循不守恒的自然定律，它不但可以增加、减少或转换，而且可以消灭或再生。只要承认信息可以增加或减少、消灭或再生，信息就是不守恒的。事实上，只要承认信息的反映性和无量纲属性，就必然要承认信息的不守恒属性。

4）可共享

信息是对实体对象的反映、显示或映射，信息对实体对象的依赖是绝对的。但信息对载体的关系可以相对独立，同一信息可以负载于不同类型的载体，同一类型的载体可以负载不同的信息。信息的可共享来源于信息对载体的相对独立的关系。从信息的相对独立性上看，信息被多个信宿共享和重复使用，对信息本身而言没有任何损失。信息是可共享和可重复使用的，而实体则是独占性的。比如有两个人，每人各有一个苹果（实体），他们交换后，每人还是一个苹果；但若每人都各有一条信息，经过交换后，每人就拥有两条信息。人类正是依靠信息与载体的相对独立性，尤其是信息的可共享性，才得到不断的进化和发展。

（二）知识、数据、事实和文献

从狭义上讲，知识是人们通过学习、发现或感悟到的对世界的认识的总和，是人类认识的结晶。从广义上讲，知识是一种数据、事实和信息的有组织的认识、价值观、洞察力的体系。利用知识所构成的框架，人们可进而评价和吸收新的经验与信息。因此，知识是建立在数据、事实和信息基础之上的。

数据泛指对客观事物的数量、属性、位置及其相互关系的抽象表示，以适合于用人工或自然的方式进行保存、传递和处理。传统的数据管理是数据项、记录和文件的管理，现代的数据管理是数据库管理。随着信息技术的不断发展，计算机信息处理范围的扩大，数据的含义也扩大了，存储的数据也在向着"海量"方向发展。

事实是客观事物的存在状态。事实的最大特点是客观性，即客观、真实。事实在一般场合下是一种未经处理过的客观事物状态，但它也可能被人为改变。即使被人更改或变换，它仍然只属于客观的不以人的认识、意志为转移的事物状态。

《文献情报术语国际标准》将文献定义为："在存储、检索、利用或传递信息的过程中，可作为一个单元处理的，在载体内、载体上或依附载体内而存储有信息或数据的载体。"简而言之，文献是记录有信息、数据、事实和知识的一切载体。构成文献有三个最基本的要素：① 构成文献内核的信息、数据、事实和知识；② 负载信息、数据、事实和知识的物质载体；③ 记录信息、数据、事实和知识的符号系统。

信息、数据、事实、知识是文献的内容，离开了信息、数据、事实和知识便不能称之为文献。物质载体是符号赖以依存的寄主，符号系统是信息、数据、事实和知识的携带者，物质载体和符号系统是信息、数据、事实和知识进入文献记录的前提和具体的形式、方法和过程。

文献具有信息性、传递性和动态性特征,这些特征是社会信息学、信息计量学和信息检索研究的重要内容。

(三) 信息与相关概念的区别

根据卡尔·波普的"三个世界"的理论,信息可以分为三大类:第一类是有关客观物质世界的信息,即本体论意义上的本原信息,它反映事物运动的状态及其变化的方式;第二类是有关人类主观精神世界的信息,即认识论意义上的抽象信息,它反映人类能感受的事物运动状态及其变化方式,处于意识、思维状态;第三类是有关客观意义上概念世界的信息,即主体论意义上的累积信息,它反映人类所表述的事物运动状态及其变换方式,用语言、文字、图像、影视、数据等各种载体来表示,汇成一个实在的自主的"信息世界"。以"三个世界"的理论来研究信息、数据、事实、知识和文献,它们之间存在以下关系。

信息存在于全部的三个世界(主观世界、客观的物质世界、客观的概念世界)中,知识存在于主观世界和客观的概念世界,但不存在于客观的物质世界,因此知识包含于信息之中。数据、事实存在于主观世界、客观的物质世界,但不存在于客观的概念世界中,因此数据、事实包含于信息之中。文献存在于客观的概念世界,但不存在于主观世界、客观的物质世界,因此文献也包含于信息之中。在信息及其相关概念中,知识离信息最近,二者的区别主要有以下三点:

(1) 组织性区别。信息是零散的、片断的、特殊的;知识是结构的、连贯的、普遍的。

(2) 时间性区别。信息是适时的、短时的,甚至是短命的;知识是持久的、无限的。

(3) 空间性区别。信息是跨越式的、流变性的;知识是定位式的、确定性的。

简言之,信息像是无数的细胞,知识则像是一个有机体;信息可以设想为各种瞬时变化,知识则反映某种变化的存在;信息可以看成是多种变换,知识则跟踪某种变换的过程。由于人类获取信息的根本目的是获得客观世界的知识,所以,信息与知识的关系可以简化为"信息—知识—信息—知识"这样一种循环转换关系之中。

(四) 信息资源的概念

信息资源是指人类在社会实践中,对信息获取、筛选、处理、传输并存储在一定的载体上进行利用,最后得到的可以为人类创造新的精神财富和物质财富的信息集合。狭义的信息资源指的是信息本身,而广义的信息资源还包括与信息紧密相连的信息设备、信息人员、信息网络、信息系统等。由于信息本身既不是物质,也不具有能量,因此,任何信息都离不开一定的物质载体和能量,信息总是以一定类型或形式的载体作为其存在和传递的物质基础。

信息载体又可分为信息表征载体和物质载体两类,其中,信息表征载体是指信息内容赖以存在的文字、符号、声波、光波等用以记录信息的载体,亦称第一载体;物质载体则是指信息载体赖以存在和传递的纸张、胶片、磁带、光盘等物质材料,亦称第二载体或硬载体。只有第一载体和第二载体有机结合,才能保证信息内容得到完整保存和有效传递。而随着信息科学、材料科学的不断发展,信息载体也在相应地发展变化。

二、信息资源的特征

(一) 信息资源具有内容丰富、数量庞大的特点

各种信息收藏机构收藏的信息资源包括传统信息资源(缩微胶片、各类光盘、纸质文献

等)和网络信息资源,这些信息资源内容十分丰富,而且数据量特别庞大。随着互联网的迅猛发展,网络已经成为全世界最大的信息资源产生基地,这些网络信息资源包括成千上万种报纸、期刊,以及个人、公司、学校以及政府的详细信息,信息具有跨地区、分布广、多语种、高度共享的特点,并且随着时间的推移,信息资源数量呈指数增长。

(二)信息资源还具有类型繁多、范围增大、用途扩大的特点

信息资源建设速度越来越快,相应的信息类型也越来越多,其包括了印刷型出版物、电子期刊、图书、工具书及大量的联机数据库、书目数据库、软件资源等种种形式。信息资源呈现出多种表现形式,比如文本信息中就包含了文字、符号、表格等,另外还有图像、声音、视频和动画等信息。除了传统的信息传递方式外,人们现在还通过网络进行信息交流。

(三)信息资源具有更新速度加快、半衰期缩短的特点

科学技术的快速发展,使得各类文献资料和互联网信息不断地淘汰和更新,新技术、新知识、新理论、新产品层出不穷,加速了信息资源的新陈代谢。信息资源的半衰期指的是某学科领域目前尚在使用的全部信息资源中较新的信息资源出现的年限。据统计不同学科信息资源的半衰期为:生物医学3年、冶金学3.9年、物理学4.6年、化工4.8年、社会科学5年、机械工程学5.2年、生理学7.2年、化学8.1年、数学10.5年、地质学11.8年、地理学16.1年。由于各国科技发展水平不同,其相应的信息资源寿命也不尽相同。

(四)电子信息逐渐成为一种主要的信息资源形式并表现出鲜明的特点

计算机技术和情报资源的结合产生了一种新型的信息资源——电子信息,这种信息资源主要以数字形式存储,用户利用计算机或互联网进行检索和传输,并通过书目、索引、文摘、全文数据库、多媒体信息、电子期刊等形式为用户提供服务,加快了信息资源的流通和共享。另外,网络信息呈全球化分布结构,信息资源分别存储在不同国别、不同区域的服务器上,不同的服务器采用的数据结构和操作系统也不同,从而使网络信息资源的呈现方式从静态的文本格式发展到动态的多模式的方式。它的组织结构完全超越了传统的信息组织方式,具有一定的复杂性。

三、信息资源的类型

信息资源的表现形式多种多样,其类型的划分并没有固定的标准,主要取决于人们分析问题的不同需要,因此可以从不同需要出发按照多个角度对信息资源类型进行划分。

(一)根据信息资源的记录载体划分

目前信息资源载体的主流形式大体可以划分为两类:印刷型信息资源和电子型信息资源。而电子型信息资源又可以根据符号编码系统和制作生产过程进行进一步划分。印刷型信息资源是信息的传统记录形式,它包括石印、油印、铅印、胶印和光电印刷。电子型信息资源是伴随计算机技术和网络技术发展而产生的,它是以数字信息处理技术为核心的一种信息记录形式。

根据数字信息记录的不同符号编码系统,电子信息资源可以进一步地划分为三种类型:文本类电子信息资源、图形类电子信息资源和多媒体类电子信息资源。其中,文本类电子信息资源是通过语言、文字输入后产生的电子信息资源,它主要借助计算机电子文本处理软件产生的文件保存格式,其主要格式包括 TXT 格式、RTF 格式、HTML 格式、PS 格式、DOC

格式、PDF 格式、PPT 格式、XLS 格式等;图形类电子信息资源的文件保存格式主要有 BMP 格式、JPG 格式、GIF 格式、TIFF 格式、CDR 格式、DXF 格式、DWF 格式、KML 格式、SWF 格式等;而多媒体类电子信息资源的主流格式包括 CD 格式、WAVE 格式、MIDI 格式、WMA 格式、MPEG 格式、Real 格式、WMV 格式、QuickTime 格式、MKV 格式等。

另外,根据数字信息记录的不同制作、生产过程,电子信息资源还可以进一步地划分为原生电子信息资源、次生电子信息资源和数字化电子信息资源三类。目前,在国内外的商业数据库中,大多数是既有原生电子信息资源,也有次生电子信息资源、数字化电子信息资源。由于受到版权许可证的限制,只有数字信息出版商和少部分数字信息服务商能够制作原生电子信息资源,绝大多数数字信息集成商和数字信息服务商只能够制作次生电子信息资源。

电子信息资源的出版、制作、服务商基于自身经济利益和著作权保护的目的,在信息加工、处理技术上,有的采用国际通用标准的文件存储格式,有的则采用独家标准的文件存储格式。当前,国内电子期刊、数字图书的文件存储格式有 PDF、PDG、CAJ、VIP、CEB 等,其中 PDF 为国际通用格式,PDG、CAJ、VIP、CEB 分别为国内数字集成商超星、清华同方、维普资讯和方正 Apabi 采用的独家标准存储格式。

(二) 根据信息资源的传递加工层次划分

根据信息资源的传递加工层次可以划分为零次信息、一次信息、二次信息和三次信息。其中,零次信息是一切信息产生的源信息,即客观存在于社会生活中,通过人的视觉、听觉等形成的言语、神情、气氛等表象形式,其主体是口头信息及行为表现,与零次信息相对应的是零次文献,是指非正式出版或非正式渠道交流的最原始资料,如手稿、个人通信、原始记录、演讲及实验记录等是最基本的信息源。一次信息也称原始信息,它是作者依据本人的科研和工作成果而形成的信息,是对作者学术思想、研究成果、技术发明、文艺创作等的正式记载,是科研成果的一种主要表述方式。此类信息资源的印刷形式主要包括图书、期刊和报纸、研究报告、学位论文、会议论文、专利说明书、技术标准、产品样本等;电子形式包括事实数据库、电子期刊、电子图书、电子预印本和发布一次信息的正式学术网站等。一次信息具有创造性、原始性和多样性的特点。

二次信息有时又称检索工具,它指的是根据实际需要,按照一定的科学方法,将特定范围内的分散的一次信息进行筛选、加工、整理,使之有序化而形成的信息。由于它能较为全面地、系统地反映某学科、某专业的文献信息线索,因而是检索和评价一次信息的便捷工具。此类信息的印刷形式有期刊、数据、文摘、题录、索引、论文集、图书馆目录等。其中,二次信息数据库是在传统检索工具(如书目、文摘、题录、索引)基础上形成和发展起来的数据库。二次信息主要有集中性、工具性和系统性的特点。

三次信息是指通过二次信息提供的线索,选用一次信息的内容进行分析、综合、研究后而编成的信息文献,它是围绕某一专题,对各次信息所含知识的深度加工、浓缩和重组。一般包括专题评述、专题调研、动态综述、进展报告、学科年度总结等。此类信息资源的印刷形式和电子形式基本重合,都包括综述、述评、字辞典、百科全书、年鉴、标准、数据手册等。三次信息的特点主要表现在综合性、针对性和科学性上。

(三) 根据信息交流的形式划分

从人类社会的发展历程来看,信息交流的形式经历了三种不同的阶段和形态:非正式信息、半非正式信息和正式交流。因此，可以将信息资源划分为非正式信息资源、半非正式信息资源和正式信息资源三种类型。

1. 非正式信息资源

非正式信息资源是人与人之间直接互动交流而产生的信息，又称零次信息或零次文献。非正式信息资源，基本上是通过面对面交谈、电话、演讲、邮件或书信往来、研讨会的论文发表等渠道传播。零次信息是一次信息资源形成前对作者学术思想、研究成果、技术发明、文艺创作等的最原始的记录，此类信息的印刷形式为手抄件、打字件、复印件、讲义、描图、黑板板书，电子形式为内部录音、录像、电子邮件、电子文档等。零次信息的特点是信息来源直接、真实，内容新颖。这类信息在较小的范围内交流、使用、参考，其传播渠道少。非常重要的零次信息资源则作为档案或制作数据备份以长期保存。

2. 半非正式信息资源

半非正式信息资源是指受到一定产权保护但又没有纳入正式出版系统而产生的信息，又称"灰色"信息。部分半非正式信息由于保密需要，不能通过常规的手段获取，只在特定的范围进行传播；部分半非正式信息虽然未公开发表，但又允许在一定范围内传播，如非公开的内部刊物、专题报告、市场调查报告、学位论文、学术会议文献等。半非正式信息具有原始性、不稳定性、隐蔽性、离散型、获取困难、形式灵活多样等特点，它能够真实反映一个国家、一个行业、一个机构发展的动态和水平。而且，这些信息由于传播的范围小，被多次利用的可能性也比较小，在实际社会活动中往往会产生较大的收益。

3. 正式信息资源

正式信息资源是指经过出版机构和同行专家以严格的专业标准进行过评审，受到严格知识产权保护的知识性信息，包括图书、期刊、报纸、专著、工具书、标准、技术报告、音像制品等。正式信息资源必须经过出版机构的资格认证、同行评审、质量控制三个环节，才能进入正式的信息交流渠道。更重要的是，由于出版机构的竞争，导致只有最优秀的知识性信息才能在最优秀的出版物发表。正式信息是人类最主要的文明和知识的总和，具有稳定性、科学性、质量可靠、传播范围广和利用率高的优点，能够充分地反映一个国家的文明发展水平。在大数据时代，重视正式信息资源的寻找和利用，尤其是充分重视那些优质正式信息的获取和吸收，可使学习和研究少走弯路。

第二节　主要信息资源

数字信息资源的出版形式是图书馆和信息服务机构存放、管理和提供服务的一个依据，根据文献出版形式的不同，文献型数字信息资源主要有以下十种类型。

一、图书

图书是最早出现的文献类型之一，至今仍占据科学文献的主导地位。联合国教科文组织在1961年规定：5～49页印刷品为小册子，50页以上的正式印刷品为图书。图书主要有以下优缺点：出版量大，稳定性强，质量较高，保存期长，但编辑出版周期较长，传递知识信息相对较慢。图书主要包括专著、教科书、工具书、图册、读物和文集等。图书著录的主要外部特征是:书名、著者、出版社名称、出版地、出版时间、总页数和国际标准书号(ISBN)。其中出版社名称①、出版地或出版国②、出版时间③、总页数或页码范围④、国际标准书号(ISBN)⑤是辨识图书的主要外部特征;图书辨识的直接关键词①是"出版(社、者)",英文词是Press、Publication(Pub.)、Publisher。例如:

(1) 江永红,主编. 统计学. 合肥②:中国科学技术大学出版社①,2002③,239页④,ISBN 7-312-01363-5⑤

(2) C. Granell,J. Poveda,M. Gould. Incremental Composition of Geographic Web Services:An Emergency Management Context. . F. Toppen,P. Pastracos (eds.):Proc. of the 7th Conference on Geographic Information Science(AGILE 2004③) Heraklion②,Creta(Grecia)②. Abril 2004③,Crete University Press①,pp. 343-348④(ISBN:960-524-176-5⑤)

(3) Javier Nogueras-Iso,F. J. Zarazaga-Soria,P. R. Muro-Medrano. Geographic Information Metadata For Spatial Data Infrastructures—Resources,Interoperability,Information Retrieval. Springer Verlag①,Germany②,ISBN:3-540-24464-6⑤,264 pages④,March 2005③。

其中,ISBN号是国际标准书号(International Standard Book Number)的简称,它是国际标准化组织于1972年、2005年公布的一项国际通用的出版物统一编号方法。2007年1月1日以前的ISBN号由10位数字组成,以后由13位组成,共分五段:① 前缀978或979,为3位EAN(欧洲商品编号),代表图书。② 地区号,又叫组号(Group Identifier):代表出版者的国家、地理区域、语种等;我国的组号为"7"。③ 出版者号(Publisher Identifier),代表组内所属的一个具体出版者(出版社、出版公司等)。④ 书序号(Title Identifier):代表某出版社所出版的一种具体出版物的书名。⑤ 校验码(Check Digit):ISBN号的最后一位数字,用以检查ISBN号转录过程中有无差错。例如,《Frontpage网页设计》一书的ISBN号是:978-7-118-01984-4,其中:"978"为欧洲商品编号中图书;"7"代表中国(中文);"118"代表国防工业出版社;"01984"代表书名号;"4"代表检验码。

二、期刊

期刊又称杂志、连续出版物,指有固定名称、统一开本、有编号或年月标志、定期或不定期连续出版、每期内容不重复并由多名责任者撰写不同文章的出版物。与图书相比,期刊的特点是出版周期较短、内容新颖、学术性强、信息量大并能及时反映各学科发展的最新动向和科学研究的最新成果。期刊是随着近代科学的发展而产生的,其发展十分迅速,在科技活动中起着非常重要的作用,是科技人员进行信息交流的正式公开的工具,被称为"整个科学史上最成功的无处不在的科学信息载体"。

期刊的类型有五大类,并且有自己的常用冠名:

(1) 学术性、技术性刊物,是科技期刊的核心部分。刊名一般为:Acta(学报)、Journal(杂志)、Annals(年报)、Chronicle(纪事)、Annual(年刊)、Bulletin(通报)、Transactions(汇刊)、Proceedings(会刊)、Review(评论)、Progress或Advances in ...(进展)等。

(2) 快报性刊物。刊名一般为：Communication(通讯)、Letters(快报)、Bulletin 等。

(3) 消息性(Newsy Journals)刊物。多数是新闻，刊名一般为：News(新闻)、News Letters(新闻快报)等。

(4) 资料性(Data Journals)刊物。刊名一般为：Data、Event 等。

(5) 检索性刊物。刊名一般为：Index、Abstract 等。

期刊文献著录的主要外部特征是：论文题名、著者、刊名、卷号(Vol.)、期号(No.)、年月号、起止页号、国际标准刊号(ISSN)。其中：卷号(Vol.)[①]、期号(No.)[②]、年月号[③]、起止页号[④]、国际标准刊号(ISSN)[⑤]是辨识期刊文献的主要外部特征；上述期刊类型的常用冠名也是辨识期刊的直接关键词[⑥]。例如：

(1) 王玲. 基于知识发现的生物信息学. 生物工程进展[⑥]，2000[③]，Vol. 20[①]，No. 3[②]：27 - 29[④]，ISSN 1003 - 3565[⑤]

(2) Guterman, L. The Promise and Peril of "Open Access". Chronicle[⑥] of Higher Education, January 30,2004[③]，50[①](21[②])：A10 - 12，A14[④]，ISSN：0009 - 5982[⑤]

(3) Poveda, J. and M. Gould. The BQV algorithm for point-in-polygon determination. GESTS International Transactions[⑥] on Computer Science and Engineering，Vol. 6[①]，No. 1[②]，pages：207 - 218[④]. Jan. 2005[③]

其中，国际标准刊号(ISSN)由 8 位数字分两段组成，如 1000～0135，前 7 位是期刊代号，末位是校验号。我国正式出版的期刊都有国内统一刊号(CN)，它由地区号、报刊登记号和《中图法》分类号组成，如 CN11 - 2257/G3。地区号依《中华人民共和国行政区划编码表(GB 2260 - 82)》取前两位，如北京为 11、天津为 12、上海为 31、辽宁为 21、吉林为 22、四川为 51 等。图书馆一般把当年的期刊称为"现刊"，当年以前的期刊称为"过刊"，相应地也有"现刊阅览室"和"过刊阅览室"的设置和称呼。

三、会议文献

会议文献是指在学术会议上宣读或书面交流的报告、论文、会议记录、会议纪要等有关资料，是科学交流的一条重要渠道。它往往反映出科学技术的发展趋势，其特点是与最新成果的间隔时间短，但其内容与期刊相比可能不太成熟。会议文献具有水平高、针对性强和发表快的特点，很多论文往往在正式发表前先提交学术会议进行交流。全世界每年召开的学术会议超过上万次，正式发行的各种专业论文集、会议录近 4000 种，约有 50% 的会议只在会前印发论文、论文摘要或论文目录等会前文献，不出版会后论文集、会议录。

会议和会议文献常用的主要名称有 Conference(大会)、Meeting(小型会议)、Symposium(讨论会)、Seminar(研讨会)、Proceeding(会议录)、Paper(单篇论文)、Transaction(汇报)等。英文常用 Transactions 表示会议上发表的汇编论文；Proceedings、Symposium 表示会议的记录和会后整理出版的会议论文录、论文集。会议文献著录的主要外部特征是：论文题名、著者、编者、会议名称或会议论文集名称、会议地或主办国、会议年月日、论文在会议论文集中起止页号、会议论文号。其中，会议名称或会议论文集名称[①]、会议地或主办国[②]、会议年月日[③]、论文在会议论文集中起止页号[④]、会议论文编号[⑤]是辨识会议文献的主要外部特征；上述会议和会议文献常用的主要名称也是辨识的直接关键词[⑥]。例如：

(1) X. Gai, S. Sun, M. F. Wheeler and H. Klie, A time stepping scheme for coupled reservoir flow and geomechanics on nonmatching grids, In: Proceedings⑥ of the 2005 SPE Annual Technical Conference and Exhibition①, Dallas, Texas, USA②, October 9 - 12, 2005③. (SPE 97054⑤)

(2) S. Sun and M. F. Wheeler, Adaptive discontinuous Galerkin methods for coupled diffusion—and advection-dominated transport phenomena, In: Proceedings⑥ of the 3rd International Conference on Computing①, Communication and Control Technologies (CCCT'05), Volume I, ISBN: 980 - 6560 - 46 - 9, H. -W. Chu, M. J. Savoie, and B. Sanchez, Eds., pp. 130 - 135④, Austin, Texas②, July 24~27, 2005③.

(3) R. Hedges, B. Loewe, and C. Morrone. Parallel File System Testing for the Lunatic Fringe: the care and feeding of restless I/O Power Users. Twenty-Second IEEE/Thirteenth NASA Goddard Conference⑥ on Mass Storage Systems and Technologies (MSST 2005)①, Monterey, California, USA②. 2005③, Pages. 3 - 17④

四、学位论文

学位论文指高等学校、科研机构所培养的硕士生、博士生为取得学位资格而呈递的毕业论文,是带有一定独创性的原始文献,具有较高的学术水平和学术价值。世界各国都非常重视学位论文的收藏和流通,并出版目录和索引。

学位论文是非卖品,也不公开发行,通常只在学位授予单位的图书馆和按国家规定接受呈缴本的图书馆保存有副本,故学位论文的收集与利用不如其他类型的文献方便。例如,在中国,国家科技文献中心(NSTL)、中国科技信息研究所、万方数据、CNKI(同方)都集中收藏和报道国内各学位授予单位的博/硕士学位论文。在美国,由国际大学缩微品公司(University Microfilms International, UMI)负责收藏和报道全美的博士、硕士论文,并收集报道其他国家的学位论文。在英国,由英国国家图书馆(不列颠图书馆)负责收藏和报道本国的学位论文。在日本,国立大学的学位论文由日本国立图书馆统一收藏,私立大学的学位论文则收藏在学位授予单位的图书馆中。

学位论文著录的主要外部特征是学位名称、导师姓名、学位授予机构、学位授予时间等。学位论文辨识的直接关键词①是"学位论文"和"学位名称",英文词是 Doctoral Dissertation 和 MS、M. B. A.、Ph. D.、Eng. D、D. S. 等。例如:

(1) Chang, D. H. (2000). Knowledge, culture, and identity: American influence on the development of Library and Information Science in South Korea. Unpublished doctoral dissertation①, Univ. of Texas at Austin

(2) 2005, Tsai, Hwai. Pricing Discrete Double-Barrier Options with the Quadrature Method. MBA thesis①.

(3) Allen, B., Learning Body Shape Models from Real-World Data, Ph. D. Thesis①, 2005.

五、标准文献

标准文献是经权威主管机构批准,采用文件形式或规定基本单位(物理常数)这两种形式固定下来、以文件形式出现的法定性文献。标准文献以特定形式对重复性事物和概念做统一规定,是科学、技术和社会实践中非常重要的信息资源。

按标准文献内容划分有基础标准、产品标准、方法标准、安全卫生标准等;按成熟程度划分有法定标准、推荐标准、试行标准;按使用范围划分有国际标准、区域标准、国家标准、行业标准、企业标准等。国际标准化机构中最重要、影响最大的是1947年成立的国际标准化组织(ISO)和1906年成立的国际电工委员会(IEC),它们制定或批准的标准具有广泛的国际影响。

标准文献都有标准号,它通常由国别(组织)代码+顺序号+年代组成,如ISO 3297-1986。我国的国家标准分为强制性的国标(GB)和推荐性的国标(GB/T),如GB 18187-2000、GB/T 2662-1999;行业标准代码以主管部门名称的汉语拼音声母表示,如JT表示交通行业标准、SY表示石油行业标准;企业标准编号:Q/省、市简称+企业名代码+年份。国际常用标准文献的代码,如表1.1所示。

表1.1 国际常用标准文献的代码

ISO	国际标准化组织	DIN	德国国家标准
IEC	国际电工委员会	ГОСТ	俄罗斯国家标准
ANSI	美国国家标准	GB	中国国家标准
BS	英国国家标准	ASME	美国机械工程师协会标准
CEN	欧洲标准化委员会	ASTM	美国材料和实验标准
CENELEC	欧洲电子技术标准委员会	API	美国石油协会标准
JIS	日本工业标准	IEEE	美国电气与电子标准
NF	法国国家标准	ITU	国际电信联盟标准

标准文献著录的主要外部特征是标准级别、标准名称、标准号、审批机构、颁布时间、实施时间等。标准文献辨识的直接关键词[①]是"标准"(Standard)与"标准号"。例如:

(1) 评定水在烃和脂肪酯润滑剂中溶解度的标准[①]试验方法,ASTM D 4056-2001[①]

(2) 信息技术自动识别与数据采集技术条码码制规范[①]交插二五条码,GB/T 16829-2003[①]

(3) Recommended Practice Standard[①] Procedure for Field Testing Water-Based Drilling Fluids. Second Edition, Addendum, 1 May 2000. API RP 13B-1[①]

(4) NACE Standard[①] RP0775-2005[①]. Preparation, Installation, Analysis, and Interpretation of Corrosion Coupons in Oilfield Operations. 2005-04-07.

六、专利文献

专利是受专利法保护的技术发明,并独占其制造、使用和销售的权利。专利文献是实行专利的国家、地区及国际专利组织在审批专利过程中产生的官方文件及出版物,包括专利说明书、专利权利要求书、专利公报、专利分类表、专利检索工具等。专利是与产业活动密切相关的,因而其实用性非常强。

根据专利权种类及其应用情况,其类型有发明专利、实用新型专利和外观设计专利等。

发明专利是指对产品、方法提出的新方案或对原有产品、方法提出的改进。实用新型专利是指对产品的形状、构造或组合提出的新的实用技术方案。外观设计专利是指对产品的形状、图案、配色或其结合做出的新颖设计,一般不出版说明书。专利文献辨识的直接关键词①是"专利号"(包括申请号、公开号)。例如:

(1) 一种消除注气驱油过程中固溶物沉淀伤害的方法。CN200310103591.7①(申请号),CN1616794①(公开号)。

(2) Shmakova-Lindeman,Olga E. Paraffin inhibitors. US 20050215437①

(3) Miklos, H. Method for the treatment and prevention of asphaltene-paraffin-vax precipitates in oil-wells, wellheads and pipelines by the use of biocolloid suspensions. EP1552106①;WO2004031536(A1)①;CA2501359(A1)①;AU2003274389①

七、报纸

报纸在国外被称为新闻报纸,是专门刊载新闻报道和时事评论为主的定期出版物,但有些报纸也刊载学术论文和其他信息。报纸具有时事性、时效性、普及性、大众性的特点,而且出版周期短,传递信息迅速,传播范围广,也是不容忽视的文献信息资源。

八、政府出版物

政府出版物是指国家政府机关颁布的各种文件,如政府公报、政府会议文件、法律汇编、条约集、公告等,国家党政机关为开展日常工作而印刷的文件、参考资料也属于此类。政府出版物具有正式性、权威性的特点,它与国际国内政治经济形势密切相关,是科技工作者十分重视的文献信息资源。

西方国家多设有政府出版物的专门出版机构,如英国的皇家出版局(HMSO)、美国政府出版局(GPO)等,其中美国政府出版局是世界上最大的政府出版机构。美国政府出版物可通过美国政府出版物目录月报(http://www.access.gpo.gov)、美国政府报告通报与索引(Government Reports Announcement & Index, GRAI)和国家科技文献中心利用。欧洲国家政府出版物可通过欧共体信息网政府联机信息服务系统(http://europa.eu.int/index.htm)和国家科技文献中心利用。中国的政府出版物大部分是由政府部门编辑,由指定出版社出版,部分政府出版物也发布在人民网、新华网上。

九、科技报告

科技报告是科技人员从事某一专题研究所取得的成果和进展的实际记录。科技报告一般都编有号码,供识别报告本身及其发行机构,其特点是反映新技术、新学科较快,内容专深,数据可靠,保密性强,具有独创性。

科技报告一般单独成册,有专门的编号。较著名的有美国国家技术信息服务处(NTIS)出版的四大报告:PB报告、美国国防技术信息中心(DTIC)出版的AD报告、美国国家航空宇航局出版的NASA报告、美国能源部出版的DOE报告。

科技报告的种类很多,按照报告形式可分为报告书、技术札记、备忘录、论文、通报、技术译丛、特种出版物;按照报告时间可分为初期报告、进展报告、中间报告、终结报告;按照报流通范围可分为绝密报告、机密报告、秘密报告、非密限制发行报告、公开报告、解密报告等。科技报告文献著录的主要外部特征有报告名称、报告号、研究机构、完成时间等。

十、预印本

预印本是一种重要的信息资源和交流媒体,它在科学家的非正式信息交流中是最主要的形式。术语"预印本"大多数情况下是指已经经过同行评审、正处在等待在传统印本期刊上正式出版阶段的手稿,或已被采用的会议论文。与传统期刊发表的文章以及网页发布的文章相比,预印本具有交流速度快、利于学术争鸣、开放获取的特点。在互联网上可以访问的预印本也经常被称为"电子预印本"(E-Preprint)。

根据对 Science,Nature,Phy. Rev. Lett. ,J. Am. Chem. Soc. , NEJM 等五种科技期刊的统计调查,其中 Phy. Rev. Lett. 中所引用的文献中网络资料的比例要远远高于其他几种,这是因为 Phy. Rev. Soc. 是物理类专业期刊,它引用了大量的 ArXiv.org 预印本资料,而对所引用的预印本文献做抽样调查,它的可获取率为100%,这充分体现了电子预印本区别于其他网络资源的优点。ArXiv.org 电子预印本档案是美国高能物理研究所理论部于1991年8月创建的互联网上第一个电子预印本档案,现在包括物理、数学、非线性科学、计算机科学、数量生物学和统计学等学科。2003年8月,国内第一个电子预印本服务系统"中国科技论文在线"经教育部批准正式向社会开放。2004年3月,国内第二个电子预印本服务系统"中国预印本服务系统"正式开通服务。

第三节 信息素质与创新能力

一、信息素质

信息素质是指一个人的信息需求、信息意识、信息知识、信息道德、信息能力方面的基本素质。随着大数据时代的来临,越来越多的学者对信息素质予以关注和研究,国内外关于信息素质的研究从高等教育领域逐渐扩展到了整个教育领域,并迅速成为高校培养学生终身学习能力和创新能力的重要内容。

美国图书馆协会(ALA)对"信息素质"概念进行了准确的定义,他认为:"具有信息素质能力的人,能够充分地认识到何时需要信息,并能有效地检索、评价和利用信息。即掌握了各种学习方法,知道怎样组织知识,发现和使用信息。这些人具有终身学习的能力,因为他们不管碰到什么问题或做什么决定时,都能够发现必要的信息。"在我国,对 ALA 定义的信息素质内涵,基本上达成了共识,即具有信息素质能力的人,能够判断什么时候需要信息,会利用各种信息检索工具,并且懂得如何去获取、评价、利用所需的信息,以及合理合法地使用信息。信息检索课程的教学目的和核心就是培养和提高人的信息素质。

信息素质是由信息需求、信息意识、信息知识、信息道德和信息能力五个部分组成的,它是一个典型的"金字塔"结构,如图1.1所示。其中,信息需求是指人们在一个阶段的目标、任务位置中产生的信息需要行为,它是信息意识、信息知识、信息道德、信息能力的基础。信息意识是人们对信息的敏锐意识,由信息需求激发出来,包括人们对信息的感受力、持久的注意力和对信息价值的洞察力、判断力,它是信息知识、信息道德、信息能力的基础。信息知识是人们有关信息的特点与类型、信息交流和传播的基本规律与方式、信息的功用及效应、信息检索的方法和技能等方面的知识,是信息素质的中介环节,也是信息道德、信息能力的基础。信息道德是人们在收集信息、获取信息和使用信息时必须遵守的伦理道德规范,它是信息能力的基础。信息能力是人们在探求与个人兴趣有关的信息活动中,能够精确地、批判性地评价信息,对信息进行创造性表达和知识创新,最佳地收集、分析和使用信息,从而完成解决实际问题和探求知识的能力,它汇集了信息需求、信息意识、信息知识和信息道德的所有力量。因此,培养和提高人的信息能力是信息检索课程的灵魂。

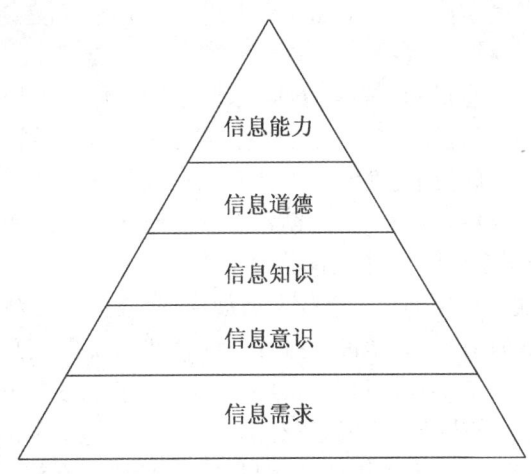

图 1.1　信息素质结构的等级模型

二、创新能力

创新能力是指人在顺利完成以原有的知识、经验为基础的创建新事物的活动过程中表现出来的潜在的心理品质。创新能力是人们革旧布新和创造新事物的能力,包括发现问题、分析问题、发现矛盾、提出假设、论证假设、解决问题以及在解决问题过程中进一步发现新问题,从而不断推动事物发展变化等。创新能力最基本的构成要素是创新意识、创新思维、创新技能。创新能力有一部分是来自于不断发问的能力和坚持不懈的精神;创新能力在一定的知识积累的基础上,可以训练出来、启发出来,甚至可以"逼出来"。总的来说,创新能力是人们运用已有的基础知识和可以利用的材料,并掌握相关学科的前沿知识,产生某种新颖、独特、有社会价值或个人价值的思想、观点、方法和产品的能力。

当人的目标需求体系通过实践操作系统与外部环境接触后,发现现实条件不能满足自己的需要,便会发现问题,并力图解决它,以便达到目的。于是,创新能力便在人类利用外在环境以求自身生存与发展的过程中生成。这种生成过程是一个漫长的历史进程,而且其总是伴随着人类自身的进化发展,从简单的工具发明到复杂的思想和物质创造,最终形成纷繁斑斓的人类文明体系:物质文明、制度文明和精神文明。创新能力的作用主要表现在:教人学会创新思维,教人如何进行创新实践以及教人解决遇到的各种现实问题。

创新能力建设的主要领域包括理念创新、理论创新、技术创新、制度创新、创新团队和创新学习六个方面。

（一）理念创新

理念实际上就是我们对某种事物的观点、看法和信念。在很多情况下，理念和观念都是可以互用的。因此，这里理念创新也就是指思想观念的创新和思维方法的创新——打破常规，突破现状，敢为人先，敢于挑战未来，谋求新境界的思维定式。理念的创新必须具备创新的意识——表现为对创新的重视、追求和开展创新活动的兴趣和欲望，以及创新精神——综合运用已有的知识、信息、技能和方法，提出新方法、新观点的思维能力和进行发明创造、改革、革新的意志、信心、勇气和智慧等。创新意识只是一种兴趣和欲望，这种意识转化为行动还需要创新的精神。创新精神是一种勇于抛弃旧思想旧事物、创立新思想新事物的精神。

（二）理论创新

理论上来讲，有了创新意识和创新的精神，在此基础上形成了理念的创新，但如果想将这些理念转化为现实的行动还需要理论创新的系统支持。理论创新就是在扬弃原有的思想、学说和理论的基础上，通过创造性的思维活动，提出新思想、新学说、新理论的过程。通过理论创新推动制度创新、科技创新、文化创新以及其他各方面的创新，不断在实践中探索前进。理论创新的种类很多，但是根据创新的不同程度，往往把它区分为原始性创新和综合性创新。原始性创新，就是在深刻把握事物发展规律、有效探索社会实践新领域的基础上，独辟蹊径，创立新原理、新理论或新学说的过程。综合性创新指人们在社会实践活动中，根据实践的发展和要求，对前人的理论观点通过扬弃和修正进行丰富和发展；对不断出现的新情况新问题进行新的理性分析和理论解答；对认识对象或实践对象的本质、规律和发展变化的趋势进行新的揭示和预见；对人类历史经验和现实经验进行新的理性升华。

（三）技术创新

技术创新的内涵的正确理解源于对技术的正确理解。狭义的技术主要是指工程学含义上的技术，是具有特定应用目标的手段、方法体系。技术并不等同于知识，任何技术都有目的，都服务于某个特定的应用目标。采用正确的技术手段、方法是技术创新成功的重要保证。美国技术哲学家米切姆对技术的分类具有广泛影响，其分别为：作为对象的技术（装置、工具、机器），即实体性技术；作为知识的技术（技能、规划、理论），即观念性技术；作为过程的技术（发明、设计、制造和使用）；作为意志的技术（意愿、动机、需要、设想）。可见，技术的内涵绝不仅限于知识层面的理解。通常意义上的知识总是与认识活动相关联的，而技术活动却与实践紧密相关，是介于科学活动、生产活动之间的具有生产、研究双重性的特殊社会活动；知识主要是以观念形态方式存在，而实体性技术却可作为直接的生产工具应用于生产；技术的目的性突出，知识是相对零散的，不具有明显的应用性目的。因此，不宜将技术简单地归入知识的范畴，抹杀了其不同于知识的应用性特征。

（四）制度创新

制度创新必须符合社会结构变动和社会发展的要求。制度创新的核心内容是社会政治、经济和管理等制度的革新，是支配人们行为和相互关系的规则的变更，是组织与其外部环境相互关系的变更，其直接结果是激发人们的创造性和积极性，促使人们不断创造新的知识，合理配置社会资源，社会财富源源不断地涌现，最终推动社会的进步。同时，良好的制度环境本身就是创新的产物，而其中很重要的就是创新型的政府，只有创新型政府，才会形成创新型的制度、创新型的文化。

（五）创新团队

团队类似于组织——为了一个共同的目标而共同努力的人群。也就是说，团队是一个由少数成员组成的小组，是为了一个共同的目标而一起努力的一群人，小组成员具备相辅相成的技术或技能，有共同的目标，有共同的评估和做事的方法，他们共同承担并分享最终的结果和责任。创新团队则是指具有创新精神的团队，也就是具有创新意识、创新思维和创新能力，从而能取得创新性成果并有所建树的团队，而其核心则是创新造性思维。

（六）创新性学习

创新性学习是创新人才的首要能力。创新性学习过程是接受、活化、内化和建构知识的过程。创新性学习的实质是知识的增殖。因此，对于创新能力的开发，首先要重视创新学习能力的开发。创新性学习能力是获取、继承、建构知识的能力。创新思维能力是标新立异、另辟蹊径的想象和思考能力。创新实践能力是把新的思想和设计变为现实产品的能力。这种产品包括文字产品、艺术作品、技术成果和工艺、方法、工业产品等等。创新性学习能力是进行创新思维和创新实践的基础，创新思维能力是进行创新学习和创新实践的纽带，创新实践能力是实现创新性学习和创新思维的关键，三者共同作用形成人的创新能力。

创新性学习是与传统的学习方法——维持学习相对的一种学习，是能够引起变化、更新、改组和形成一系列问题的学习。它的功能在于通过学习，提高学习者发现、吸收新信息以及提出新问题的能力。创新性学习的基础是创造性教育。创造性教育在发展人的创造性思维、开发创造性潜力中起着主导作用。创新性学习强调学习者的主体地位，学生之所以是创新性学习活动的主体，在于学生是学习活动的主人。创新性学习是学习者与某种学习经验、知识、文化相互融通、消化，进而不断验证各种解决问题的假设，获得新颖、独特的解决问题答案的活动。

创新性学习是一种全新的大学习观。创新意识和创新能力是创新学习的关键。创新意识是创新能力的先导。只有掌握创新的基础知识、基本技能和一定的创造规律，了解科技发展、知识更新的动态，具有较强的学习能力和思维能力，才能萌生创新意识。只有具备较强的创新意识，不断培养创新能力，才能有效开展创新性学习，成为创新型人才。一句话，培养创新型人才需要创新性学习。

三、信息素质与创新能力的关系

具有信息素质的人，能够将获得的有效信息融入自己的知识结构中去，从而利用信息去思考、辨别、判断，以形成自己的观点，完成一个具体的任务。这个思考、判断的过程正是一个批判性思维过程，在这个过程中，人们通过对信息的吸收、分析形成一种新的观点和思想，这正是人们进行创新思维活动时所需要的过程。人的思维活动是对感性材料进行分析和综合，通过概念、判断、推理的形式，形成合乎逻辑的理论体系。人们获得的信息本身就是一种感性的材料，形成的理论体系也应该是一种升华的、超越式的、具有新的效益的体系。信息素质能改变人的思维方式、拓展思路、激发创新欲望、增加创新兴趣，能使人的思维更具联想性。人们在进行分析和综合时常会以联想的方式来运用过去的分析标准和综合方式，在分析综合过程中逐步形成新的分析标准和综合方式。

行为的起因源于动机,它可以是有意识的,也可以是无意识的。就个别人说,他的行动的一切动力,都一定要通过他的头脑,一定要转变为他的愿望的动机。所谓"愿望的动机",实质上是指一种推动力,这种推动力或来自外界的事物,或来自精神方面的理想、激情,甚至一时的念头。具有信息素质的人,则经常不断地从获得的大量信息中接受外界刺激,从而激发出创新的愿望,产生创新的行为。一个人的创新能力就是要具有求新的意识和相应的能力,能够善于发现和认识有意义的新知识、新思想、新事物、新方法,掌握其中蕴含的基本规律,而这些则源自于一个人所拥有的信息的数量与质量。当然,这些信息是具有信息素质的人经过思考、进行逻辑思辨和判断、提炼、组织起来的,是信息素质的体现,表现在信息意识、信息知识、信息能力等多个方面。其中,信息意识表明对新信息的敏锐性,时刻追求知识信息的热情,这与创新的敏感性、创新热情、创新兴趣密切相关;信息知识表明利用知识信息进行逻辑思辨和判断的能力,实际上也是创新知识信息的能力;信息能力则表现为获取和处理信息的能力。如果缺少信息意识,有能力也不会动用,缺少思考力,再多的信息也不会自动变成解决问题的智慧,也就谈不上具有创新行为、创新能力了。总而言之,信息素质是培养创新能力的基础。

第四节　综合检索实例及分析

实例一　图书真伪的鉴别

图书真伪的鉴别方法主要有两种:一是利用验证号验证 ISBN 的真伪;二是利用 CIP 数据网站检索验证。

(一)利用验证号验证 ISBN 的真伪

国际标准书号(International Standard Book Number,ISBN),是专门为识别图书等文献而设计的出版物代码,一个国际标准书号只有 1 个或 1 份相应的出版物与之对应。ISO 于 1972 年颁布了 ISBN 国际标准,并在西柏林普鲁士图书馆设立了实施该标准的管理机构——国际 ISBN 中心。现在,采用 ISBN 编码系统的出版物有图书、小册子、缩微出版物、盲文印刷品等。2007 年 1 月 1 日前,ISBN 由 10 位数字组成,分四个部分:组号(国家、地区、语言的代号)、出版者号、书序号和检验号。2007 年 1 月 1 日起,实行新版 ISBN,新版 ISBN 由 13 位数字组成,分为 5 段,即在原来的 10 位数字前加上 3 位 EAN(欧洲商品编号)图书产品代码"978",如图 1.2 所示。校验号是 ISBN 号的最后一位数值,只能是 1 位数,当为 10 时,记为罗马数字 X。利用校验号能够校验出 ISBN 号是否正确。

1. 10 位图书 ISBN 的验证

10 位数字组成的 ISBN,由组号、出版者号、书名号、校验号这四部分组成,其间用"-"相连,验证规则如下:

将 ISBN 的前 1~9 位数字按顺序依次乘以 10、9、8、7、6、5、4、3、2 这 9 个数字并相加,然后再加上校验号得到总和,假如这个总和能被 11 整除,说明这个 ISBN 号是正确的,则认为该图书是真的。

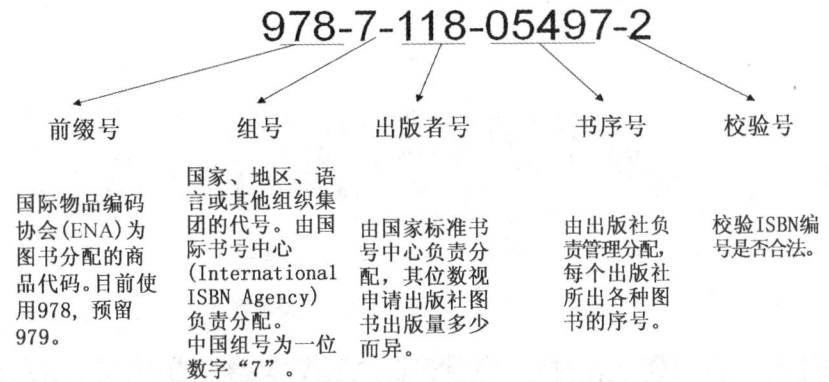

图 1.2 国际标准书号示例

例如:ISBN 7-5233-3536-9

$7×10+5×9+2×8+3×7+3×6+3×5+5×4+3×3+2×6=226$,加上校验号 9,$(226+9)÷11=21.3634$,不能被 11 整除,所以该书为盗版书。

2. 13 位图书 ISBN 的验证

13 位 ISBN 校验号的加权计算规则与 10 位 ISBN 的计算规则不同,具体为:在 ISBN 的前 12 位数字中,从前往后计算的奇位数字依次乘以 1,偶位数字依次乘以 3,然后相加,得和再加上最后的校验号数字,取得之和如果能够被"10"整除,则 ISBN 码正确,否则则为错误的。

例如:ISBN 978-7-118-05497-2

$9×1+7×3+8×1+7×3+1×1+1×3+8×1+0×3+5×1+4×3+9×1+7×3=118$,再加上校验号 2,$118+2=120,120÷10=12$,能够被 10 整除,则该书是正版的。

(二) 利用 CIP 数据网站检索验证

CIP 核字号是检验 20 世纪 90 年代至今出版的图书是否为正版的重要指标。2000 年前为 9 位,2000 年为 9 位和 10 位并存,2000 年之后为 10 位。新闻出版总署信息中心作为 CIP 数据的唯一制作单位,负责 CIP 数据的制作,任何单位不得自行制作,保证了数据的唯一性、权威性,从而 CIP 具有反盗版作用。

图书在 CIP 核字号的形式,如图 1.3 所示。

通过对 CIP 核字号查询,可以实现对 CIP 数据的真伪及反映的内容进行核实。具体步骤如下:

(1) 登录国家新闻出版广电总局网站(http://www.sapprft.gov.cn/),在首页依次找到"业务查询"—"新闻出版类查询"—"CIP 数据核字号查询",点击进入查询页面,如图 1.4 所示。

(2) 输入所要查询的完整的核字号,格式为:"年号"+"核字流水号"。例如,在图 1.3 中的核字(2014)第 046005 号,则输入的完整核字号为:"2014046005",然后输入验证码再点击"验证"键。

图书在版编目（CIP）数据

网络信息检索与利用 / 张玉慧主编. —— 北京：北京理工大学出版社，2014.3
ISBN 978-7-5640-8965-8

Ⅰ.①网… Ⅱ.①张… Ⅲ.①计算机网络-情报检索-高等学校-教材 Ⅳ.①G354.4

中国版本图书馆CIP数据核字(2014)第046005号

图1.3　图书在版编目(CIP)数据示例

图1.4　CIP数据核字号查询页面

（3）显示命中CIP数据的信息：打印格式（见图1.5）和书目详细（见图1.6）。

实例二　期刊、报纸的真伪鉴别

我国正规期刊的刊号是由国际标准刊号（ISSN）和国内统一刊号（CN）两部分组成，因而鉴别期刊、报纸的真伪有三种方法：利用国际标准刊号（ISSN）验证；利用国内统一刊号（CN）进行验证；利用国家新闻出版广电总局网站查询期刊。

（一）利用国际标准刊号（ISSN）验证

ISSN是国际标准连续出版物号（International Standard Serial Number）的英文缩写，是为各种内容类型和载体类型的连续出版物（如报纸、期刊、年鉴等）所分配的具有唯一识别性的代码。ISSN由前缀"ISSN"和8位数字组成。ISSN与8位数字之间的间隔为半个汉

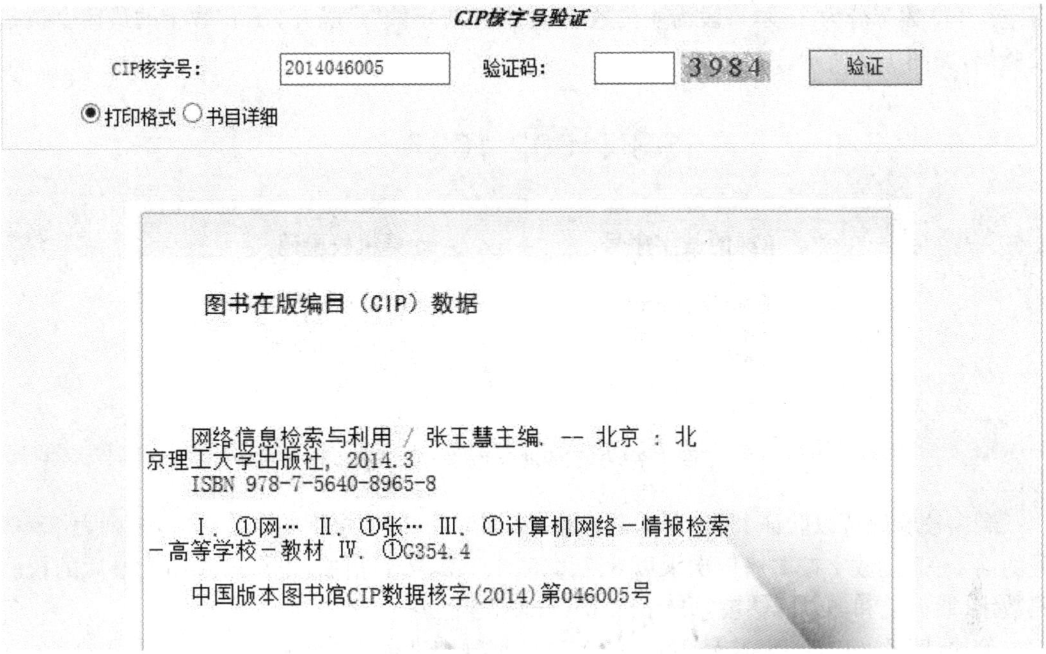

图 1.5　显示命中 CIP 数据信息的打印格式页面

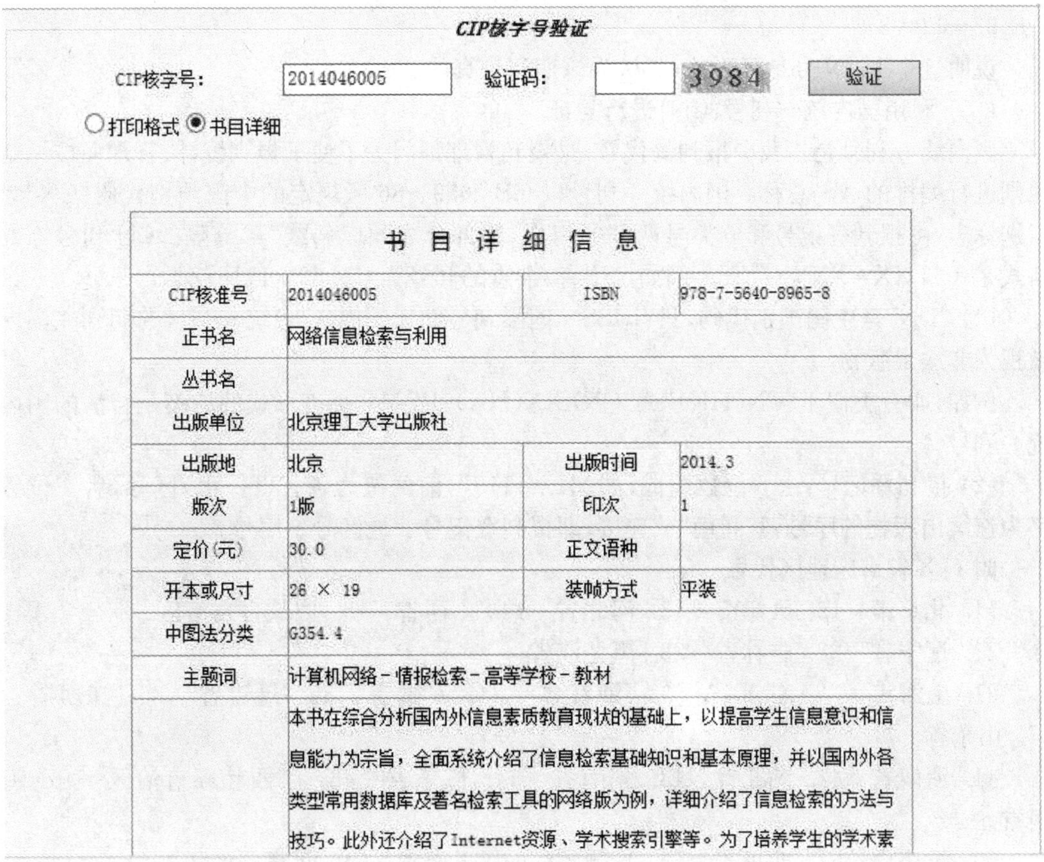

书 目 详 细 信 息

CIP核准号	2014046005	ISBN	978-7-5640-8965-8
正书名	网络信息检索与利用		
丛书名			
出版单位	北京理工大学出版社		
出版地	北京	出版时间	2014.3
版次	1版	印次	1
定价(元)	30.0	正文语种	
开本或尺寸	26 × 19	装帧方式	平装
中图法分类	G354.4		
主题词	计算机网络－情报检索－高等学校－教材		
	本书在综合分析国内外信息素质教育现状的基础上，以提高学生信息意识和信息能力为宗旨，全面系统介绍了信息检索基础知识和基本原理，并以国内外各类型常用数据库及著名检索工具的网络版为例，详细介绍了信息检索的方法与技巧。此外还介绍了Internet资源、学术搜索引擎等。为了培养学生的学术素		

图 1.6　显示命中 CIP 数据信息的书目详细页面

字空。8位数字分为2段,每段为4位数字,中间用半字线"-"隔开。8位数字的最后一位是校验码,如图1.7所示。

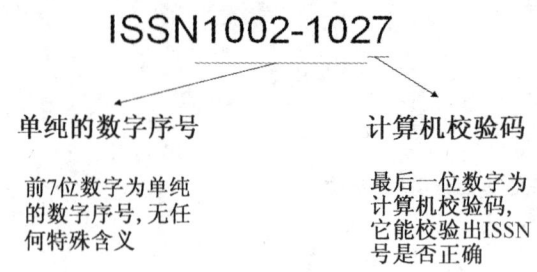

图1.7 国际标准刊号(ISSN)示例

利用校验码可以验证ISSN号是否正确,从而鉴别期刊/报纸的真伪,具体规则为:ISSN号的前1~7位数字按顺序依次乘以8、7、6、5、4、3、2,然后相加,得和后再加上最后的校验码数字,取得之和如果能够被"11"整除,则ISSN号正确。

例如:图1.7中的ISSN号1002~1027,依据规则进行如下计算:
$1 \times 8 + 0 \times 7 + 0 \times 6 + 2 \times 5 + 1 \times 4 + 0 \times 3 + 2 \times 2 + 7 = 26 + 7 = 33$
$33 \div 11 = 3$

说明这个ISSN号是正确的,则认为该期刊是真的。

(二)利用国内统一刊号(CN)进行验证

国内统一刊号是指我国报刊的代号,是报刊管理部门为了便于报刊统计、管理而按一定规则进行编排的号码总称。国内统一刊号以GB 2659-86所规定的中国国别代码"CN"为识别标志,由报刊登记号和分类号两部分组成,两部分之间以斜线"/"分隔。CN刊号标准格式是:CN XX-XXXX/YY。例如,《读者》杂志的刊号为CN 62-1118/Z。

(1)"CN"是中国国别代码,只有ISSN国际刊号而无国内(CN)统一刊号的期刊在国内被视为非法出版物。

例如,印有类似于"CN(HK)"或"CNXXX(HK)/R"等非标准形式的均不是合法的国内统一刊号。

(2)报刊登记号:由6位数组成,如"62-1118",前两位为各省(区、市)区号,后4位数字为连续出版物的序号,其间用"-"连接,即报刊登记号=地区号+序号。

附1:各省市区地区代号

11. 北京市 12. 天津市 13. 河北省 14. 山西省 15. 内蒙古自治区
21. 辽宁省 22. 吉林省 23. 黑龙江省
31. 上海市 32. 江苏省 33. 浙江省 34. 安徽省 35. 福建省 36. 江西省 37. 山东省
41. 河南省 42. 湖北省 43. 湖南省 44. 广东省 45. 广西壮族自治区 46. 海南省
50. 重庆市 51. 四川省 52. 贵州省 53. 云南省 54. 西藏自治区

61. 陕西省　62. 甘肃省　63. 青海省　64. 宁夏回族自治区　65. 新疆维吾尔自治区

附2: 报刊序号的范围一律从0001至9999

0001～0999为报纸的序号；

1000～5999为印刷版连续出版物（即期刊）的序号；

6000～8999为网络连续出版物的序号；

9000～9999为有形的电子连续出版物（如光盘等）的序号。

(3) 分类号，如"Z"，置在国内统一连续出版物号6位数字之后，用一斜线"/"隔开，期刊的分类法按《中国图书馆分类法（第4版）》的基本大类划分。

(4) 利用CN号的编排规则进行期刊真伪鉴别。

例1：《读者》国内刊号：CN 62-1118/Z，根据编排规则可以判定："CN"是中国国别识别代码，代表中国；62是甘肃省的地区代号，1118为出版序号（在期刊序号范围内），分类号Z。

例2：《中国教育论坛》国内刊号：CN 43-7773/R。由于它的序号后四位7772在6000～8999网络连续出版物范围内，可以判断为非法出版物。

例3：《中国教育研究》国内刊号：CN 98-0315/G4；国际刊号：ISSN 1727-0499。由于前2位98不在11到65范围内，故不是国家新闻出版署批出的刊号。

例4：《中国教育改革与研究》国内刊号：CN(H) 39-7869/G。国内刊号CN紧接是6位数字，之前不含字母H或HK或RH等字样，后4位7869为网络连续出版物。

(三) 利用国家新闻出版广电总局网站查询期刊

具体步骤如下：

(1) 登录国家新闻出版广电总局网站(http://www.sapprft.gov.cn/)，在首页依次找到"办事服务"—"业务查询"—"新闻出版类查询"—"期刊/期刊社查询（或报纸/报社查询）"，点击进入查询页面，如图1.8所示（以期刊查询为例）。

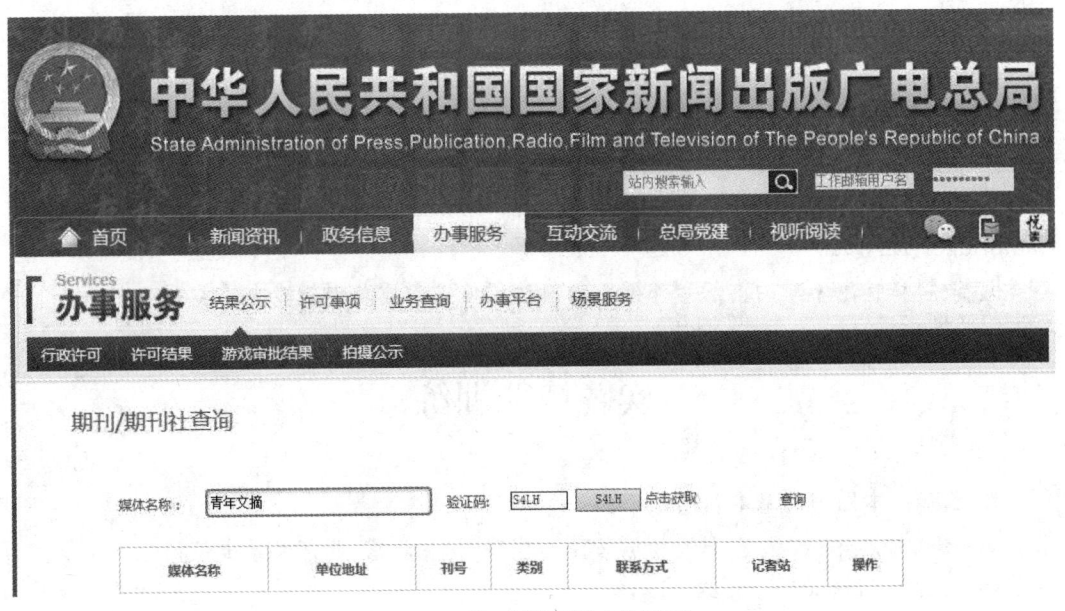

图1.8　期刊/期刊社查询页面

（2）在箭头所指位置输入要查询真伪的期刊，如"青年文摘"，输入验证码，如果失效请点击"点击获取"，然后点击"查询"就会得到相应的结果，如图1.9所示。

期刊/期刊社查询

媒体名称	单位地址	刊号	类别	联系方式	记者站	操作
青年文摘	无	11-1222/C	期刊	无	无	查看详细
青年文摘(彩版)	无	11-5467/C	期刊	无	无	查看详细
青年文摘（彩版）	无	115467	期刊	无	无	查看详细

图1.9　期刊查询结果页面

复习思考题

1. 请解释信息、知识、文献的概念，并简述三者之间的关系。
2. 试述三种信息资源类型的划分标准及其作用。
3. 试述零次、一次、二次、三次信息资源的特点与区分。
4. 文献类型辨析。分别指出下列的参考文献是什么文献类型，并解释其含义。

① Telser, L. 1960. Why should manufacturers want fair trade? J. Law Econom. 386-105

② Lawley A., et al. Paper presented at NATO Advanced workshop on Science and Technology of Rapid Solidification and Proceedings. June 21~24, 1994, Westpoint, NY

③ Roger A F. United Kingdom Patent. GB 2179200A, 1987

④ ASTM A 370-77 Mechanical Testing of steel Products

⑤ Martinez L G T. Ph. D. Dissertation, Massachusetts Institute of Technology, Cambridge, MA. 1990

5. 请解释信息素质的内涵和外延。如何认识信息素质与创新能力的关系？

实践技能训练

1. 已知一本图书的基本信息如下：

高庆殿、孙志春、伏立霞.信息检索方法与实践[M].北京:北京大学出版社

ISBN 978-7-301-25922-1

中国版本图书馆CIP数据核字(2015)第121216号。

要求:请用两种方法验证该图书的真伪。
2. 已知一本杂志的基本信息如下:
期刊名称:中国能源
中国能源杂志社由国家发展和改革委员会主管、国家发展和改革委员会能源研究所主办
国内统一刊号(CN):11-2587/TK
国际标准刊号(ISSN):1003～2355
要求:请用3种方法验证该期刊的真伪。

第二章 图书馆资源与利用

第一节 图书馆的职能与服务

图书馆是人类文明的产物。随着社会的进步和科技的发展,图书馆的形态不断演变,职能不断发展、深化和完善。

"图书馆"英文为 library,源于拉丁语"librarium",原意为藏书之所。现代图书馆的定义为:图书馆是收集、整理、保存、研究和开发、传递文献资料信息,并为读者及社会提供利用的科学文化教育和信息服务机构,具有保存人类文化遗产、参与社会教育、传递科学情报、开发智力资源等社会职能。这一定义确定了图书馆的工作对象是文献信息和读者,其工作程序是对信息进行收集、整理、保存、研究和开发、传递,其活动目的是提供利用与服务,以用为主,具有学术性、文化性、教育性和服务性。

随着计算机和网络通信技术的发展,网上的数字图书馆也越来越多。这类图书馆大多立足于传统图书馆,但又拓展了传统图书馆的资源和服务,使图书馆的利用也变得越来越方便快捷。

充分了解图书馆资源,善于利用图书馆资源,对学习和生活都有极大的帮助。

一、图书馆的职能

图书馆自产生以来,其主要职能一直在不断扩充。古代图书馆主要担负保存人类文化典籍的职能;随着资本主义工业生产的兴起,近代图书馆又担负起社会教育的职能;到了现代,随着科学技术迅速发展,图书馆又担负起传递科学情报和开发智力资源的职能。1975年,国际图联(IFLA)在法国里昂召开学术讨论会就图书馆职能达成共识,现代图书馆具有保存人类文化遗产、开展社会教育、传递科学情报、开发智力资源和提供文化娱乐等主要职能。

现代图书馆以馆藏资源多元化、信息资源数字化、信息服务网络化和业务管理自动化为特征。现代图书馆不仅是知识信息交流的重要场所,也是社会教育机构,为读者提供良好的学习场所。

二、图书馆服务

图书馆工作人员利用图书馆资源提供了各种服务。善用图书馆服务,有助于更好地利用图书馆的文献资源。现代高校图书馆除了传统的书刊借阅服务之外,还有文献检索、参考咨询、用户教育、科技查新等多项服务。虽然各馆条件不同,开展的服务项目也有所不同,但目前服务项目的发展趋势相同,都是图书馆工作人员的智力资源和现代化信息技术设备资源的比重越来越大。

（一）借阅服务

借阅服务是图书馆最基本的服务项目,包括文献的外借服务和内阅服务。外借服务包括个人外借、集体外借、续借、预约借书、馆际互借、文献传递等多种形式(馆际互借与文献传递)。内阅服务除向用户提供馆内阅读的场所和条件外,还有一些推荐文献、指导阅读等服务。

（二）馆藏文献检索服务

馆藏文献检索服务,是根据用户需求利用检索工具为用户提供有关文献线索和相关数据的一种服务。现代图书馆用户可自行利用OPAC查询馆藏信息及自己的个人信息,也可利用图书馆的检索工具(手检工具及图书馆所购买的各个数据库)和参考工具书等工具查找所需信息。

随着数字化校园的建设,用户还可以利用图书馆电子阅览室或通过校园网内的有线和无线上网系统利用计算机或笔记本进行信息资源(包括馆藏目录和图书馆所购数据库、电子图书和电子期刊)的检索利用。

（三）参考咨询服务

参考咨询服务是根据用户提出的疑难问题,运用检索工具、参考工具书以及有关书刊,帮助查寻或直接提供有关知识或文献,以个别解答的方式为用户服务。用户提出的问题有可能包括以下内容:馆藏位置、规章制度、服务项目等简单问题;分类号、特定科学数据、人物与机构、网址等数据事实咨询;数据库使用方法、检索策略制定等方法性问题;特定课题的背景资料、研究现状、研究成果等专题性咨询。

（四）科技查新服务

科技查新分为立项查新和成果查新。它是查新机构针对特定课题,检索国内外相关文献,选取有价值的文献进行综合分析和对比,在此基础上写出查新报告,以审查项目新颖性,避免科研项目发生低水平重复而浪费人力、物力。只有经授权的查新机构方可提供科技查新服务。

（五）用户教育服务

用户教育服务是图书馆开展的培养、提高用户信息素养的教育活动。由于现代信息技术发展迅速,信息资源急剧增加,检索工具种类繁多且界面、功能各异。一般用户难以完全靠自己掌握全部的信息技能,熟悉专业信息资源分布,因此用户培训服务可起到很好的指导作用。

目前图书馆用户教育的内容和形式多种多样。其内容一般有文献检索技能、数据库使用介绍、网上信息资源分布、个人文献管理软件等,其形式有讲座、演示、培训班等。有时也与宣传报道服务相结合,通过图书馆网站、布告栏、宣传资料与小册子等进行用户教育。

第二节　馆藏资源检索方法

一、馆藏图书的排列方式

图书馆的藏书是根据图书索书号进行分类排架的,不同种类的图书按分类号分门别类排列。

（一）图书索书号的构成

1. 索书号

索书号又称为排架号，是读者查找图书非常必要的代码信息。读者在借还图书的过程中会看到在图书书脊的下端有一个标签，上面有由字母和数字组成的号码，这个号码就是索书号。索书号相当于馆藏图书代码，它是识别图书的唯一标志。图书馆的图书就是按索书号井然有序地排列在书架上的，因此索书号又称图书排架号。认识索书号，可以了解图书的学科分类，快速找到图书馆的馆藏文献。

2. 索书号结构

索书号的第一部分是分类号，分类号是根据图书的学科属性或其他特征，依据《中国图书馆图书分类法》所规定的类目将图书分门别类，给予的相应符号。它的标记是拉丁字母与数字的组合；索书号的第二部分是种次号，按某一种类的图书到馆分编的先后次序给予的顺序号，它便于将某一学科类别的图书集中在一起，起到方便读者按学科类别查找图书的作用。

3. 举例说明

图书馆的图书索书号组成：分类号＋种次号。

例如：I247.5/100

I247.5 是分类号，代表当代新体中长篇小说；

100 是种次号，代表同类文献的类别数量排列号。

（二）馆藏图书排列方式

图书排架按索书号顺序排列，每种图书均有索书号和其一一对应，所有书刊的排架均按索书号的大小排列，基本遵循"从左到右、从上到下、从 A 到 Z、从 0 到 9"的原则。具体为，对于整体书库来说，从左到右，所有图书按索书号由小到大排列。

在查找图书时，按照索书号，先比较分类号，分类号按字母顺序排列，再按小数制依次比较排列，采用的是对位比较法，如 H311 排在 H313 之前；同一分类号下再排种次号，按从小到大的顺序依次排列，如 H310.42/10 排在 H310.42/11 之前。

因此，要想快速借阅到所需书籍，就要学会查找索书号。

二、馆藏图书的检索方法（OPAC 使用）

读者到图书馆查阅图书资料时，通常要利用联机公共目录检索系统（Online Public Access Catalogue，OPAC）。OPAC 是供图书馆读者查询馆藏的联机目录检索系统，它取代了卡片目录手工检索系统，通过计算机网络对馆藏的信息资源进行检索。在 OPAC 上可以检索图书馆的书目数据库。OPAC 是网络上的公共资源，凡互联网用户都可检索，读者也可检索国内外其他图书馆的 OPAC。

（一）OPAC 的检索方式

1. 简单检索

检索界面为简单检索界面，读者输入检索词，如书名/刊名、作者、ISBN/ISSN、出版社、索书号、主题词等，进行目录检索。

2. 高级检索

读者可以组合输入书名/刊名、作者、ISBN/ISSN、出版社、索书号、出版年份等检索词,进行逻辑组合(逻辑与、或、非)检索。

3. 二次检索

读者可以在结果中再次检索,以获得更为精准的检索结果。

4. 限制检索

如果检索结果较多,不便查找,可以通过页面右侧的"缩小检索范围",选择资源类型、时间、作者、图书分类进行限制检索。

5. 检索范围

检索范围包括馆藏图书、馆藏期刊、数字图书、数字期刊。图书馆提供统一检索入口,默认情况下同时检索以上 4 种类型的文献资源。

(二) 使用方法

查找图书,主要利用 OPAC 检索系统查找索书号。

(1) 查找馆藏信息。根据图书的有关信息,通过联网计算机或到图书馆利用公共检索机,登录图书馆书目检索系统,查看和确定该图书馆藏情况:是否有、馆藏地点及图书的借阅状态(即可以看出哪些图书是可借状态)等。

(2) 在详细信息中,读者一定要记下选中图书的书名及索书号,以方便在书库中根据排架规则查找图书。

第三节 电子图书资源的获取

一、电子图书概述

(一) 电子图书概念

电子图书(Electronic Book,e-book),是指以数字形式制作、出版、存取和使用的图书,一般以磁性或电子载体为存储载体,并借助一定的阅读软件和设备读取。电子图书是多媒体技术和超文本技术发展的产物,包括两种类型:一类是将各种印刷型的书籍通过扫描仪等计算机处理技术将它们转换成为数字格式,以电子的方式发行。用计算机阅读和存储的电子读物,早期的电子图书多属此种类型。另一类是原生数字出版物,即一开始就有电子文本的电子图书,或是一本新书先发行的预览版或共享版,其阅读和存储方法与前者相同。目前纸本图书发行的同时发行电子图书已经成为趋势,有些出版社甚至只出版发行电子图书。经过数字处理的电子读物保留了原印刷型读物的所有版式,并可实现全文检索。一般认为电子图书的构成要素有三个,即图书内容、阅读设备、阅读软件。

与传统图书相比,电子图书的特点主要表现在以下几个方面。

1. 获取与携带方便

用户可以通过互联网检索和获取电子图书,方法简单易行、快捷准确,只需要借助一定的存储设备即可随意下载或携带,不必受传统图书馆的时间和手续限制等。

2. 便于阅读和编辑

可按需下载,随时随地阅读。读者只需借助系统提供的阅览器便可随意阅读电子书,而且还支持多名读者同时阅读相同图书,并提供在阅读的同时在图书上随意插入标签、做出标注及文本识别等功能。

3. 价格和成本低廉

因为电子图书采用网络传输,无须纸张、印刷等费用,发行费用较低,所以电子图书的价格相对比较低廉,且不受复本量的限制。

4. 质量和形式优良

电子复制技术是"高保真"的,电子图书一般不会有"个体差异",电子图书中的图像和视觉效果要远比同样的纸质版本清晰、鲜艳,而且以电磁或光盘为载体可以使电子图书不受纸本保存方法的局限。

5. 购买快捷方便

直接面向读者,全球性同步发行,购买快捷方便。

(二)电子图书馆的概念

电子图书馆也叫"数字图书馆"(Digital Library),是存储和管理大量电子图书,并为用户提供网络检索和阅读服务的计算机网络系统。相对于传统的图书馆而言,它管理和珍藏的是数字化的电子图书,人们可以利用计算机通过网络检索获取这些电子图书。它的另一大优势是不需要规模庞大的建筑群和一排排的书架等有形的物质条件,只需要几台服务器和提供传输介质的网络即可。电子图书的第一次出现是在1971年,目的是专门收录没有版权的经典文学作品,将其输入电脑供人们网上使用和下载。电子图书作为一种主流商业模式则出现于20世纪90年代末期,随后电子图书迅速发展,现在国内的电子图书市场日趋活跃,目前主要有超星数字图书馆、中国数字图书馆、书生之家数字图书馆及方正Apabi数字图书馆、文渊阁四库全书等;国外比较著名的电子图书平台有SpringeLink、Ebsco、ScienceDirect等。

二、超星数字图书馆及其使用方法

(一)概况及特点

超星数字图书馆(http://www.sslibrary.com)是国家"863计划"中国数字图书馆示范工程项目,2000年1月在互联网上正式开通。它由北京世纪超星信息技术发展有限责任公司(以下简称超星公司)投资兴建,设文学、历史、法律、军事、经济、科学、医药、工程、建筑、交通、计算机和环保等几十个分馆,目前拥有中文数字图书160余万种,是当之无愧的全球最大的中文电子图书数据库。随着互联网技术的迅速发展,超星数字图书馆已经成为一个由各大图书馆、档案馆和出版社支持的庞大的数字图书馆展示平台,极大地推动了中国数字图书馆事业的发展。

超星数字图书馆中的全文资源是有偿的,提供服务的方式有两种:一是单位用户购买,即购买单位的用户可以在其固定的IP地址范围内免费使用超星数字图书馆的资源,或采用镜像方式使用该资源,这种方式一般适用于机关单位及高校等集体用户;二是读书卡会员制,即用户需要先购买超星读书卡并注册后,方能使用其全文资源,这种方式主要针对个人用户。经过不断的修正和改版,目前超星汇雅电子图书平台已经相当成熟,在版权保护方面也建立了比较完善的机制,既可以提供图书的本地下载,又能够与超星学术搜索链接,实现海量图书的在线阅读与文献传递。

超星电子图书浏览器(SSReader)是阅读超星数字图书馆藏书的必备工具,是超星公司拥有自主知识产权的图书阅览器,它专门针对 PDG 格式数字图书的阅览、下载、打印、版权保护和下载计费而研究开发。经过不断改进,SSReader 现在已经发展到 5.4.8 版本(镜像站点要视更新速度而定),读者可从其网站免费下载,也可从超星公司发行的任何一张数字图书光盘上获得。超星数字图书馆的用户在下载、安装超星阅览器后,即可浏览超星数字图书馆中的全文资源。通过超星阅览器,用户还可以进行在线注册、登录、读书卡充值、软件版本升级等操作。

(二) 超星数字图书馆的使用方法

超星数字图书馆的图书搜索引擎以先进的中文全文检索系统为平台,按照文化行业标准数字式中文全文文献通用格式进行著录标引,提供书名、作者、分类、主题等检索方式,可在网上直接获得原文和播放多媒体节目。本教材主要以山东科技大学用户远程访问的使用方法为例做一介绍。

1. 超星数字图书馆首页

超星数字图书馆网址为 http://www.sslibrary.com,订购用户在限制的 IP 内直接通过图书馆主页进入超星数字图书馆进行检索,如图 2.1 所示。

图 2.1　超星电子图书检索首页

2. 检索方法

1）分类浏览

数据库图书检索首页界面左侧有图书主题分类目录，如图2.2所示，是按中图分类法将图书分为22大类，通过此主题分类目录，可以进行主题浏览检索。

图2.2 超星电子图书分类浏览界面

单击主题分类目录中的一级类目，进入分馆图书列表界面。例如，点击"社会科学总论"，进入"社会科学总论"图书馆，如图2.2所示，在此类目下有14个二级类目，类名前有"＋"号的类目还可继续单击，列表中会显示此类目下的图书，用户可逐页进行浏览。

2）快速检索

图书检索首页默认快速检索，有书名、作者、目录、全文检索四个检索入口，如图2.2所示。

（1）书名检索：用书名或书名的一部分作为检索词，检索结果的书名中一定包含该检索词。

（2）作者检索：用作者全名或作者名称中的一部分作为检索词，检索结果中书籍的作者名中一定包含该检索词。

（3）目录检索：根据检索需选择一定的检索词。检索结果中该检索词是以"主题词"的形式在书名或书籍的目录中出现，点击目录或书名均可进行阅读。

（4）全文检索：根据检索需求选择检索词，得出的检索结果不以书的形式出现，而是以章节形式出现,即内容中出现的章节都会罗列出来,单击标题或本页阅读都可直接进入图书阅读页。

3) 高级检索

在高级检索中增加了限定条件,对检索结果进行时间限定,对"书名、作者、主题词"三个检索入口字段进行逻辑运算。

3. 检索结果的处理

除了全文检索,其他检索的结果都是以图书列表的形式显示,每个结果包含封面、书名、作者、页数和出版日期,若是主题检索会列出主题词,在每个书名下有三个选项"网页阅读、阅读器阅读和下载本书"。

(1)"网页阅读",即可直接在网页上阅读,不能对图书内容进行处理。

(2)"阅读器阅读"指在阅读后如果感觉图书内容符合自己所需,可以下载到本地计算机。

(3)"下载本书"是将图书先下载到本地计算机后,再通过阅读器的各项功能对图书内容进行阅读、编辑、复制、添加书签等操作。

进行"阅读器阅读"和"下载本书"时,首先需要下载客户端,安装最新版本的超星阅读器。

第四节 文献传递与馆际互借

文献传递与馆际互借是文献信息服务机构为弥补馆藏文献的不足,根据合作馆之间的互借协议,通过复印、扫描、邮寄、E-mail 等方式传递本馆未收藏的读者所需文献,是一种共享文献资源的服务。这种服务分为返还式(馆际互借,Interlibrary Loan)和非返还式(文献传递,Document Delivery)两种,它可以跨系统、跨地区、跨国界传递文献。

馆际互借服务是图书馆之间或图书馆与其他文献情报部门之间利用对方的文献来满足读者需求的一种服务方式。这种服务方式,有助于实现跨馆、跨地域的藏书资源共享。

文献传递服务是指将特定文献从文献源传递给索要文献者的一种服务。图书馆的文献传递是指用户为获取已出版的某种特定的文献,向图书馆提出申请,馆员把用户申请从借用馆传递到资料提供单位,再从资料提供单位接收用户所申请的资源,以满足用户需要而开展的中介服务。这种服务扩大了读者获取文献信息资源的范围,解决了利用非本馆文献资源的难题,提高了文献保障能力,是文献信息资源共享得以实现的有效方式。

目前国内图书馆的三大文献传递与馆际互借系统,即中国高等教育文献保障系统(CALIS)、中国高校人文社科文献中心(CASHL)、国家科技图书文献中心(NSTL),是网络环境下资源共享服务模式的具体体现。其他可提供文献传递与馆际互借的系统与平台还有万方外文文献数据库(免费)、超星读秀知识平台(免费,中、外文)、中国国家图书馆(中国国家数字图书馆)。

一、CALIS 馆际互借与文献传递

CALIS(China Academic Library & Information System),中国高等教育文献保障系统,网址为:http://www.calis.edu.cn。

CALIS 馆际互借与文献传递网是 CALIS 公共服务软件系统的重要组成部分。该系统由众多成员馆组成。其宗旨是在教育部的领导下,把国家的投资、现代图书馆理念、先进的技术手段、高校丰富的文献资源和人力资源整合起来,建设以中国高等教育数字图书馆为核心的教育文献联合保障体系,实现信息资源共建、共知、共享,以发挥最大的社会效益和经济效益,为中国的高等教育服务。CALIS 馆际互借与文献传递网主要提供中外文学位论文、期刊、电子图书、科技查新即收录引证等服务。1998 年成立的 CALIS 组织,率先实现了网络环境下高校图书馆的公共检索、协调采购、联机合作编目并建立文献传递服务系统平台,使我国高校图书馆的馆际互借和文献传递服务得以迅速开展。

CALIS 馆际互借与文献传递网的读者网关是用户登录文献传递网的基本入口。其网址在不同大学、不同高校有所不同,如山东科技大学文献传递系统读者登录页面:http://uas.sd.calis.edu.cn:8090/。

二、读秀学术搜索

读秀学术搜索系北京世纪读秀技术有限公司自行研制开发的知识搜索及文献传递系统,它由海量中文学术资源组成,其以 6 亿页中文资料为基础,为读者提供深入图书内容的章节和全文检索、部分文献试读、参考咨询等多种服务功能,并对检索结果进行文献传递,可同时满足用户的知识搜索需求和知识学习需求。其中文文献资源服务平台,含有 280 万种图书书目信息,180 万种全文,包括了很多无馆藏的图书资源,可利用文献传递服务以弥补馆藏文献资源的不足,实现真正意义上的知识资源共享。读秀知识库以海量的数据库资源为基础,为用户提供切入目录和全文的深度检索、部分文献的部分试读,及与本单位资源嵌入时链接的全文阅读,读者通过阅读文献的某个章节或通过文献传递来获取他们想要的文献资源,还可通过馆际互借使读者获得最大的图书资料需求,是一个真正意义上的知识搜索及文献服务平台。

读秀不仅可以检索图书等资源,还可以为用户提供到图书章节和内容的全文检索,部分文献的原文部分读。它也提供高效查找、获取各种类型学术文献资料的一站式检索、周到的参考咨询服务,是一个真正意义上的学术搜索引擎及文献资料服务平台。

(一) 图书搜索

通过读秀的图书频道数据库,就相当于获取了数百万种图书的馆藏,相当于有了一个全国的图书馆藏目录联合查询系统,并实现了电子图书、纸质图书的整合,提供普通检索、高级检索、专业检索三种检索方式,默认为普通检索。

(二) 文献获取

读秀集成了多种文献获取方式,包括馆藏纸书、馆藏电子书、文献传递、本地馆藏、全国其他馆藏等,让用户的需求最大可能地得到满足。

1. 馆藏纸本

如在检索结果标题后有"馆藏纸本"按钮,或图书的信息页面中有"本馆馆藏纸书"链接的,如图 2.3 所示,可单击该链接直接进入本单位图书馆系统,实际是读秀通过资源链接,实现了读秀与各馆馆藏 OPAC 的连接,这样,用户就不用登录 OPAC 进行检索,就可以得到 OPAC 的检索结果,从而进行图书的借阅,减少反复查找的麻烦,方便实用。

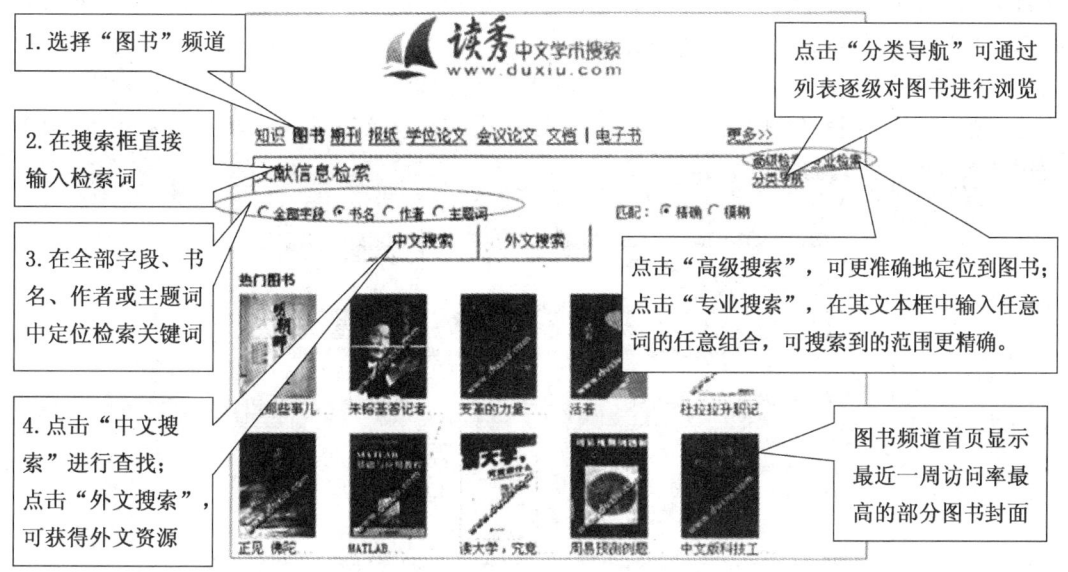

图 2.3　图书普通检索页面及普通检索步骤

2. 电子全文

如在检索结果标题后有"包库全文"按钮,如图 2.4 所示,可单击该链接直接在线阅读全文或下载。在期刊论文详细信息页面,可以链接各图书馆所购买数据库的内容,如中文可以搜到中国知网、重庆维普、万方数据库等的内容,外文可以搜到 ScienceDirect、SpringerLink、ACS、RSC 等数据库的内容,单击链接,就可以下载阅读。在图书详细信息页面,可以单击网上全文阅读后的链接,进入该网页的全文阅读页面。

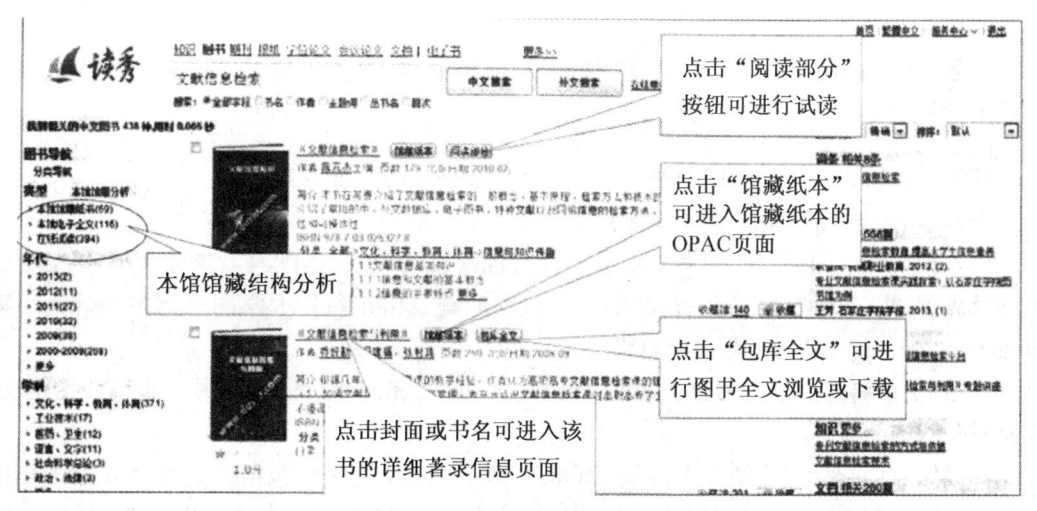

图 2.4　图书检索结果页面

3. 文献传递

如在检索结果标题后有"部分阅读"按钮时,系统为读者只提供此书的封面页、版权页、前言页、目录页以及正文部分页(7~30页不等)的试读,此时,可采用"文献传递"的方式来获取文献。以图书为例,在图书详细著录信息页面,单击"图书馆文献传递"按钮,进入"图书馆文献咨询服务"页面,如图2.5所示,认真仔细填写信息,单击"确定提交"按钮即可。之后登录邮箱,将会收到一封新邮件,打开即可阅读所需文献。文献传递虽然有页数限制,但多使用几次,同样可以得到整篇文献。

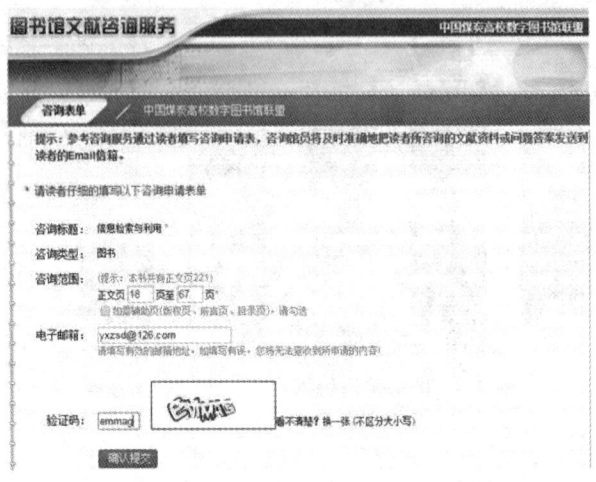

图2.5　图书馆文献咨询服务页面

第五节　综合检索实例及分析

实例一　利用OPAC系统,查找在山东科技大学图书馆中,有关"信息检索"方面的图书

在山东科技大学图书馆中,利用OPAC查找索书号的三种主要途径。

(一) 途径一:图书馆的信息查询系统

山东科技大学图书馆在一楼大厅设有公共机读目录检索区,配有专供读者检索馆藏资源的计算机,或者在校内任何一台联网计算机均能登录山东科技大学图书馆主页(http://lib.sdust.edu.cn/)进行馆藏公共目录检索。

入口:山东科技大学图书馆主页(http://lib.sdust.edu.cn/)→馆藏书目查询→图书馆联机目录查询系统。

图书馆自动化管理系统大多提供了OPAC功能,此功能主要包括以下两个方面:① 书刊信息查询。读者可以通过书名、刊名、作者、分类号、主题、ISBN、ISSN、出版社、索书号等多种途径,对馆藏图书、期刊进行检索,可以查询图书的复本数量、馆藏地点、借阅状态等信息。② 个人信息查询。包括个人的借阅权限、可借阅册数、现借阅册书、借阅历史、预约信息等。

图书馆的信息查询系统可查询我馆的馆藏书刊信息、读者借阅信息,并可在网上进行图书续借和预约、新书荐购。使用本系统时,需要先登录"山东科技大学图书馆主页",方可进行有关信息的查询,具体方法和步骤如下。

1. 馆藏书刊信息查询

(1) 在图书馆主页上点击"馆藏目录",进入"书目检索"页面。

(2) 点击"检索"按钮后的"高级检索",选择所查信息的文献类型、查询类型及检索方式。

选择文献类型:点击选项前的单选按钮。

选择查询类型:点击文本框左边的下拉按钮,根据需要选择所查询的类型,默认为"题名"。

检索方式分三种:前方一致、模糊检索和精确检索,根据所查书目的精确性选择。

(3) 输入查询内容。例如,精确检索题名为"信息检索与利用"在"青岛校区"分馆中的馆藏图书,如图2.6所示。

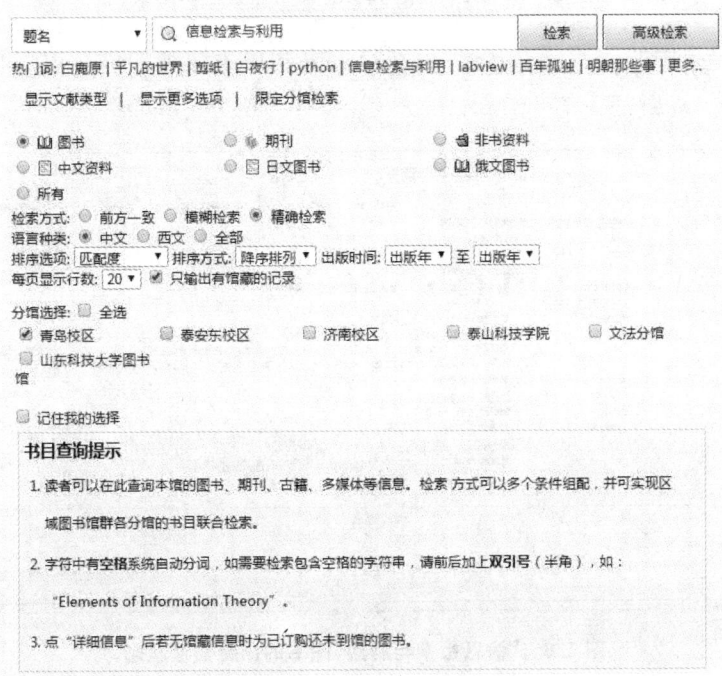

图 2.6　书目检索页面

(4) 点击"检索"按钮,稍后显示检索结果,如图2.7所示。记下索书号,就可以在到书库内按照索书号查找图书。

例如:信息检索与利用

著者:主编谢朝颖,高成斌

出版社:电子工业出版社　出版日期:2017

文献类型:图书索书号:G254.9-43/8

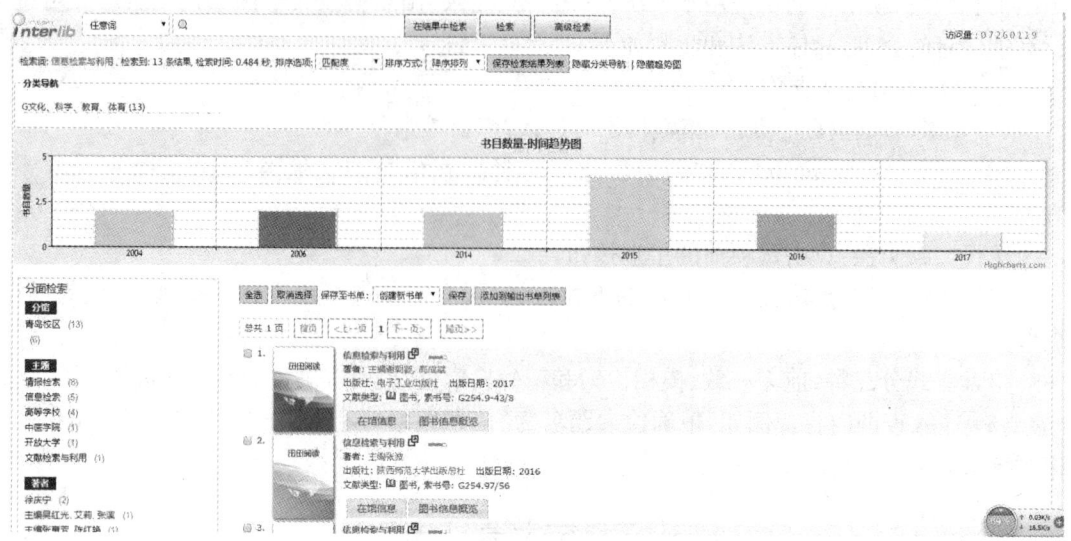

图 2.7 "信息检索与利用"图书检索显示结果

（5）点击结果中的任一条书刊名,可获得该书刊更为详细的信息馆藏状态,如图 2.8 所示。

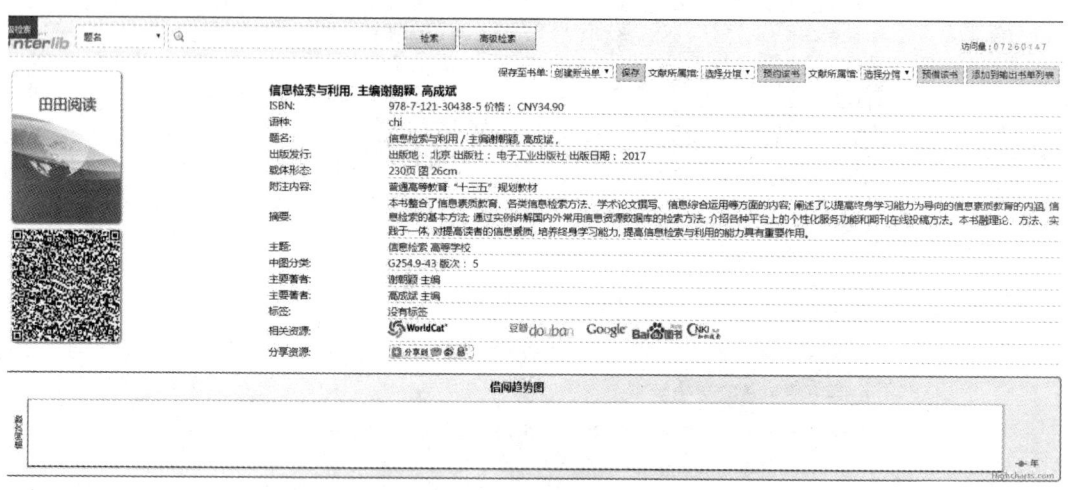

图 2.8 "信息检索与利用"图书的馆藏信息状态

（6）查询完毕,点击所在页面左上角的"检索"菜单,则回到图书馆信息查询系统,继续进行其他查询,或者连续点击工具栏中的后退按钮回到图书馆主页。

2. 读者借阅信息查询、修改个人密码

（1）在图书馆主页上点击"我的图书馆",进入登录页面。

（2）根据单选按键的选择,在"用户名"后的文本框中输入证件号(校园卡号),在"个人密码"后的文本框中输入密码,初始密码为读者的证件号(校园卡号),点击"进入系统"按钮,系统将显示读者个人基本信息(具体可参考页面右方提示),如图2.9所示。

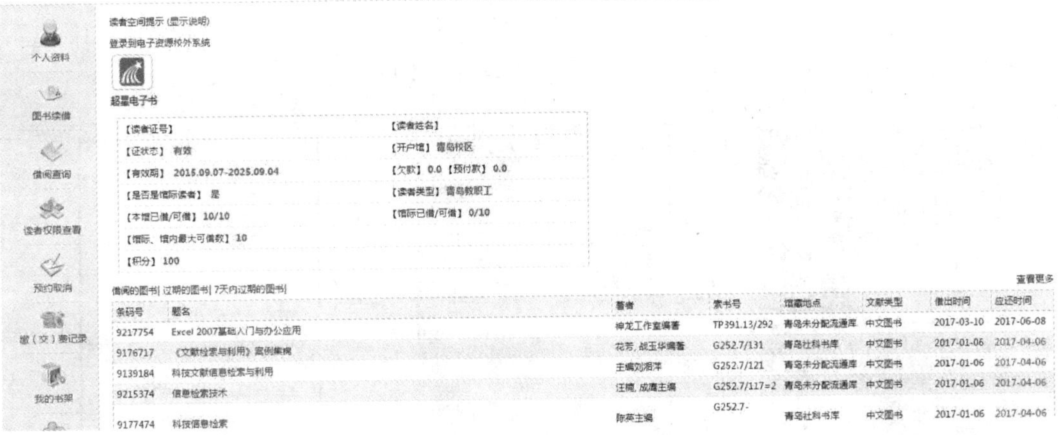

图2.9 "我的图书馆"初始登录界面

(3)点击个人基本信息页左侧的各选项卡,可了解读者的借还书情况,如书名、借还书的日期、借还的地点、借阅历史、超期情况。

(4)修改个人密码。在读者"个人资料"页面,点击"修改个人密码"按钮进入"修改用户密码"页,输入原密码、新密码(读者可随意选取),并二次输入确认,输入结束后点击"提交"按钮即可。

3. 图书自助续借

图书到期前一周内,读者可对图书进行续借,续借期限为30天,同一本书,只能续借一次,不能连续续借。自助续借方式有两种,一种是通过联网电脑,登录"我的图书馆"进行续借;二是通过智能手机,安装"移动图书馆"进行续借。

(二)途径二:移动图书馆

移动图书馆,专门为方便广大师生通过手机、iPad等移动终端利用图书馆资源和服务而打造。选用的超星移动图书馆平台,提供馆藏书目查询、图书预约续借与个人借阅信息查询、海量电子书刊资料查询阅读、多媒体视频观看等多项服务;支持IOS、Android等系统的手机及各种移动终端,资源利用不受IP地址限制。因实现馆藏书目模块与传统OPAC系统对接,读者除可检索、全文阅读和下载海量图书资源外,还可进行本馆馆藏查询、续借、预约等功能。

1. 移动图书馆客户端下载与安装的途径

扫描二维码(见图2.10),直接下载安装。

2. 注册登录

点击首页左上角的"尚未登录",在地区列表中选择"山东省"→"山东科技大学"后,输入借阅证号和借阅密码,完成注册。注册完成后,可进行其他操作。以后每次只需点击"移动图书馆"图标,即可登录。

图2.10 客户端下载二维码

3. 功能介绍

1) 个人借阅信息查询

移动图书馆的个人信息已与图书馆的读者信息库对接,点击个人信息中的"借阅信息",可及时了解个人的借阅情况,并能实现图书续借,如图2.11所示。

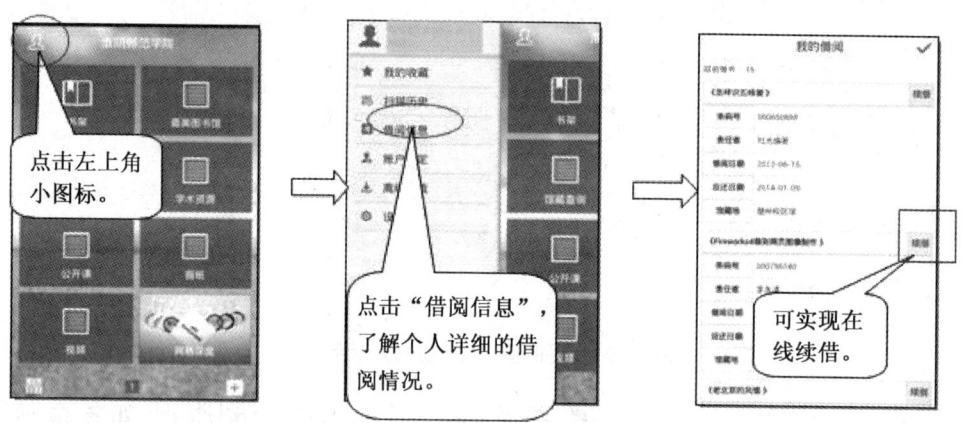

图2.11 个人借阅信息查询示意图

2) 馆藏查询

在馆藏查询页面,可以根据需要选择检索途径,在检索框内输入需要查询的内容,获得检索结果后,点击书名了解其详细的馆藏状态。如不在馆可进行在线预约。

3) 学术资源

移动图书馆整合图书馆购买的中国期刊全文数据库、万方学位论文、读秀、百链等电子资源,并实现一站式的搜索、导航和全文获取服务。其中各学科电子图书达200多万种,可在线阅读、下载和原文传递。学术资源查询、阅读流程,如图2.12所示。

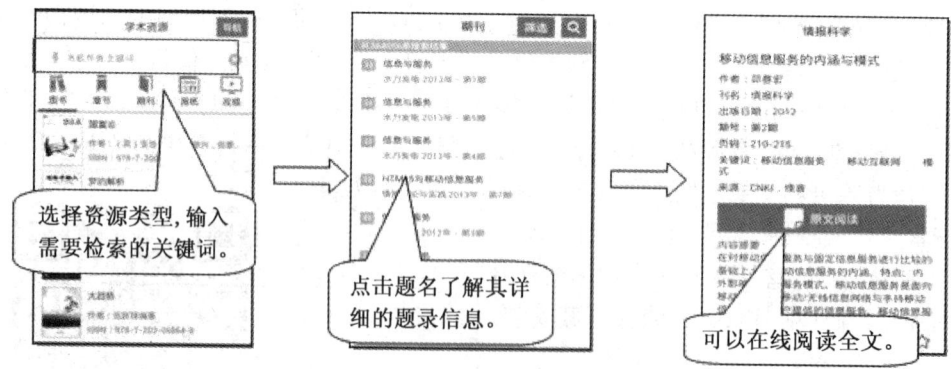

图2.12 学术资源查询、阅读示意图

4) 其他服务

视频:"视频"内容来自"超星学术视频",集合了国内著名学者的专题讲座,可在线观看。

书架:"书架"提供近7万种适合手机上阅读的文本格式的电子图书(以人文社科为主),读者可将喜欢的图书添加至"书架",离线阅读。

报纸:提供160多种电子版报纸订阅功能,点击"添加"按钮,选择感兴趣的报纸进行订阅,只需联网即可获取最新内容。

资讯:提供近30类资讯频道的订阅功能,点击移动图书馆页面上的"＋添加订阅",到"内容中心"选择订阅的类别后,只需联网即可自动获取最新的资讯内容。

(三)途径三:通过图书馆微信服务查找索书号

微信用户可通过扫描二维码(见图2.13)或搜索微信公众账号"山东科技大学图书馆"、"sdust-lib",添加朋友并选择关注,即可获知图书馆实时发布的图书馆新闻资讯、数据库最新资讯、培训讲座通知等内容;还可通过这一平台进行书目检索、借阅图书查询、图书续借、新书通报、个人资料修改。

图2.13 图书馆公众号二维码

实例二 以山东科技大学图书馆为例,利用超星数字图书馆检索有关书名中包含"信息检索"方面的图书

步骤一:进入超星图书馆的远程访问检索界面:山东科技大学图书馆主页(http://lib.sdust.edu.cn)—文献—超星数字图书馆—远程地址—图书检索首页。

步骤二:选择"书名"入口,在检索框中输入"信息检索",然后点击检索,得到检索结果,如图2.14所示。

图2.14 检索结果页面

步骤三:检索结果处理——"阅读器阅读"或"下载本书"——后,打开阅读,如图 2.15 所示。还可以通过上面工具栏的"文字识别"按钮,将文章由图像文件转换为文本文件进行利用。单击"标注绘制"图标则可以对文章内容进行个人标注。

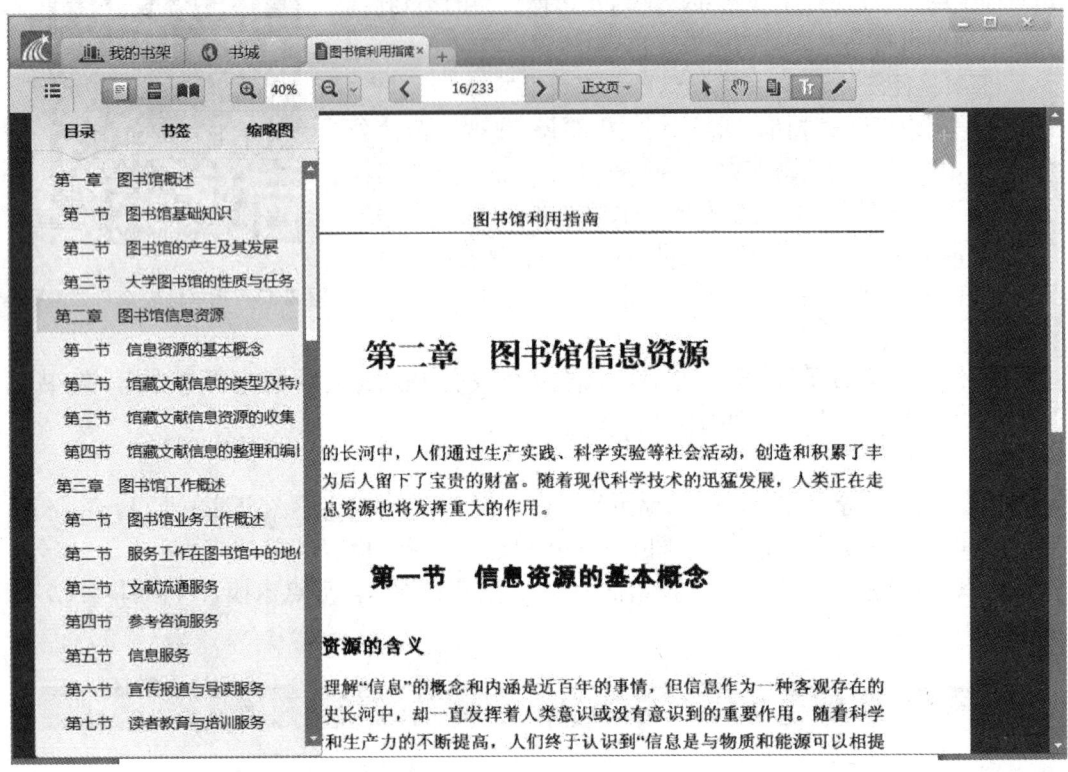

图 2.15　阅读器阅读界面

实例三　通过 CALIS 系统实现对"信息检索"方面的图书进行馆际互借与文献传递

在使用 CALIS 系统进行"馆际互借与文献传递"时应按照以下步骤进行:

(1) 从山东科技大学图书馆网站首页进入文献传递与馆际互借页面,仔细阅读文献传递与馆际互借规则与注意事项,并按需进入大学馆际互借读者网关:山东科技大学文献传递系统读者登录页面(http://uas.sd.calis.edu.cn:8090/)。

(2) 按照指示登录,如图 2.16 所示。目前文献传递系统为联合认证系统,请用校园卡信息登录系统(证件号是读者登录"我的图书馆"时的证件号、密码与登录"我的图书馆"密码一致)。

(3) 登录后,首次使用的用户要按照页面提示完成馆际互借系统账户注册,如图 2.17 所示。

图 2.16 登录页面

图 2.17 馆际互借系统账户注册页面

(4) 注册完成之后，即可在馆际互借系统内通过文献传递或馆际互借借阅到本馆中缺失的电子及实体图书资源，如图 2.18 所示。

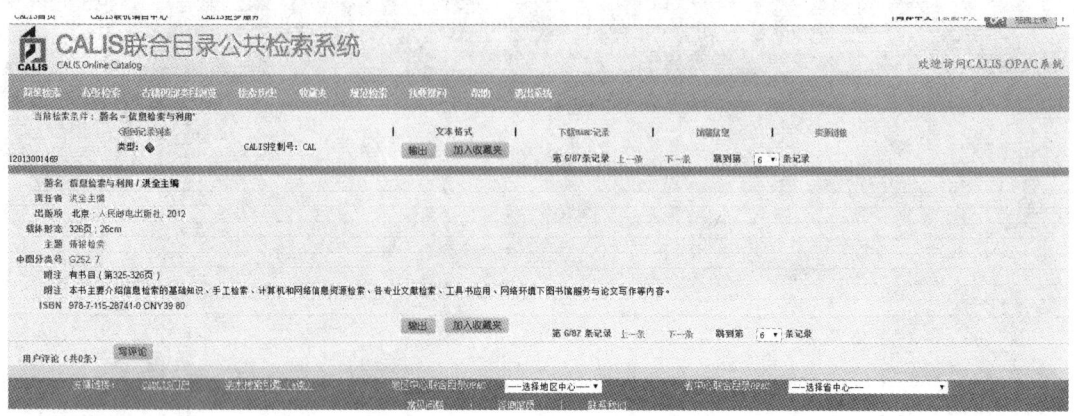

图 2.18　CALIS 馆际互借页面

实例四　利用"读秀"进行文献传递

步骤一：登录山东科技大学图书馆网站，依次选择"文献"—"中文库"—"读秀学术搜索"，点击进入图书检索页面，如图 2.19 所示。

步骤二：在检索框中输入"信息检索与利用"字段，选择"书名"途径，然后点击"中文搜索"按钮，可得到如图 2.20 所示结果。

图 2.19　读秀图书检索页面

图 2.20　图书检索结果页面

步骤三：选择标题后有"部分阅读"的图书，点击进入图书详细著录信息页面，如图2.21所示，然后点击"图书馆文献传递"按钮，进入"图书馆文献咨询服务系统"，再按要求填入E-mail、图书页码等实现文献传递。

图 2.21　图书详细著录信息页面

复习思考题

一、填空题

1. 中国图书馆图书分类法由_____大部类和_____个基本大类组成。
2. 读秀数据库的文献传递是通过_____将文献资料发送给读者的。
3. 通过_____数据库能够提供图书的搜索及全文文献传递两大功能。
4. 通过_____可以准确确定图书在书架上的位置
5. 联机公共目录查询系统，英文缩写为_____，是图书馆自动化系统面向用户的窗口。

6. OPAC 数据库给出印刷型图书的索取依据是_____。

二、单项选择题

1. 图书馆馆藏目录可供读者查询（　　）。
   A. 图书章节内容　　B. 期刊文献内容　　C. 多媒体文献内容　　D. 索书号

2. 已知书目信息：陈贻瑞,王建著.基础材料与新材料,天津：天津大学出版社,1994.7,要获取其印刷型原文的馆藏信息,可查找（　　）。
   A. OPAC 数据库　　　　　　　　　B. OPAC 数据库
   C. 超星数字图书馆　　　　　　　　D. 中国学术期刊网络出版总库

3. 了解某大学图书馆的馆藏情况,最简单快捷的方式是查询其（　　）系统。
   A. OPAC　　　　B. CNKI　　　　C. NSTL　　　　D. 维普

4. 图书馆微信公众号,目前不能实现的功能是（　　）。
   A. 查看通知公告　　B. 查询馆藏书目　　C. 搜索学术资源　　D. 预约自习座位

5. 如果检索到的电子资源无法获取原文,可以利用（　　）服务,填写申请后,通过邮箱接收全文。
   A. 校外访问　　　　B. 文献传递　　　　C. 馆际互借　　　　D. 以上都不是

6. 按照顺序,根据已知文献的书目信息获取印刷型原文的四个步骤为（　　）。
   A. 判断文献类型,提取检索项,使用 OPAC,通过一定手续借阅
   B. 提取检索项,使用 OPAC,通过一定手续借阅,判断文献类型
   C. 通过一定手续借阅,判断文献类型,提取检索项,使用 OPAC
   D. 通过一定手续借阅,提取检索项,使用 OPAC,判断文献类型

7. 超星数字图书馆可以为我们提供（　　）。
   A. 图书的原文　　B. 专利文献的原文　　C. 科技报告的原文　　D. 学位论文的原文

8. 如果一家图书馆没有纸本文献,在读者提交需要后,图书馆参考咨询部工作人员根据相关制度、协议、办法和收费标准,向外馆借入,利用完后再返还,这种服务的名称是（　　）。
   A. 校外访问　　　　B. 文献传递　　　　C. 馆际互借　　　　D. 以上都不是

9. （　　）是我国的文献传递系统。
   A. CALIS　　　　B. CSCD　　　　C. ASDL　　　　D. SSCI

10. 下列索书号排列顺序正确的是（　　）。
    A. R47/CM2－2、R473.72/CH2/1、R423.5/CY3－3、R47/CP1
    B. R473.72/CH2/1、R47/CM2－2、R423.5/CY3－3、R47/CP1
    C. R47/CP1、R47/CM2－2、R473.72/CH2/1、R423.5/CY3－3
    D. R423.5/CY3－3、R47/CP1、R47/CM2－2、R473.72/CH2/1

三、多项选择题

1. 读者如果想看一本书,理论上可以有哪些途径获取？（　　）
   A. 登录图书馆主页,选择"馆藏资源"检索,查到该书的馆藏地点和索书号,到馆借出
   B. 登录图书馆主页,选择"电子图书"检索,如果显示"包库全文",可以点击网页在线浏览,或用超星阅读器浏览,离线浏览

C. 登录图书馆主页,选择"电子图书"检索,如果显示"文献传递",则提交请求,系统会发送电子版图书到用户的注册邮箱,打开邮件里面的链接,进行阅读
　　D. 下载超星移动图书馆到用户的移动终端,搜索该书,下载阅读
2. 有关图书馆"文献传递"服务说法正确的有(　　)。
　　A. 文献传递为本校读者向其他图书馆申请武汉理工大学图书馆没有收藏的文献
　　B. 用户必须登录CASHL文献传递系统,注册后,才能使用该服务
　　C. 文献传递系统登录方式为图书馆主页"读者服务"—"文献传递"
　　D. 通过此种方式获得的文献,不论来源和页数,均为免费
3. 通过超星移动图书馆,读者可以(　　)。
　　A. 查询馆藏书目　　B. 检索学术资源　　C. 收看学术视频
　　D. 阅读报纸　　　　E. 订阅资讯
4. 能够通过(　　)查询图书馆馆藏纸本书目?
　　A. 超星数字图书馆　　　　　　　　B. 超星移动图书馆
　　C. 图书馆主页"馆藏书目"检索　　　D. 图书馆微信公众号
5. 关于索书号说法正确的是(　　)。
　　A. 图书馆藏书排架用的编码,又称索取号,是文献外借和馆藏清点的主要依据
　　B. 一般由分行排列的几组号码组成,一般馆藏书索书号贴在书脊下方的书标上
　　C. 一个索书号只能代表一种书
　　D. 一个索书号只能代表一本书

四、判断题

1. 为了能更好地享受图书馆的服务,如账户登录密码修改,荐购书目到馆提醒,读者应该完善"我的图书馆"—"个人资料"里面的联系方式,特别是E-mail。(　　)
2. 图书馆的馆藏图书分为纸质图书和电子图书,可分别登录图书馆主页的书目检索系统和图书电子数据库查找。(　　)
3. 用户在注册CALIS文献传递系统时,务必填写真实信息,尤其是电话、E-mail等联系方式,便于联系。(　　)
4. 分类法是根据科学学科之间的逻辑归属关系,采用层次型或树形结构,列举人类所有的知识类别,并对每一知识分别标以相对固定的码,从而形成的类表。(　　)
5. 使用超星数字图书馆时,既可在线阅读图书也可下载图书。(　　)

五、简答题

1. 图书全文信息的获取可以通过哪几种渠道?
2. 从图书馆主页上如何查询图书馆的新到图书?
3. 用户在"山东科技大学图书馆"可以有几种方式实现图书的续借?
4. 什么是索书号?其构成是什么?图书馆对图书进行排架的依据规则是什么?
5. 什么是电子图书?其特点是什么?
6. 什么是文献传递?其目的与意义是什么?
7. 简述如何利用OPAC系统到图书馆借到一本有关"高等数学"方面的纸本图书。

实践技能训练

1. 利用图书馆的OPAC检索系统,检索出"信息检索与利用"的相关图书,并列举其中3本书的书名、作者、出版社、出版时间、馆藏地和索书号等信息。

2. 利用超星数字图书馆系统,检索出与"余秋雨"有关的图书,列举其中3本书的书名、作者、出版社、出版时间等信息,并摘抄其中一本书的第一页的第一段文字。要求写出检索步骤(保留必要的截图)。

3. 利用"读秀"学术,检索出"赵静"编著的《信息检索与利用》(清华大学出版社)一书,"图书馆文献传递"该书的"第20~30页"。(保留必要的截图)

4. 利用"中国高等教育数字图书馆——CAILS系统",检索出陈多主编的《信息检索与利用》在国内哪些高校图书馆有收藏,并写出每一所高校的名称以及该馆的索取号、馆藏地及借阅状态。

第三章 信息检索的基本原理

第一节 信息检索基础知识

一、信息检索原理及类型

(一) 信息检索含义及原理

信息检索(Information Retrieval)是指将信息(文献信息)按一定的方式组织、存贮起来,并根据用户的特定需求,运用某种检索工具按照一定的方法查找所需信息的过程。

广义上的信息检索原理包含存储和检索两个过程:存储过程是人们把大量的文献,根据其外部特征(指文献名、著者姓名、文献出处等)和内容特征(指文献的主题词、分类号、内容摘要等)进行归类、标引,形成一定的检索系统。检索过程是用户根据检索需要,对检索课题进行主题分析,把所涉及的检索范围明确起来,形成能代表信息需求的主题概念,并将主题概念转换成信息检索语言标志,然后与存储在系统中的检索标志相比较,两者一致时,才能达到检索目的。

狭义的信息检索仅包含广义的信息检索中有关信息检索过程部分。

信息检索的基本原理是将用户的检索提问词与数据库文献记录中的标引词进行对比,当提问词与标引词匹配一致时即为命中,检索成功,如图 3.1 所示。信息检索的本质其实是一个匹配的过程,即信息用户的需求和一定的信息集合的比较和选择过程,就是用户所使用的检索词或者由检索词和运算符所组成的检索式与数据库中的检索词及其逻辑关系之间的比较和匹配机理。两者相匹配的信息被检索出来(命中),不相匹配的信息被拒绝。

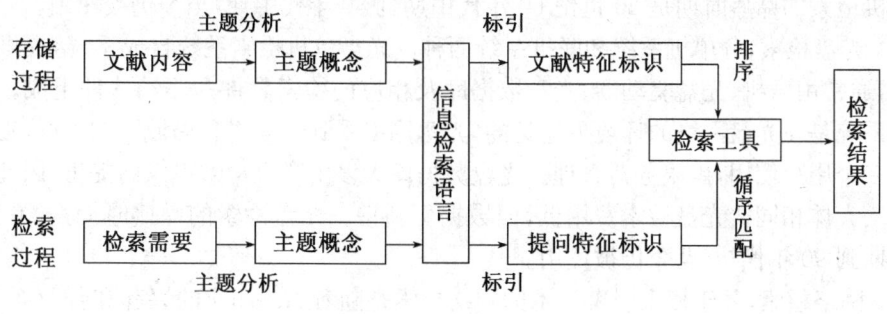

图 3.1 信息检索原理图

（二）信息检索类型

按照不同的标准，信息检索划分为不同的类型。

1. 按检索对象的内容分

按照检索对象的内容划分为文献检索、数据检索和事实检索。

文献检索：一种相关性检索，检索的结果是文献线索，还必须进一步查找才能检索到有关的一次信息。凡是利用目录、文摘、索引、题录二次文献查找某一课题、某一著者、某一地域、某一机构、某一事物的有关信息以及这些信息的出处和收藏单位等，都属于文献信息检索范畴。

数据检索：凡是利用参考工具书、数据库等检索工具检索包含在文献中的某一数据、参数、公式或化学分子式等，统称为数据信息检索。

事实检索：凡是利用百科全书等检索工具从存储事实的信息系统中查找出特定事实的过程都称为事实信息检索，其检索结果是基本事实。事实型信息检索以某一客观事实为检索对象，其检索结果主要是客观事实或为说明客观事实而提出的资料。这些数据往往需要进一步处理，才能得出与事实相应的结论。

2. 按检索方式分

按照检索方式划分为手工检索和计算机检索。

手工检索：利用印刷型检索工具书，以手工操作的方式进行的检索，具有直观、灵活、便于控制检索的优点，但是检索速度慢，查找工作量大。

计算机检索：把信息和检索标志转换成计算机可以阅读和处理的二进制编码形式，存储在数据库系统中，由计算机按照设计好的程序对已经数字化的信息进行查找和输出的过程。计算机检索能提高检索效率和检索的全面性。

3. 按信息处理方式分

按照信息处理的方式，计算机信息检索可分为脱机检索、联机检索、光盘检索和网络检索。

（1）脱机检索是一种通过磁带载体，以脱机批处理方式操作的一种计算机检索系统。

（2）联机检索，以联机检索提供商为中心，提供商研制自己的检索软件，建立自己的联机检索系统，数据库则是从数据库生产商那里购买的，用户利用联机检索终端，通过专用的或公用的电话线路等数据通信网络与联机检索系统相连，按照提供商所制定的各项检索规则进行检索。由于联机检索系统的功能较强、数据库的质量较好，所以联机检索的费用较高。联机检索的鼎盛时期是 20 世纪 60 年代中期到 80 年代中期，至今仍被使用。

（3）光盘检索，分单机系统和联机系统两种。光盘单机检索系统自成系统，提供单个用户使用，通常由微机、光盘驱动器、光盘数据库及相应的检索软件和驱动软件组成。光盘联机检索系统是在光盘网络的环境下运行的，光盘网络受到光盘塔和局域网的支撑，在局域网内提供多个用户使用，由服务器管理。光盘数据库大多由联机检索提供商提供，因此两者的检索方法大体相同。光盘检索费用低，但数据更新慢。光盘检索的鼎盛时期是 20 世纪 80 年代中期到 90 年代初，至今仍被使用。

（4）网络检索，基于搜索引擎技术的网络检索是随着 Internet 的兴起和普及而出现的。Internet 上的信息非常广泛、丰富，但又非常杂乱、无序，网络信息资源分布在世界各地的主机上,信息量巨大,动态更新,主要依靠搜索引擎获取。Web 搜索引擎是当今网络检索工具的主流,不仅能够提供文本检索,还可以提供图形、图像、音频、视频、动画等多媒体检索。目前,网络信息检索已经成为信息检索的主要途径。

二、信息检索语言

(一) 检索语言的概念

为了使检索的过程即文献标志和信息提问的对比进行得顺利,二者都需要用一定的语言来加以表达。只有借助于这种语言,文献的标引人员与检索人员才能有一个共同的约定,彼此才能沟通思想。也就是说,文献存储时,文献的内外特征按照一定的语言来加以描述,而检索时信息提问也按照一定的语言来加以表达。这种把文献的存储与检索联系起来、把标引人员与检索人员联系起来以便取得共同理解、实现交流的语言,就叫作检索语言(Information Retrieval Language)。简言之,检索语言是信息存储与检索过程中用于描述信息特征和表达用户信息提问的一种专门语言。

检索语言的基本要求:

(1) 具有必要的语义和语法规则,能准确地表达某一学科技术领域的任何文献和任何提问的中心内容、主题、特征。

(2) 具有表达概念的单一性。用这种语言表达的每一文献或提问,只能有一种解释。

(3) 具有文献检索标志和提问特征进行比较和识别的方便性,既可用于手工检索,又可用于计算机检索。

(4) 检索语言体系应科学合理。

检索语言主要体现以下作用:① 标引文献信息内容及其外表特征,保证不同标引人员表征文献的一致性;② 对内容相同及相关的文献信息加以集中或揭示其相关性;③ 使文献信息的存储集中化、系统化、组织化,便于检索者按照一定的排列次序进行有序化检索;④ 便于将标引用语和检索用语进行相符性比较,保证不同检索人员表述相同文献内容的一致性,以及检索人员与标引人员对相同文献内容表述的一致性;⑤ 保证检索者按不同需要检索文献时,都能获得最高查全率和查准率。

检索语言与检索工具、检索效率有着极其密切的关系,因此在文献检索过程中起着极其重要的作用,是沟通文献工作人员和文献检索者之间的桥梁。

(二) 检索语言的类型

各种检索语言的基本原理是一致的,但是它们在表达各种概念及其相互关系时所采用的方法不同,因而形成了不同类型的检索语言。

1. 按照标志的性质与原理划分

1) 分类语言

分类语言是指以数字、字母或字母与数字结合作为基本字符,采用字符直接连接并以圆点(或其他符号)作为分隔符的书写法,以基本类目作为基本词汇,以类目的从属关系来表达复杂概念的一类检索语言。

分类语言是根据文献的学科范畴和体系来组织划分文献的一种语言体系,它集中体现了学科的系统性,反映事物的从属、派生和并行的关系。以知识属性来描述和表达信息内容的信息处理方法称为分类法。著名的分类法有《中国图书馆图书分类法》、《中国图书资料分类法》、《中国科学院图书馆图书分类法》、《中国人民大学图书馆图书分类法》和《国际图书集成分类法》。其中,《中国图书馆图书分类法》是我国当代具有代表性的图书分类法,被推荐为我国标准图书分类法,广泛使用于图书馆和情报部门。国外比较重要的分类法有《杜威十进分类法》、《国际十进分类法》、《美国国会图书馆图书分类法》等。

2) 主题语言

主题语言是指以自然语言的字符为字符,以名词术语为基本词汇,用一组名词术语作为检索标志的一类检索语言。以主题语言来描述和表达信息内容的信息处理方法称为主题法。主题语言又可分为标题词、元词、叙词、关键词。

(1) 标题词。标题词是指从自然语言中选取并经过规范化处理,表示事物概念的词、词组或短语。标题词是主题语言系统中最早的一种类型,它通过主标题词和副标题词固定组配来构成检索标志,只能选用"定型"标题词进行标引和检索,所反映文献主题概念必然受到限制,不适应时代发展的需要,目前已较少使用。

(2) 元词。元词又称单元词,是指能够用以描述信息所论及主题的最小、最基本的词汇单位。经过规范化的能表达信息主题的元词集合构成元词语言。元词法是通过若干单元词的组配来表达复杂的主题概念的方法。元词语言多用于机械检索,适于用简单的标志和检索手段(如穿孔卡片等)来标记信息。

(3) 叙词。叙词是指以概念为基础、经过规范化和优选处理的、具有组配功能并能显示词间语义关系的动态性的词或词组。一般来讲,选做的叙词具有概念性、描述性、组配性。经过规范化处理后,还具有语义的关联性、动态性、直观性。叙词法综合了多种信息检索语言的原理和方法,具有多种优越性,适用于计算机和手工检索系统,是目前应用较广的一种语言。CA、EI 等著名检索工具都采用了叙词法进行编排。

(4) 关键词。关键词是指出现在文献标题、文摘、正文,对表征文献主题内容具有实质意义的语词,对揭示和描述文献主题内容是重要的、关键性的语词。关键词法主要用于计算机信息加工抽词编制索引,因而称这种索引为关键词索引。目前,关键词法得到了广泛的应用,出现了多种关键词索引,常见的有题内关键词索引、题外关键词索引、词对式关键词索引和纯关键词索引等。其优点为计算机自动编排各种关键词索引,加速文献的标引速度和缩短检索工具出版的滞后时间;其缺点为检索质量较差,可能会在标引和检索之间造成歧义或误差,从而导致漏检或误检。

3) 代码语言

代码语言是指对事物的某方面特征,用某种代码系统来表示和排列事物概念,从而提供检索的检索语言。例如,专利号、标准号、报告号、ISBN 号、ISSN 号等的顺序排检。还可以根据化合物的分子式这种代码语言,构成分子式索引系统,允许用户从分子式出发,检索相应的化合物及其相关的文献信息。

2. 按照描述文献的特征划分

1) 描述文献内容特征的检索语言

描述文献内容特征的检索语言主要是指所论述的主题、观点、见解和结论等,如图 3.2 所示。

(1)分类语言是以号码为基本字符,用分类号来表达各种概念,将各种概念按学科性质进行分类和系统排列。

(2)标题词语言是用词语来表达各种概念,即用自然语言中的名词、名词性词组或句子作为主题词,来表达各种概念,不管各种概念的相互关系,完全按字顺排列。

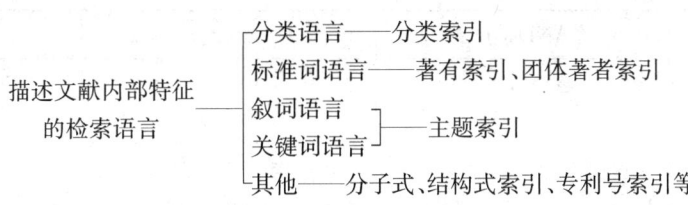

图 3.2　描述文献内容特征的检索语言

2)描述文献外部特征的检索语言

描述文献外部特征的检索语言主要是指文献的篇名(题目)、作者姓名、出版者、报告号、专利号等。将不同的文献按照篇名、作者名称的字序进行排列,或者按照报告号、专利号的数序进行排列,所形成的以篇名、作者及号码的检索途径来满足用户需求的检索语言。

描述文献外部特征的检索语言(见图 3.3)可简要概述为:

(1)题名语言是按题名的字序排检。

(2)著者语言是按著者姓名的字序排检。

(3)号码语言是按文献代码(如专利号、标准号、报告号、ISBN 号、ISSN 号等)顺序排检。

(4)其他,如人名索引、引用文献目录等。

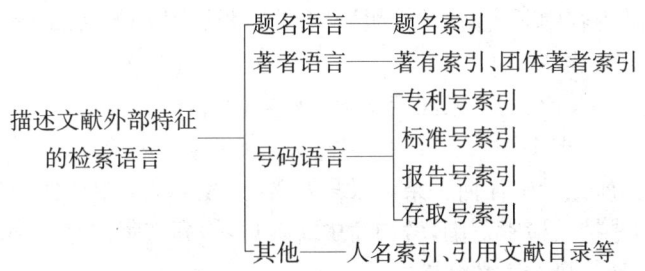

图 3.3　描述文献外部特征的检索语言

三、信息检索技术

检索数字化的文献,用户输入计算机能够识别的指令,即检索表达式,由计算机根据检索指令查找出与之匹配的文档。检索技术是为提高计算机运算效率而采用的一些技术,目前广泛运用的检索技术主要包括以下几种检索:布尔逻辑检索、截词检索、邻近检索和字段检索。

(一)布尔逻辑检索

布尔逻辑检索是指采用布尔逻辑表达式来表达用户检索要求,并通过一定的算法和实现手段进行检索的过程。

利用布尔逻辑运算行进行检索词或代码的逻辑组配,是现代信息检索系统中最常用一种方法。常用的布尔逻辑运算符有三种,分别是逻辑与"AND",逻辑或"OR",逻辑非"NOT",如表3.1所示。用这些逻辑运算符将检索词组配构成检索提问式,计算机将根据提问与系统中的记录进行匹配。当两者相符时则命中,并自动输出该文献记录。

表3.1 布尔逻辑运算符及逻辑关系

逻辑运算符	AND(与)	OR(或)	NOT(非)
检索式或写成	A AND B A * B	A OR B A+B	A NOT B A−B
逻辑关系的说明	数据库中同时含有词A和词B的记录被检出(命中)	数据库中或含有词A或含有词B,或两词皆有的记录被检出	数据库中凡含词A而不含词B的记录被检出
逻辑关系图	A B	A B	A B

1. 逻辑与"AND"运算符

逻辑与是用于组配不同的概念的检索词,是一种概念相交和限定关系的组配。

检索提问式为:A AND B

其含义是:检出的信息中必须同时含有"A"和"B"两个检索词。其基本作用是对检索范围加以限定,逐步缩小检索范围,提高检索结果的查准率。

例如,检索式:计算机 AND 文献检索

检索结果:文献内容中既含有"计算机"又含"文献检索"词的文献为命中记录。

2. 逻辑或"OR"运算符

逻辑或是用于组配具有同义或同族概念的检索词。

检索提问式为:A OR B

其含义是:数据库记录中任何一条记录只要含有"A"或"B"中任何一个检索词即命中的文献。其基本作用是扩大检索范围,增加命中文献量,提高文献的查全率。

例如,检索式:计算机 OR 文献检索

检索结果:文献内容中含有"计算机"或含有"文献检索"以及两词都包含的文献为命中记录。

3. 逻辑非"NOT"运算符

逻辑非是用于排除含有某些词的记录。

检索提问式为:A NOT B

其含义是:检索记录中只能含有"NOT"算符前的检索词A,但不能同时含有"NOT"后的检索词B,其基本作用是缩小检索范围,但并不一定能提高文献命中的准确性,一般只起到减少文献输出量的作用。

例如,检索式:计算机 NOT 文献检索

检索结果:文献内容中含有"计算机"而不含"文献检索"的文献为命中记录。应注意:

"NOT"运算符有排除掉相关文献的可能,因此,在实际检索中应慎重使用。

检索中逻辑运算符使用是最频繁的,对逻辑运算符使用的技巧决定检索结果的满意程度。用布尔逻辑算符表达检索要求,除要掌握检索课题的相关因素外,还应在布尔逻辑运算符对检索结果的影响方面引起注意。此外,对同一个布尔逻辑提问式来说,不同的运算次序会有不同的检索结果。

4. 布尔逻辑算符的运算次序

用布尔逻辑算符组配检索词构成的检索提问式,逻辑算符 AND、OR、NOT 的运算次序在不同的检索系统中有不同的规定。当多个布尔逻辑算符同时出现,进行混合运算时,绝大多数系统会按照以下规则处理运算的先后顺序。

(1) 同级运算自左向右进行;
(2) 布尔逻辑算符 AND 和 NOT 优先于 OR 运算;
(3) 先算括号内,再算括号外,具有多层括号时,从最里的括号开始不断向外层括号进行计算;
(4) 当检索式含有截词符、词位限制、字段限制时,布尔逻辑运算最后进行。

(二) 截词检索

截词检索是指在检索式中用专门的符号(截词符号)表示检索词的某一部分,允许有一定的词形变化,在中文数据库中也称为模糊检索,其作用主要是提高查全率,主要应用于西文数字资源的检索。截词符一般用"?"或"*"表示,按截词位置可分为前截词、后截词、中间截词和前后截词。

前截词又称左截词,后方一致,允许检索词前有若干变化。例如,"*physics"就可检索到 physics、astrophysics、biophysics、chemophysics、geophysics 等词的结果。"?Computer"可检索到 computer、minicomputer、microcomputer 等结果。

后截词又称右截词,前方一致,允许检索词尾有若干变化。例如,"comput*"将检索出 computer、computing、computerised、computerized、computerization 等结果。

中间截词,又称前后方一致,允许检索词中间有若干变化。例如,"wom*n",检索到 woman、women 的结果。英美的不同拼法,"defen*e"可同时检出 defence 和 defense 的结果。

前后截词:词干的前后各有一个截词符,允许检索词的前端和尾部各有若干变化形式。例如,"? computer ?"可检索到 computer、computers、computerize、computerized、computerization、minicomputer、minicomputers、microcomputer、microcomputers 等结果。

注意:

(1) 在使用截词符时,既要考虑到使用截词符以避免漏检,也要考虑到不恰当的使用会使查准率大大降低。如截词的长度要适合,不能太短,否则会使检索结果过多。一般对于英文单词来说,如"electro*"将检索出含有 electron、electronic、electrostatic 等的文献,如果写成"elec*"就可能检索出许多意思完全不相关的文献。

(2) 在不同的数据库和联机检索系统中,所使用的截词符号没有统一的标准,有的用"?",有的用"*",有的用"♯",有的用"$"等。

(3) 即便常用的"?"和"*"在不同的数据库中其用法也是不一定相同的。

（三）邻近检索

邻近检索又称位置检索，主要是通过检索式中的专门符号来规定检索词在结果中的相对位置。例如，检索"生物防治"的文献，若用检索式"biological * control"检索，则会将"抑制生物"（control biological）的文献也查出来，这显然不是所需文献。邻近检索主要有相邻位置算符（W）、(nW)、(N)、(nN)，句子位置算符（S），字段算符（F）、(L)。例如，(W)算符：(W)是 with(word)的缩写，可简写为"( )"，表示此算符两侧的检索词必须按此前后顺序相邻排列，词序不可变，且两词之间不许有其他的词或字母，但允许有一空格或标点符号。例如，biological (W) control 相当于检索 biological control，CD (W) ROM 相当于检索 CD ROM 或 CD-ROM。

（四）字段检索

字段检索指定检索词出现的字段，被指定的字段也称检索入口，检索时，系统只对指定字段进行匹配运算，提高了效率和查准率。例如，常用检索字段"TI"代表 title，"AU" author，"AB"代表 abstract，"AF"代表 affiliation 等。这些限制符在不同的系统中有不同的表达形式和使用规则，在进行字段限制检索时，应参阅系统及有关数据库的使用说明，以免产生检索误差。

第二节　信息检索策略与步骤

一、信息检索的策略与步骤

检索策略，就是在分析检索提问的基础上，确定检索的数据库、检索的用词，并明确检索词之间的逻辑关系和查找步骤。检索式（即检索用词与各运算符组配而成的表达式）仅仅是狭义上的检索策略。事实上，在构造检索策略的过程中，要涉及许多方面的知识与技能。用户对检索课题的明确程度，对检索课题的分析，对数据库及其系统特性和功能的掌握，编制逻辑检索式的技巧及调整检索策略的方法等方面都会影响用户检索的整体效果。因此，制定检索策略是一种全面的知识与技能，同时也是一种经验。检索策略是否周全，直接影响文献的查全率和查准率。

计算机信息检索步骤是指根据用户的检索课题需求，利用检索工具查找信息资料的过程。实际上它是信息检索策略的具体化，包括检索课题的分析、检索系统（数据库）的选择、确定检索途径与检索方法、检索词的准确把握、检索表达式的构造与提交、检索结果的显示与优化。通俗地说，对检索步骤的科学安排称作检索策略。下面就在检索步骤中结合讲解检索策略。

（一）分析检索课题

分析检索课题的目的有两个：一是将检索课题分成多个层次的主题概念，明确用户对查全、查准、查新方面的具体要求；二是明确检索课题所要求的各种范围或限定条件，包括要求的资源类型、语种、年代跨度等方面的限定，对检索结果的期望，如命中检索结果的预期数量、检索费用、所需时间及其他方面的要求等。

信息检索以满足用户某种需求为目的。信息需求不同则检索要求不同,对检索效果的评价标准也不同。例如,申请专利、公布某一重要发现和开始一项新的研究,对查全率的要求就很高,必须全面收集相关信息,进行回溯检索,如果漏查重要信息可能导致重复劳动,白白浪费大量的时间、经费和精力。查准率的要求相对来说较高,只要能帮助解决这一问题,一个或几个检索结果就足够了。另外,如想了解本领域的最新动态,则对新颖性的要求往往高于查全率和查准率。

其中必须弄清的问题主要有:

(1) 课题内容范围,课题涉及哪些专业,与该专业相邻的学科有哪些;
(2) 所需信息类型,是文献还是具体的数据或事实,是文稿、题录、综述还是原始文献;
(3) 信息专业水平,是一般性信息还是较专深的信息;
(4) 文献数量,是需要全部文献还是其中的一部分;
(5) 文献的语言和类型;
(6) 检索角度,确定要检索的文献信息是侧重理论方面,还是应用方面;
(7) 时间范围,一般科技文献中的技术 10~20 年就要过时,所以一般研究课题的检索时间范围应在 10~20 年。

(二) 合适的检索系统(数据库)

检索过程中的首要环节,就是在明确课题需求的基础上,选择合适的检索系统(数据库)。第一步如果出错,就无法保证最后检索结果的正确性。而检索策略的制定,在操作上主要指数据库的选择和检索式的编制。

由于用户对课题需求的不同,因此需要根据检索课题的目的、学科范围和专业等方面,选择合适的检索系统(数据库)。

1. 课题检索的目的

课题检索的目的通常有如下几种类型:

(1) 开始某项新的科学研究。需要对课题进行全面的文献普查,并从中筛选出所需的资料,用以编写可行性报告、计划任务书等。对该类课题,应选择一个年限比较长的、收录比较广泛的相关专业的二次文献数据库,在全面回溯检索的基础上,选出相关的文献,再获取一次文献。

(2) 解决某个技术难题,查找关键性的技术资料。对这样的课题,应选择工程和技术类数据库或专利数据库。

(3) 贸易与技术引进、合资谈判,了解国外市场、产品与公司的行情。需查找"科学数据库"以了解技术的先进性,查找市场、产品、公司等商情数据库以了解对手的情况。

(4) 申报专利或鉴定成果,查找参考依据。以选择国内外专利数据库和科技成果库为主。

(5) 为某项决策查找有关情报。根据决策的不同性质,进行综合性的全面文献调研,涉及科学研究、技术研究、产品、市场等最新发展动态相关数据库。

(6) 撰写论文查找相关文献等。以期刊论文、学位论文等学术研究性的数据库为主,图书检索为辅。

2. 明确课题涉及的学科范围和专业

明确课题所涉及的主要学科范围、相关学科范围、交叉学科范围,并根据数据库的主题收录范围进行选择。例如,在查找有关计算机在贸易经济管理方面的应用这样的课题时,首先考虑该课题所涉及的学科范围包括计算机技术、管理学及贸易经济学,因此在选用数据库进行检索时,应该根据数据库的主题收录范围同时选择这几个专题进行检索。

另外,如果对文献新颖性要求较高,则要选择数据更新周期短、速度快的数据库;若对文献的查全要求较高,则需普查多种数据库;若对文献的查准要求较高,则应选择主题范围最专指的数据库。

(三) 主题分析

主题分析就是对用户的课题进行主题概念的分析,并用一定的概念词来表达这些主题内容,同时明确概念与概念之间的逻辑关系。主题分析必须注意:

(1) 概念的表达要确切。抓住课题的实质性内容,分析出课题中有几个概念组面。

(2) 找出核心的概念组面,排除无关概念组面,包括意义不大的概念和重复概念。

用户有时会认为选取的概念组越多,逻辑组配越细致,检索结果的针对性就越强。事实上,过多过严的概念组配很可能导致大量的漏检,甚至结果为零。因此有时需要简化逻辑关系,减少概念组面,以提高检索效果。

(3) 找出隐含的重要概念,如"智力测试",隐含着"能力测试"、"态度测试"、"创造力测试"等概念。数据库的标引一般使用比较专指的词,如果用户对标引规则不甚了解,往往会列出比较抽象的概念,而忽略了较专指的概念。

(四) 确定检索途径与检索方法

1. 确定检索途径

常用的检索途径有分类检索途径、主题检索途径、著者检索途径、题名检索途径;另外,还有其他检索途径,如分子式检索、专利号检索、标准号检索等。检索途径的选择要根据检索要求和已掌握的检索条件来确定。检索途径的选择取决于两个方面:一是待查课题的已知条件和课题检索深度的要求,二是所使用的检索工具本身能够提供的检索途径。

选择检索途径一般遵循以下原则:

(1) 如果是系统收集资料,一般对查全率要求高,最好选择分类途径;

(2) 如果是解决一个技术问题或仅知课题主题概念,应选择主题途径;

(3) 如果已知同行学者姓名,应选择著者途径;

(4) 如已知文献的专利号、标准号、科技报道号等,应选择序号途径。

2. 选择检索方法

常用的检索方法有直接检索法、间接检索法、抽查法、顺序法、倒查法等方法。

在检索时究竟使用哪种方法,应根据检索条件、检索要求、检索背景等一些具体情况而定,不能一概而论。实际检索过程中选用哪一种方法,要根据课题研究的需要以及所能利用的检索工具和检索手段而定。

(1) 如果检索工具缺乏或根本没有,研究课题涉及面又不大,对查全率不做较高要求,可采用由近及远追溯法。追溯的起点最好是所附参考文献较多的文献,还有一些信息研究成果,如评论、综述等。

(2) 如果检索工具较齐备,研究课题涉及的范围大,可采用常用法或交替法。

(3) 如果研究课题属新兴学科或知识更新快的学科,可采用倒查法。

(4) 如果研究课题对查全率有特别要求,一般采用顺查法。

(5) 如果已掌握了课题发展规律、特点,一般可采用抽查法。

(五) 确定检索词

检索词是构成检索式的基本单位,也是计算机信息检索系统中有关数据库进行匹配的基本单元。因此,检索词选择恰当与否至关重要,会直接影响检索效果。检索词需满足形式匹配和内容匹配两个方面的要求。形式匹配,即检索使用的语言和检索系统中使用的语言一致;内容匹配,即由主题概念转化而成的检索词能够准确、完整地表达检索课题的内容,这是由信息需求决定的。在计算机信息检索系统中,检索词一般有如下三种形式。

1. 规范词

规范词是经过规范化处理的词或词组。规范词是从待检数据库的叙词表或主题词表中选取的,在计算机信息检索系统中,词表是数据库标引和检索必须共同遵循使用的检索语言。为了使检索提问标志与文献特征标志一致,获得最佳的检索效果,应优先选用规范词。

2. 规范化代码

规范化代码指的是经过规范化处理的索引代码。索引代码是数据库系统为某些主题范畴或主题概念规定的索引单元。这类单元有很好的专指性,是一种有较好检索效果的文献性标志。例如,国家专利分类号"IC=",PTS数据库的产品代码"PC=",标准工业代码"SC="等。

3. 自由词

自由词是未经规范化处理的自然语言词汇。使用自由词进行检索的一个最大的优点就是能充分利用系统的全文查找功能。规范词或代码的选择需要利用词表或分类表等进行自然语言到规范语言的转换,如果标引人员和检索人员思路不一致时,会影响检索效果。由于自由词直接、简明、数量大、覆盖面广,特别是它与叙词相比,相应的自由词与数据库具有更大的相容性和匹配性。所以,随着计算机存储容量的不断增大,检索软件的不断完善,自由词在计算机信息检索中得到了更广泛的应用。

总之,检索词要准确、全面地表达课题内容,范围不能太大,也不能太小。如果检索系统使用的是规范化检索语言,应当依据该检索系统采用的词表或分类法,将需要检索的概念用规范化的语言表达出来,这样才能保证提问标识与系统的标引标识相一致。系统如果是采用自然语言标引的,应尽量全面地选取相关的词与词组作为检索词,以免漏检。

确定检索词,首先要对课题的主题概念进行深入分析,从给定的课题名称及描述语句出发,经过切分、挖掘、排除、替换、补充、还原、增加等步骤,提取检索词。

1) 提取核心词

核心词的提取可首先对课题的名称语句进行切分,即以词为单位划分句子,切分一定要彻底,必须到词为止,同时也要适度,不能因切分而改变语义。例如,"计算机在经济管理中的应用",可切分为:计算机/在/经济管理/中/的/应用/;又如,"西部环境状况研究",可切分为:西部/环境/状况/研究/;再如,"石质文物的保护",可以切分为:石质/文物/保护。

在切分的基础上提取核心概念。在一组检索词中,往往只有一个或少数几个是核心词,而其他词仅起限定作用。

如上所举示例,在第一例中,其核心词是"计算机"和"经济管理",其他词都是修饰限定核心词的；

第二例中，其核心词为"西部环境"，其他词都是限定"西部环境"的；

第三例中，核心词是"文物"。

在检索中，首先必须将核心词确定为检索词，其他限定词则根据检索需要进行取舍。

在提取核心词时，应注意课题隐含概念的发掘。隐含概念是指课题中没有明确指出，但又与课题密切相关的概念。通常包括相关的概念和上下位概念。这些内容需要从课题所属的专业角度做深入分析才能够提炼，切忌仅从课题名称中选词。例如，上面第三例中的"石质文物的保护"，虽然可以以"文物 AND 石质 AND 保护"作为检索式，但这是一个意义比较宽泛的检索式。而相关知识告诉我们：石质文物有不少的下位概念，如石楼、石碑、纪念碑、金字塔等，因此可依据具体要求做出灵活的选择，从而发掘出隐含概念。又如，"清华大学图书馆的书目数据库系统"，显见的主题是"清华大学图书馆"和"书目数据库系统"。隐含的主题是"高校图书馆"和"图书馆自动化系统"。

2) 排除无关词

排除不具备检索意义的介词、连词、助词、副词等虚词及与课题相关度不大的其他关键词。例如，"计算机在经济管理中的应用"经删除后，其关键词的集合为：计算机/经济管理。

排除过宽和过窄的词。过宽的词没有触及问题的实质，导致检出一些不相关的信息；而过窄的词由于限制条件过于苛刻，会造成漏检。过宽和过具体的词均属于不必要的限定词，应去掉。例如，西方法律秩序→西方（限定词过泛），一般来说，研究西方法律秩序主要是围绕其代表人物展开的，因此，这里应选用具体的代表人物进行检索；又如，"发展"、"趋势"、"现状"、"工艺"、"技术"、"研究"、"影响"等这些过宽的词若不是专门查找综述类文献也应予以排除。

3) 替换原有词

若课题中的词比较模糊、宽泛、狭窄或不可行，这时可用概念替换法，引入更明确、更具体、更本质、更可行的概念作为替换词代替原有词，或者作为同义词和相关词增加到原来的概念组中同时保留原有词，或者用分类类目来替换检索词。

例如，用户要求查找"西部环境"方面的文献，可以选用四川、云南、贵州等，在检索时就可以采用：西部→西部 OR 四川 OR 云南 OR 贵州。

4) 补充相关词

补充还原词组。许多名词是经由词组缩略而成，因此可以采用与缩略相反的操作——补充还原，导出一个词的来源词组，并将来源词组作为原词的同义词，补充进检索式。例如，CAD(Computer Aided Design)、CCTV(中央电视台)等。

补充同义词或相关词。在英语中，一些词有英式、美式的不同拼写，而一些术语又有首字母缩写，因而在提取检索词时，一定要考虑到各种同义词、相关词及同族词。

5) 增加限义词

一词多义是一个普遍现象，如"窗口(Window)"，既可是建筑物的窗口，又可是计算机操作系统的视窗。为避免一词多义而导致的误检，应增加限义词，其方法有两种：用逻辑"与"增加限定词，用逻辑"非"排除异义词。

6) 参照主题词表

各数据库通常有各自相应的主题词表,因此必须掌握主题词表的结构及使用方法。同一词,在不同的数据库中有不同的著录形式。当前,一些数据库系统已将词表作为数据库的组成部分,可通过计算机直接从词表中选取,如 Inspec、Compendex 等。

此外,不同的数据库加工数据的深度是不同的,专业数据库的加工深度要高于综合性的数据库。所以检索的时候,所选的检索词应当随所选数据库的不同而调整,避免因为检索词选取不当造成检索结果不理想。

(六) 编制检索式

当检索课题包含较复杂的主题内容时,应明确所需检索的概念及其相互关系。在确定检索词后,根据检索词之间的关系,用系统支持的算符(布尔算符、位置算符、字段符等)以及提供的各种选项(主题词、作者、分类号等),将这些检索词组配起来形成检索式,成为计算机可以识别和执行的命令形式,并且充分表达信息需求。

拟定合理的检索式是上述各步骤和各种检索技术的综合体现,是检索策略的表达形式。检索式编制得好坏直接关系到检索的最终结果。编制检索式需注意以下几点原则:

(1) 明确概念组配的逻辑关系,正确使用布尔逻辑 AND、OR、NOT 算符;
(2) 英文检索词的不同表达方式尽量使用截词技术;
(3) 正确使用各种位置算符;
(4) 注意后缀与前缀代码的限定使用;
(5) 注意逻辑算符与位置算符的先后处理次序,注意括号的使用。

(七) 输出检索结果,获取原始文献

每种数据库都提供了各种输出方式(题录方式、全记录方式、自定义格式等),用户可根据自己的需求,灵活选择输出记录的格式,获得检索结果。有的数据库在检索的同时就提供了原始文献(阅读或下载),如 CNKI、维普数据库等全文数据库;但是也有的数据库不提供原始文献(如文摘型数据库)。在这种情况下获取原始文献可以考虑以下几种方法。

1. 使用全文数据库检索

某一种期刊可能被多个数据库收录,在一个数据库中找不到全文,可以在其他数据库中查找是否提供全文。

2. 使用图书馆馆藏目录查询系统(OPAC)查询有无相应纸本文献

如果数据库中仅提供某本期刊上所有文章的摘要而不提供全文,可通过 OPAC 系统查询到图书馆是否藏有该期刊的纸质版本,以便直接到图书馆去获取纸质文献。

3. 使用联合目录

使用联合目录查询国内其他高校图书馆有无收藏,若有收藏,可考虑使用图书馆的馆际互借与文献传递服务。在使用这项服务时,应注意准确无误地记录文献线索(题名、作者、刊名、页码、语种、总页数等),并将这些线索提供给图书馆工作人员。目前,馆际互借与文献传递已成为重要的原文获取途径。

4. 直接向作者索取

一些作者尤其是外国作者都非常热心提供自己论文的全文,认为有人来阅读其文献是一件荣幸的事情,只需要通过 E-mail 说明意向,大部分人很快就会回复。

5. 通过搜索引擎查询

现在,因特网上已经拥有相当多的免费学术资源,其中一部分就是学术期刊。因此,可以通过开放期刊目录(Directory of Open Access Journals,网址为 http://www.Doaj.org)查找相应文献是否可以在网络上获取全文。另外,也可以通过搜索引擎,直接输入文献名来查找网络上是否有 PDF、DOC 或 PS 等格式的原文文献。

二、信息检索效果评价

检索效果(Retrieval Effectiveness)是指检索服务的有效程度。评价检索系统的检索效果,目的是为了准确地掌握系统的性能和水平,找出影响检索效果的因素,以便有的放矢地改进系统的功能,提高系统的服务质量,更好地满足用户的信息检索需求。查全率、查准率是两个最常用评价检索效果的指标。

(一) 检索效果评价指标

1. 查全率

查全率(Recall Factor)是指检出的相关文献数量与检索系统中相关文献总数量的比率,是衡量信息检索系统检出相关文献能力的尺度。可用下式表示:

$$查全率(R) = \frac{检出的相关文献的数量}{检索系统中相关文献的总数量} \times 100\% = \frac{a}{a+c} \times 100\%$$

式中:a——检出的相关文献数量;

c——未检出的相关文献数量。

2. 查准率

查准率(Pertinency Factor)是指检出的相关文献数量与检出的文献总数量的比率,是衡量信息检索系统检出文献准确度的尺度。可用下式表示:

$$查准率(P) = \frac{检出的相关文献数量}{检出的文献总数量} \times 100\% = \frac{a}{a+b} \times 100\%$$

式中:a——检出的相关文献数量;

b——检出的非相关文献数量。

(二) 调整查全率和查准率的方法

影响查全率的因素从文献信息存储来看主要有数据库收录文献不全;索引词汇缺乏控制和专指性;词表结构不完整;词间关系模糊或不准确;标引不详;标引前后不一致;标引人员遗漏了原文的重要概念或用词不恰当等。从信息检索来看主要有:检索策略过于简单;选词和进行逻辑组配不当;检索途径和方法太少;检索人员业务不熟悉和缺乏耐心;检索系统不具备截词功能和反馈功能;检索时不能全面地描述检索要求等。

提高查全率,即进行扩检,可以按照如下方法调整检索提问式。

(1) 选全同义词并以"OR"的方式与原词连接后加入到检索式中。

(2) 降低检索词的专指度。从词表或检出的文献中选择一些上位词或相关词。

(3) 采用分类号进行检索。

(4) 删除某个不甚重要的概念组面,减少"AND"运算。

(5) 取消某些过严的限制符,如字段限制符等。

(6) 调整位置算符。

影响查准率的因素从文献信息存储来看主要有:索引词不能准确描述信息主题和检索要求;组配规则不严密;标引过于详尽;检索系统不具备逻辑"非"功能和反馈功能;检索式中允许容纳的词数量有限。从信息检索来看主要有选词及词间关系不正确;组配错误;检索时所用检索词(或检索式)专指度不够,检索面宽于检索要求;截词部位不当;检索式中使用逻辑"或"不当等。

若要提高查准率,即进行缩检,可按如下方法调整检索提问式。

(1) 提高检索词的专指度,增加或换用下位词和专指性较强的自由词。

(2) 增加概念组面,用"AND"连接一些进一步限定主题概念的相关检索项。

(3) 限制检索词出现的可检字段,如限定在篇名字段和主题字段中进行检索等。

(4) 利用文献的外表特征限制,如文献类型、出版年代、语种、作者等。

(5) 用逻辑非"NOT"来排除一些无关的检索项。

(6) 调整位置算符。

三、检索结果著录格式

(一) 文献类型及其标志

(1) 根据 GB 3469 规定,各类常用文献标志如下:
① 期刊(J)　② 图书(M)　③ 论文集(C)　④ 学位论文(D)
⑤ 专利(P)　⑥ 标准(S)　⑦ 报纸(N)　⑧ 技术报告(R)

(2) 电子文献载体类型用双字母标志,具体如下:
① 磁带(MT)　② 磁盘(DK)　③ 光盘(CD)　④ 联机网络(OL)

(3) 电子文献载体类型的参考文献类型标志方法为:文献类型标志/载体类型标志。例如:
① 联机网上数据库(DB/OL)　② 磁带数据库(DB/MT)
③ 光盘图书(M/CD)　④ 磁盘软件(CP/DK)
⑤ 网上期刊(J/OL)　⑥ 网上电子公告(EB/OL)

(二) 常用文献著录格式

(1) 期刊:作者. 题名[J]. 刊名,出版年,卷(期):起止页码.

例如:[1] 刘仲能,金文清. 合成医药中间体 4 - 甲基咪唑的研究[J]. 精细化工,2002(2):103 - 105.

(2) 图书:作者. 书名[M]. 版本(第一版不著录). 出版地:出版者,出版年:起止页码.

例如:[1] 蒋挺大. 亮聚糖[M]. 北京:化学工业出版社,2001. 127.

(3) 论文集:作者. 题名[C]. //编者. 论文集名,出版地:出版者,出版年:起止页码.

例如:[1] Eiben A E, vander Hauw J K. Solving 3 - SAT with adaptive genetic algorithms[C]. //Proc 4th IEEE Conf Evolutionary Computation. Piscataway: IEEE Press, 1997. 81 - 86.

(4) 学位论文:作者. 题名[D]. 保存地点:保存单位,年份.

例如:[1] 陈金梅. 氟石膏生产早强快硬水泥的试验研究[D]. 西安:西安建筑技学大

学,2000.

(5) 专利:专利申请者或所有者.专利题名.国别.专利号[P].公告日期或公开日期.

例如:[1] 北京矿咨信矿业技术研究有限公司.尾矿库安全监测预警系统:中国,200810226395.1[P].2009-05-27.

(6) 标准:发布单位名称,标准号标准名称[S].出版地:出版者,发布日期.

例如:[1] 国家质检总局.GB/T 3792.2—2006 普通图书著录规则[S].北京:中国标准出版社.2006-06-30.

(7) 报纸:作者.题名[N].报纸名称,出版日期(版次).

例如:[1] 陈志平.减灾设计研究新动态[N].科技日报,1997-12-12(5).

(8) 报告:作者.题名[R].报告地:报告主办单位,年份.

例如:[1] 中国机械工程学会.密相气力输送技术[R].北京:清华大学,1996.

(9) 电子文献:作者.题名[电子文献及载体类型标志].文献出处,日期.

例如:[1] 万锦柔.中国大学学报论文文摘(1983—1993)〔DB/CD〕.北京:中国百科全书出版社,1996.

(10) 网络信息:作者.题名:其他题名信息[文献类型/文献载体标志].(更新或修改日期)[引用日期].获取和访问路径.

例如:[1] 安全生产监督管理局.关于印发全国尾矿库专项整治行动 2011 年工作总结和 2012 年重点工作安排的通知[EB/OL].[2012-12-9].http://guoqing.china.com.cn/zwxx/2012-07/05/content_25824427.htm.

第三节　综合检索实例及分析

案例一　熟识布尔逻辑运算技术

以山东科技大学图书馆馆藏资源为例,分别利用中国知网(CNKI)数据库和百度搜索检索文献:① 既包含"计算机"也包含"文献检索";② 包含"计算机"或包含"文献检索";③ 包含"计算机"但不包含"文献检索"。记录命中文献数量并进行比较。

(一) 利用中国知网(CNKI)数据库

在 CNKI 中:使用"AND"、"OR"、"NOT"等逻辑运算符,用"()"符号将表达式按照检索目标组合起来。

注意:

(1) 所有符号和英文字母,都必须使用英文半角字符;

(2) "AND"、"OR"、"NOT"三种逻辑运算符的优先级相同;如要改变组合的顺序,可使用英文半角圆括号"()"将条件括起;

(3) 逻辑关系符号与(AND)、或(OR)、非(NOT)前后要空一个字节。

步骤一:分析课题、制定检索策略

选择检索工具:中国学术文献总库(CNKI)。

检索途径:主题途径。
检索式:
(1) 既包含"计算机"也包含"文献检索"的检索式:主题="计算机"且含"文献检索";
(2) 包含"计算机"或包含"文献检索"的检索式:主题="计算机"或者"文献检索";
(3) 包含"计算机"但不包含"文献检索":主题="计算机"不含"文献检索"。
步骤二:实施检索
(1) 数据库登录,基本途径:山东科技大学图书馆主页(http://lib.sdust.edu.cn)—文献—中国学术文献总库(CNKI)—新平台入口—CNKI首页,如图3.4所示。

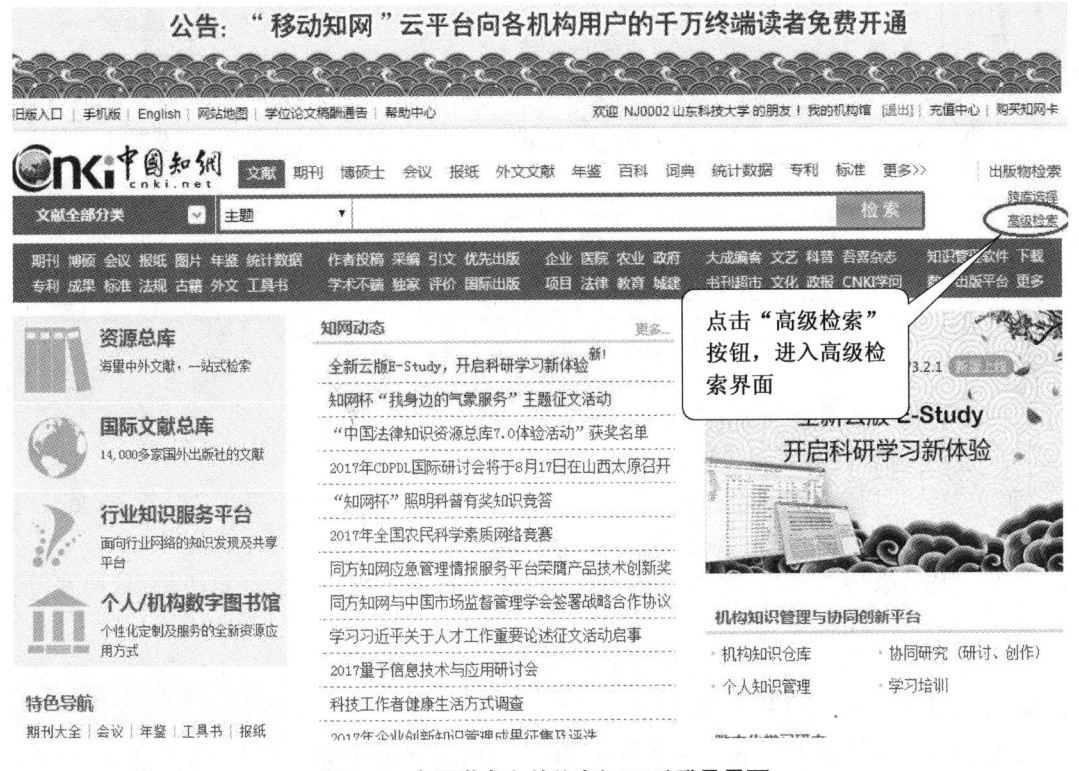

图3.4 中国学术文献总库(CNKI)登录界面

(2) 点击右上方"高级检索"按钮,进入"高级检索"界面,然后分别选择"主题"途径,在检索框中输入"计算机"和"文献检索",然后点击"检索",得到检索结果,如图3.5所示。
步骤三:记录检索结果
(1) 既包含"计算机"也包含"文献检索"的检索式:主题="计算机"且含"文献检索",找到1670条结果;
(2) 包含"计算机"或包含"文献检索"的检索式:主题="计算机"或者"文献检索",找到944,368条结果;
(3) 包含"计算机"但不包含"文献检索"的检索式:主题="计算机"不含"文献检索",找到922,379条结果。

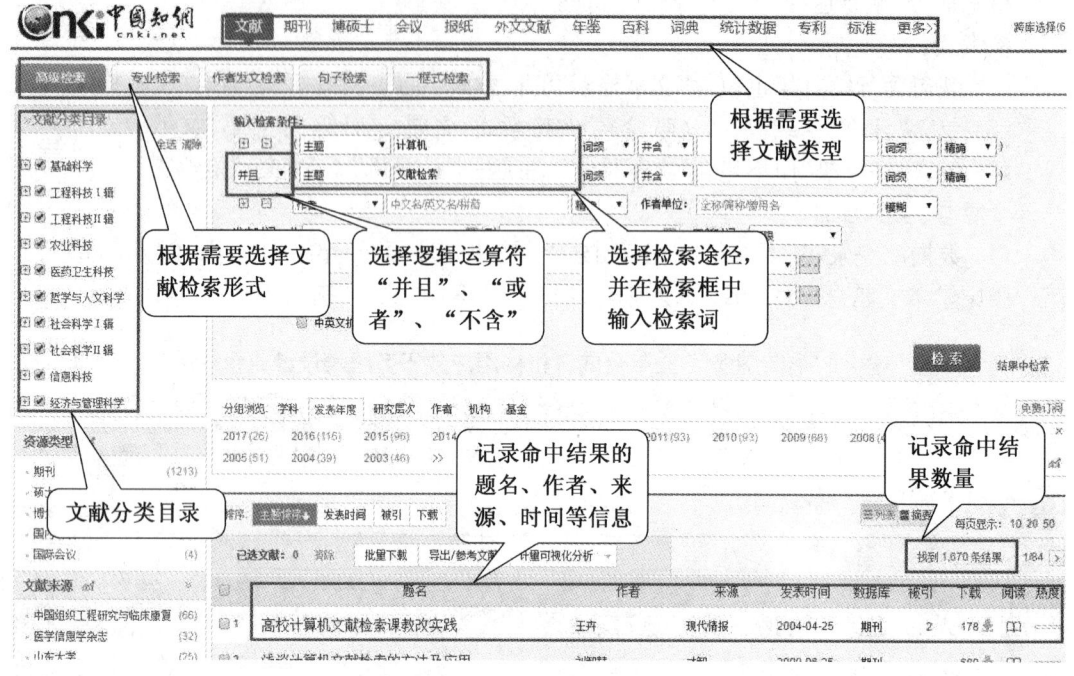

图 3.5　高级检索示意图

(二) 利用百度搜索(www.baidu.com)

百度搜索引擎三种逻辑运算符的使用方法如下:

(1) 逻辑"与"为空格,则既包含"计算机"也包含"文献检索"的检索式:"计算机 文献检索",可找到相关结果约 2 700 000 个。

(2) 逻辑"或"为"|",包含"计算机"或包含"文献检索"的检索式:计算机|文献检索,找到相关结果约 974 000 个;

(3) 逻辑"非"为"－"("－"前必须输入一个空格),包含"计算机"但不包含"文献检索"的检索式:计算机 －文献检索,可找到相关结果约 21 000 000 个。

注意: 在百度搜索中可用""进行精确匹配。如果输入的查询词很长,百度在经过分析后,给出的搜索结果中的查询词,可能是拆分的。如果对这种情况不满意,可以尝试让百度不拆分查询词。给查询词加上双引号,就可以达到这种效果,如"上海大学",搜索结果中的"上海大学"四个字就不会是分开的。

案例二 "检索途径"检索案例

以山东科技大学图书馆馆藏资源为例,利用"CNKI 期刊全文数据库",要求分别以"(1) 篇名(2) 关键词(3) 摘要"途径,检索"山东科技大学"教师在 2011 到 2016 年发表的有关"风力发电"方面的论文,记下命中论文篇数、第一篇论文的著录。

步骤一:分析课题,制定检索策略

检索山东科技大学教师在 2011—2016 年发表有关"风力发电"方面的论文。

选择检索工具:中国学术文献总库(CNKI)。

检索途径:篇名途径;关键词途径;摘要途径。

检索式:

篇名途径:篇名=风力发电 AND 作者单位=山东科技大学 AND 时间=2011—2016

关键词途径:关键词=风力发电 AND 作者单位=山东科技大学 AND 时间=2011—2016

摘要途径:摘要=风力发电 AND 作者单位=山东科技大学 AND 时间=2011—2016

步骤二:实施检索

(1) 数据库登录,基本途径:山东科技大学图书馆主页(http://lib.sdust.edu.cn)—文献—中国学术文献总库(CNKI)—新平台入口—CNKI首页。点击右上方"高级检索"按钮,进入"高级检索"页面。

(2) 如图3.6所示,点击页面右上方"跨库选择",进行检索内容范围选择,然后根据检索式在页面相应栏目框中输入检索词和限定条件,进行检索。

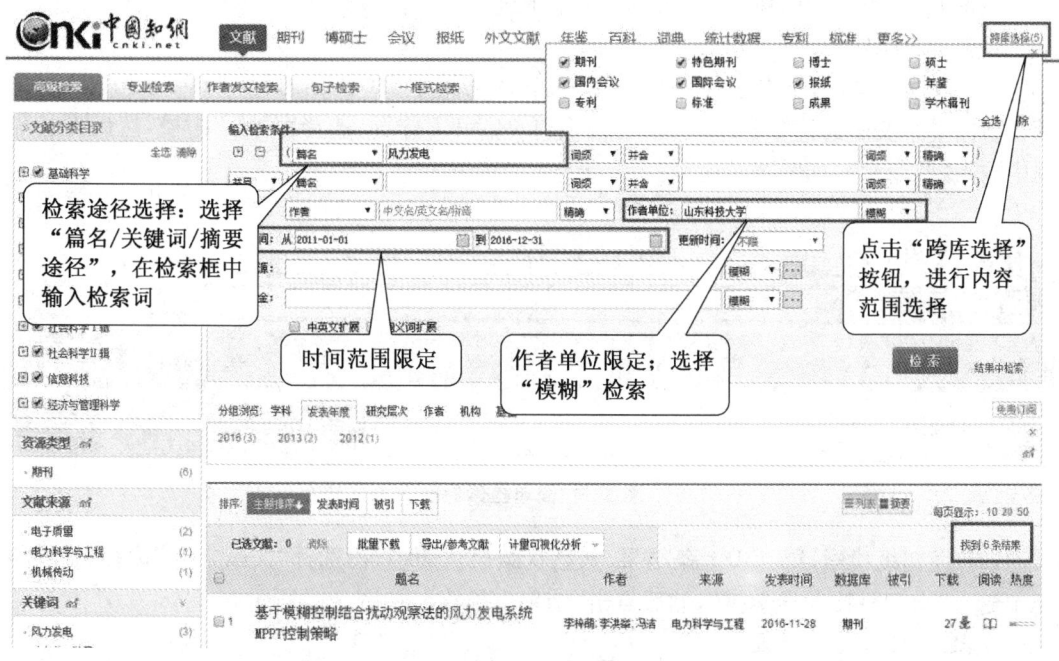

图3.6 按"篇名途径"进行高级检索操作页面

步骤三:记录检索结果

图3.6中是以"篇名途径"为例进行检索,其他两项只要在检索途径选择时,依次选择"关键词途径"和"摘要途径",其他限定条件不变,然后得到检索结果并按要求进行记录。

(1) "篇名途径":找到6条结果,其中第一篇文献的著录:

[1] 李梓萌,李洪举,冯洁.基于模糊控制结合扰动观察法的风力发电系统MPPT控制策略[J].电力科学与工程,2016(11):18-22.

(2) "关键词途径":找到6条结果,其中第一篇文献的著录:

[1] 李梓萌,李洪举,冯洁.基于模糊控制结合扰动观察法的风力发电系统MPPT控制

策略[J].电力科学与工程,2016(11):18-22.

(3)"摘要途径":找到16条结果,其中第一篇文献的著录:

[1] 金剑,周仕芳.基于 matlab 风力发电机组动态特性研究[J].电子质量,2015(03):68-73.

案例三 二次检索案例分析

以山东科技大学图书馆馆藏资源为例,利用 CNKI 系统检索"曹茂永教授"发表在"山东科技大学学报"上的论文,记录"被引次数"最多的论文著录,并下载全文阅读。

步骤一:分析课题,制定检索策略

检索"曹茂永教授"发表在"山东科技大学学报"上的论文。

选择检索工具:中国学术文献总库(CNKI)。

检索途径:作者途径;文献来源途径。

检索方式:先进行简单检索,然后在结果中进行二次检索。

步骤二:实施检索

(1)数据库登录,基本途径:山东科技大学图书馆主页(http://lib.sdust.edu.cn)—文献—中国学术文献总库(CNKI)—新平台入口—CNKI 首页,选择"作者"途径,然后在检索框中输入"曹茂永",如图 3.7 所示。

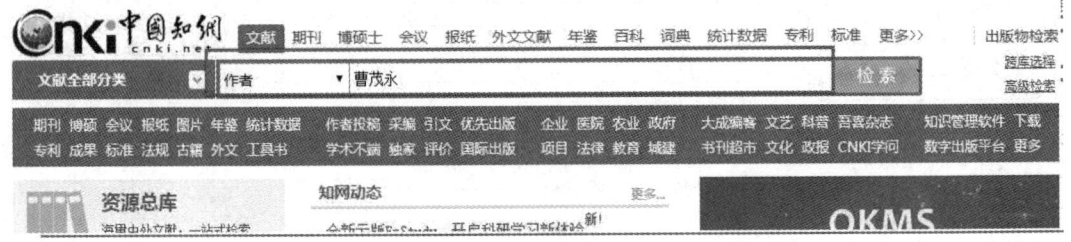

图 3.7 简单检索界面

(2)经初级检索,得到 103 条结果,然后在结果页面中,再选择"文献来源"途径,在检索框中输入"山东科技大学学报",然后点击"结果中检索",如图 3.8 所示。

步骤三:记录检索结果

二次检索的目的是为了缩小文献命中范围,最终检索到 7 条结果,如图 3.9 所示。按"被引次数"降序对检出文献进行排序,论文"被引次数"最多为 7 次,其著录为:

[1] 曹茂永,李亮报,程学珍.基于 PROFIBUS 现场总线的煤矿粉尘在线监控系统研究[J].山东科技大学学报(自然科学版),2007(04):36-39,50

下载阅读:点击论文"基于 PROFIBUS 现场总线的煤矿粉尘在线监控系统研究"标题,进入文献下载页面,如图 3.10 所示。

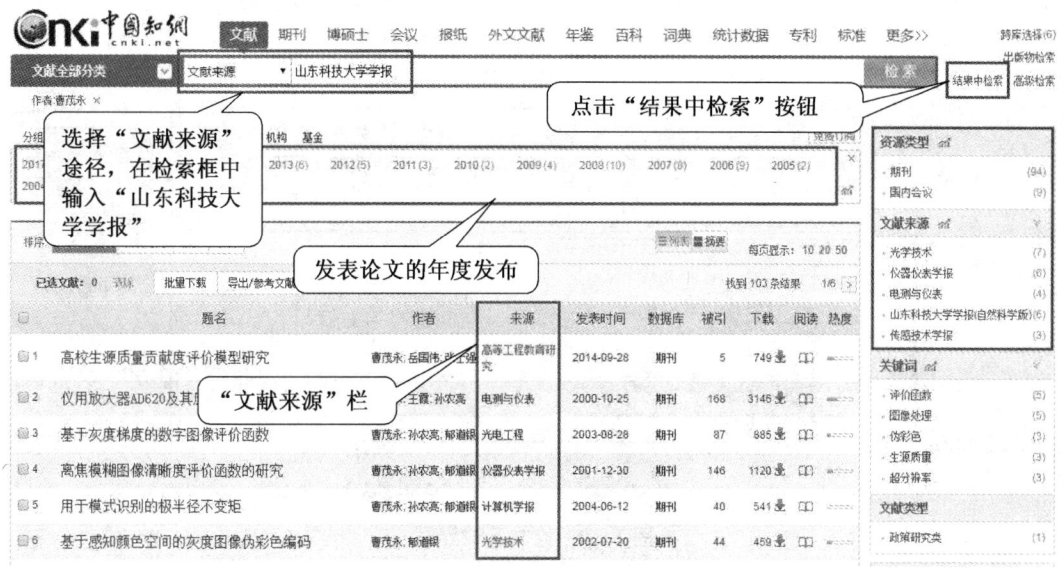

图 3.8 二次检索界面

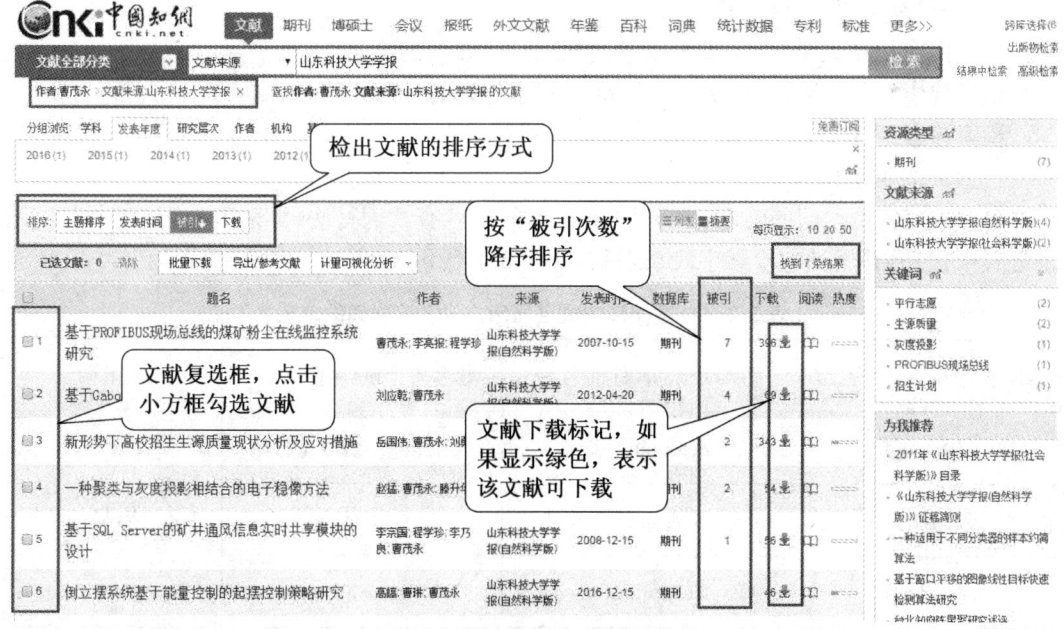

图 3.9 二次检索结果界面

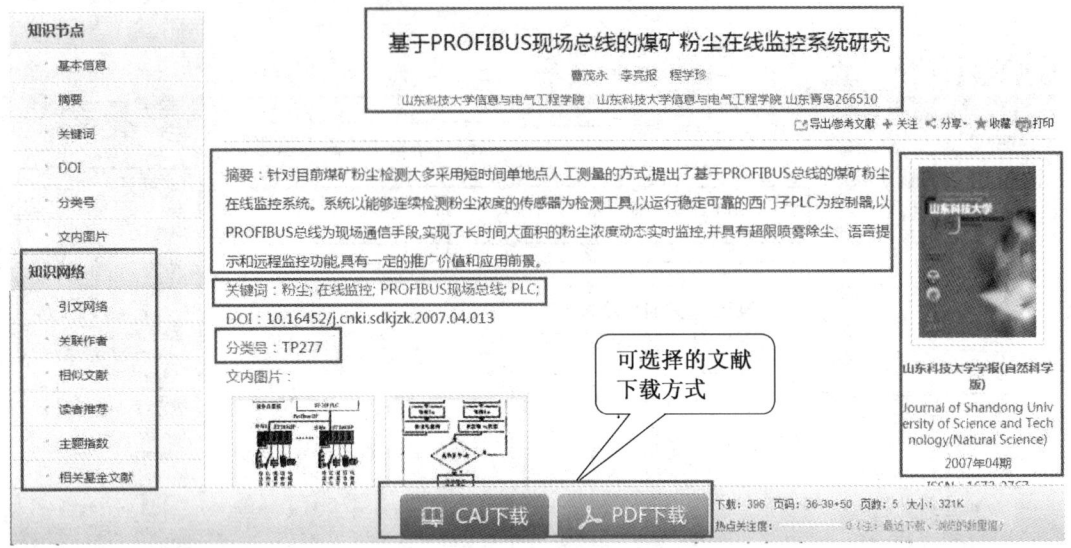

图 3.10 论文下载界面

案例四 使用截词符的案例分析

以山东科技大学图书馆馆藏资源为例,检索山东科技大学曾庆田教授发表的论文被 Ei 收录情况。

步骤一:分析课题,制定检索策略

检索山东科技大学"曾庆田教授"发表的被 EI 收录的论文。

选择检索工具:Ei Compendex Web(工程索引)数据库。

检索途径:"Author"AND "Author Affiliation"。

检索词的确定:

(1)"姓名"检索词的确定:由于 EI 数据库的作者有 9 种写法,可采用截词符"*",以两种形式来代替,并用其他检索字段来限制,如表 3.2 所示。

表 3.2 EI 数据库中姓名显示方式及检索词的确定

姓全拼,名缩写	姓名均全拼(姓前名后)	姓名均全拼(名前姓后)	检索词
Zeng q. t.	Zeng qing tian	qing tian zeng	Zeng q * t *
Zeng q. -t.	Zeng qing-tian	qing-tian zeng	q * t * zeng
Zeng q. t.	Zeng qingtian	qingtian zeng	

(2)"作者机构"检索词的确定:由于有关作者单位的拼写也有多种,因而可采用截词符"*"来代替,并用其他检索字段来限制。

作者机构"山东科技大学"可表示为:"shandong univ* scie* techn*",并利用邮政编码 266510 和 266590 来限定。

构建检索式：((((shandong univ* scie* techn*) or(266590) or(266510)) WN AF) AND (((zeng q*t*) or (q*t* zeng))WN AU))

步骤二：实施检索

(1) 数据库登录，基本途径：山东科技大学图书馆主页(http://lib.sdust.edu.cn)—文献—Ei Compendex Web(工程索引)数据库—点击入口—EI 数据库首页，如图 3.11 所示。

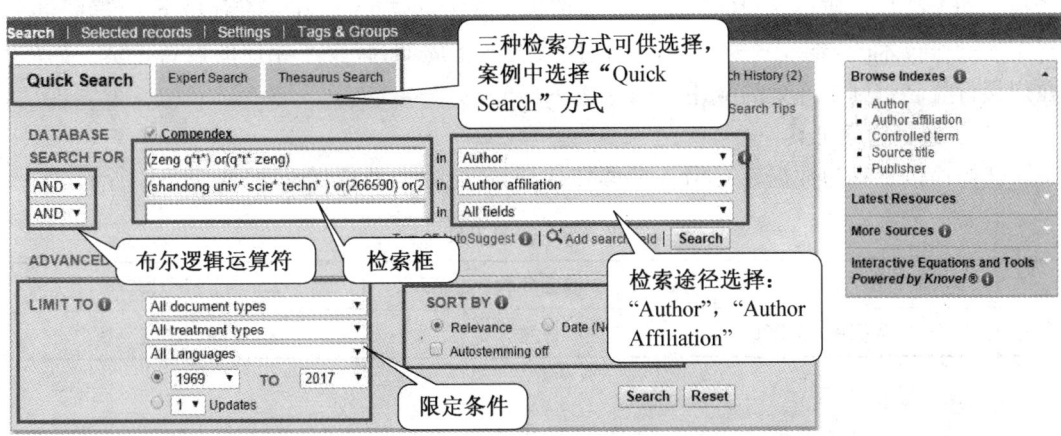

图 3.11　Ei Compendex Web(工程索引)数据库登录界面

(2) 选择"Quick Search"(系统默认)检索方式，在点开检索途径栏，选择"Author"和"Author Affiliation"途径，分别在对应的检索框中输入相应的检索词"(zeng q*t*) or (q*t* zeng)"和"(shandong univ* scie* techn*) or(266590) or(266510)"，选择布尔逻辑运算符"AND"，然后点击"Search"键，得到检索结果如图 3.12 所示。

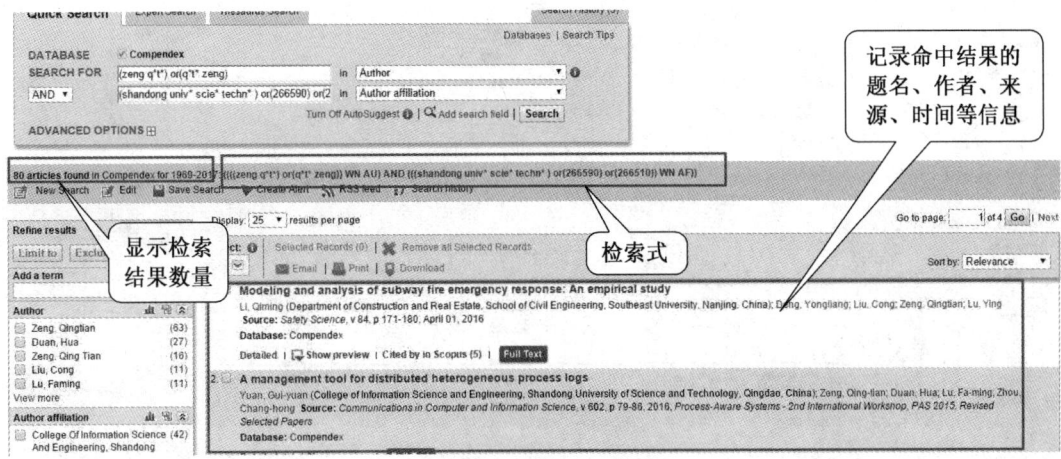

图 3.12　检索结果界面

步骤三:记录检索结果

记录检索结果:80篇。

案例五 检索"焊接机器人"方面期刊论文

(一)课题分析

焊接是在任何工业方面都不可少的连接两种材料的一种技术。以前,基本上都是人工焊接,人工焊接能够较好、较灵活地完成焊接工艺,但是,在某些特殊的场合,如高温、高压等极端条件下,人就无法完成。随着机器人技术的发展,机器人渐渐地也用在了焊机方面,它能稳定和提高焊接质量,提高劳动生产率,改善工人劳动强度,可在有害环境下工作,降低了对工人操作技术的要求,缩短了产品改型换代的准备周期,减少了相应的设备投资。因此,在焊接行业已得到了部分的应用。

(二)选择检索工具

选择检索工具为数据库CNKI,检索年代任意,文献类型期刊论文,如表3.3所示。

表3.3 检索工具

检索工具名称	检索年代	文献类型
中国期刊全文数据库(CNKI)	任意	期刊论文

(三)选择检索词

拟定检索词为"机器人"、"焊接技术",进入山东科技大学图书馆主页(http://lib.sdust.edu.cn),点击"文献",选择中文数据库,进入中国知网"新平台入口"的"高级检索"界面,右上角跨库选择,选中"期刊"库,如图3.13所示。

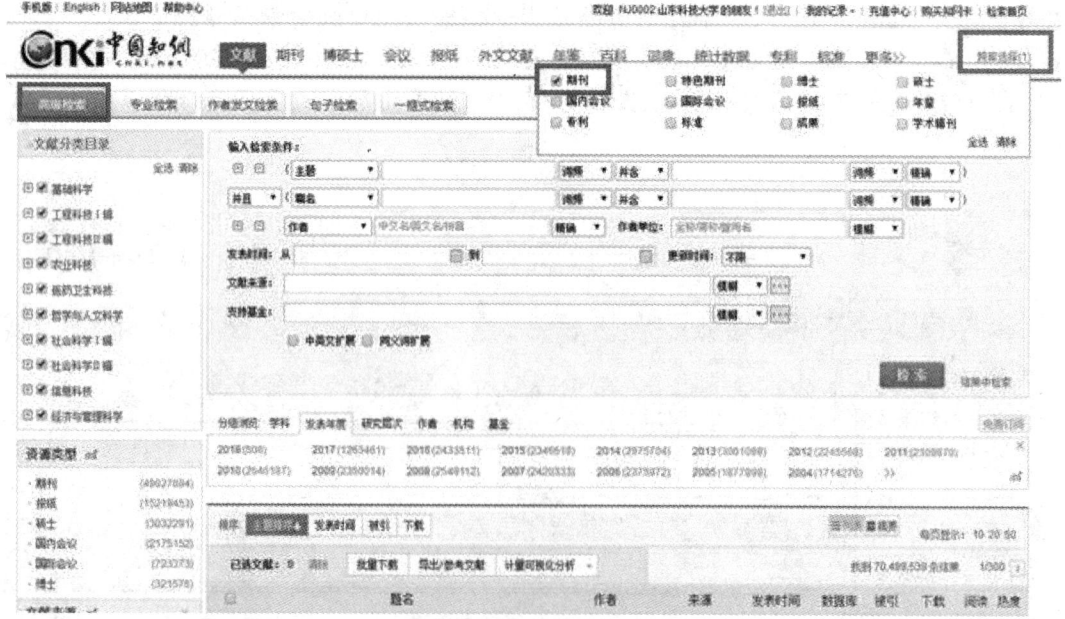

图3.13 CNKI高级跨库检索界面

（四）确定检索途径

同时满足检索词"焊接技术"和"机器人"的文献才是最终需要的文献。需要运用布尔逻辑算符（AND）来表示这两个条件之间的关系，构成一个检索式。本例用逻辑"与"（and 并且含有），即：焊接技术 AND 机器人。

进入 CNKI 高级检索界面后分别尝试选择篇名、主题和关键词途径进行检索。

(1) 篇名检索。拟定检索式：TI=机器人 * 焊接技术，检到共 25 条结果，如图 3.14 所示。

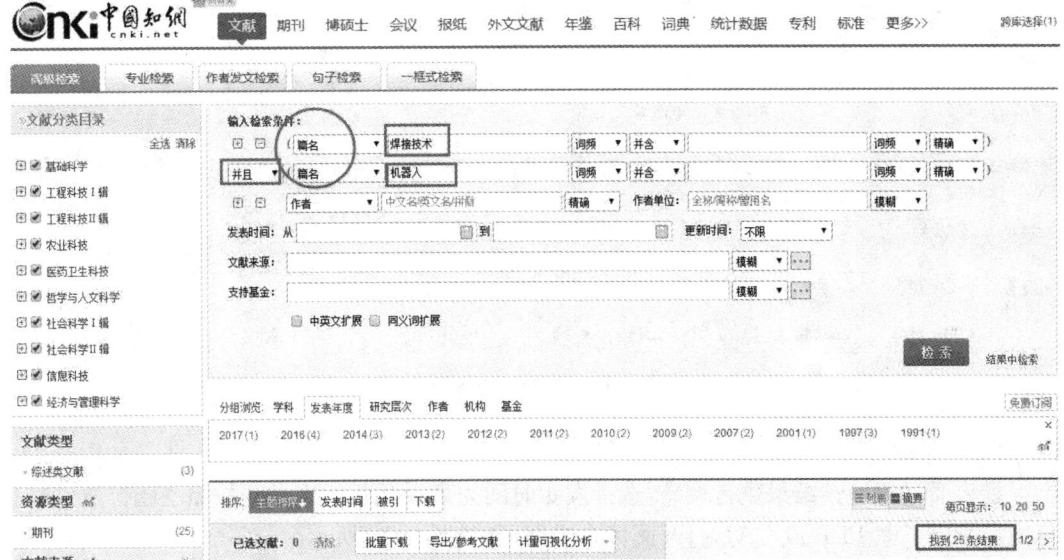

图 3.14　篇名检索界面

(2) 主题检索。拟定检索式：SU=机器人 * 焊接技术，检到共 334 条结果，如图 3.15 所示。

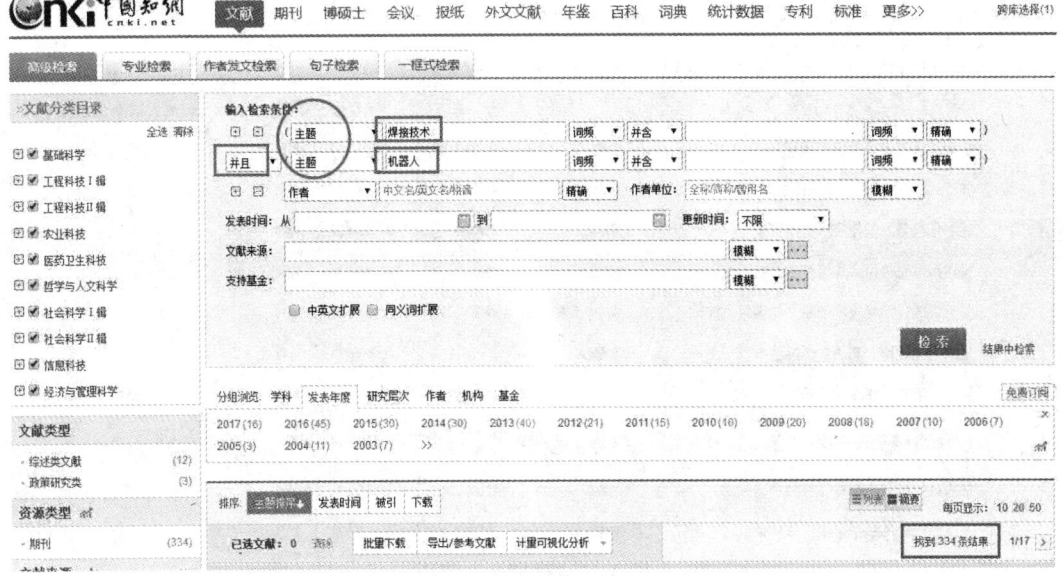

图 3.15　主题检索界面

(3) 关键词检索,拟定检索式:KY=机器人*焊接技术,检到共21条结果,如图3.16所示。

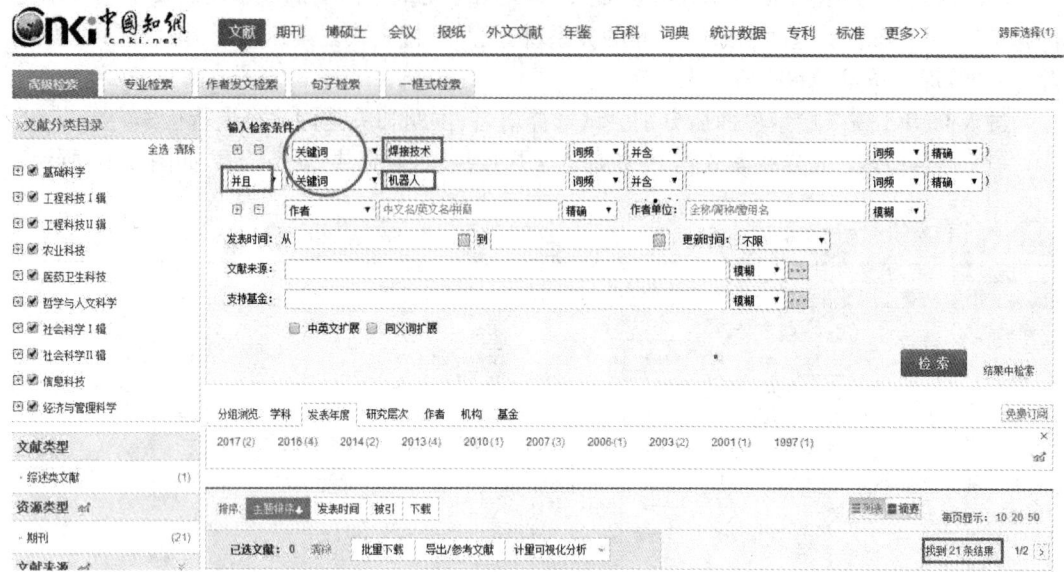

图3.16 关键词检索界面

(五) 获取全文

最后通过对检索结果进行调整,选择发布时间为最近几年的文章或按照主题排序、被引频次等排序下载PDF或CAJ,打开阅读全文即可,如图3.17所示。

图3.17 获取全文界面

复习思考题

一、填空题

1. 无论是手工检索还是计算机检索,都是一个经过仔细地思考并通过实践逐步完善查找方法的过程。检索过程通常要包含以下几个步骤:＿＿＿＿＿＿、＿＿＿＿＿＿、＿＿＿＿＿＿。

2. 如果在检索表达式中同时出现 AND、OR、NOT 检索运算号算符,在没有括号的情况下,优先执行的顺序是＿＿＿＿、＿＿＿＿、＿＿＿＿。

二、不定项选择题

1. 布尔逻辑表达式:在职人员 NOT(中年 AND 教师)的检索结果是(　　)。
   A. 检索出除了中年教师以外的在职人员的数据
   B. 中年教师的数据
   C. 中年和教师的数据
   D. 在职人员的数据

2. 布尔逻辑检索中检索符号"OR"的主要作用在于(　　)。
   A. 提高查准率　　　　　　　B. 提高查全率
   C. 排除不必要信息　　　　　D. 减少文献输出量

3. 要查找吴敬琏所发表的文章,首选途径为(　　)。
   A. 题名途径　　B. 号码途径　　C. 责任者途径　　D. 以上都行

4. 布尔逻辑检索的运算符号包括(　　)。
   A. and　　　　B. or　　　　C. not　　　　D. add

5. 常用的信息检索方法有(　　)。
   A. 常规法　　　B. 追溯法　　　C. 循环法　　　D. 浏览法

6. 在计算机信息检索系统中,常用的检索技术有(　　)。
   A. 布尔逻辑检索　B. 截词检索　　C. 位置检索　　D. 限制检索

三、判断题

1. 不论信息检索的方法是否相同,信息检索的原理都是一样的。(　　)
2. 截词检索技术可以有效防止漏检。(　　)
3. 关键词是能够揭示文献主题内容的语词。(　　)
4. 截词检索是指在检索式中用专门的符号(截词符号)表示检索词的某一部分允许有一定的词形变化,在中文数据库中也称为模糊检索,其作用主要是提高查全率,主要应用于西文数字资源的检索。(　　)
5. 规范化语言又叫受控语言,是一种有主题词表或者分类表控制的检索语言,包括主题语言中的叙词、标题词和分类语言。它对文献中出现的同义词、近义词、多义词以及同一概念的不同书写形式等进行严格的控制和规范,使每个主题词都含义明确,以便准确检索,防止误检、漏检。(　　)

四、简答题

1. 信息检索及原理是什么?
2. 什么是关键词?举例说明如何选择和确定关键词。
3. 计算机信息检索有哪些主要的检索技术和检索方法?
4. 简述布尔逻辑运算符的含义、种类和作用。
5. 什么是文献的查全率和查准率?如何提高文献的查全率和查准率?

实践技能训练

1. 利用CNKI的题名和关键词途径检索"急倾斜采空区充填矸石运移规律及柔掩开采试验研究"方面的文献。写出检索词(注意不同的表达方式)、检索式和检索篇数,并将其中5篇的篇名列出。

2. 查找篇名中含有"摄影"但不含"新闻摄影"及"体育摄影"的论文,记录检索策略和结果。

3. 运用布尔逻辑运算算符检索除去华东理工大学师生发表的"磁流体密封"方面的相关文献,写出检索词并制定检索式。

4. 检索"污水处理自动控制"方面文献,写出检索词和编制检索式,并将检索出的其中5篇论文篇名列出。

5. 来自sohu的社会新闻标题:"重庆公务员编时弊短信被控诽谤",其具有检索意义的关键词有哪些?

6. 分别用"分类号"和"主题法"查找"聚丙烯纤维的生产工艺的文献"记录检出的至少5篇相关文献。

7. 写出检索"冷挤模"及"艾滋病疫苗"方面文献的检索式(注:选择关键词时需考虑到同义词及一词多义)。

微信扫码查看

第四章 常用数据库资源检索

第一节 中国学术资源总库(CNKI)

一、CNKI(中国知网)概述

中国知识基础设施工程(China National Knowledge Infrastructure, CNKI)亦称"中国知网"(China National Knowledge Internet),是全球领先的数字出版平台,由清华大学、清华同方发起,1999年6月创建,为知识高效共享提供了丰富的知识信息资源和最有效的知识传播与数字化学习平台。CNKI于2012年10月以新版KDN知识发现网络平台,采用一套检索方法,提供海量中外文献资源的一站式检索及个性化增值服务,资源收录类型及来源如图4.1所示,网址:www.cnki.net,任何用户均可免费检索获取题录和文摘。

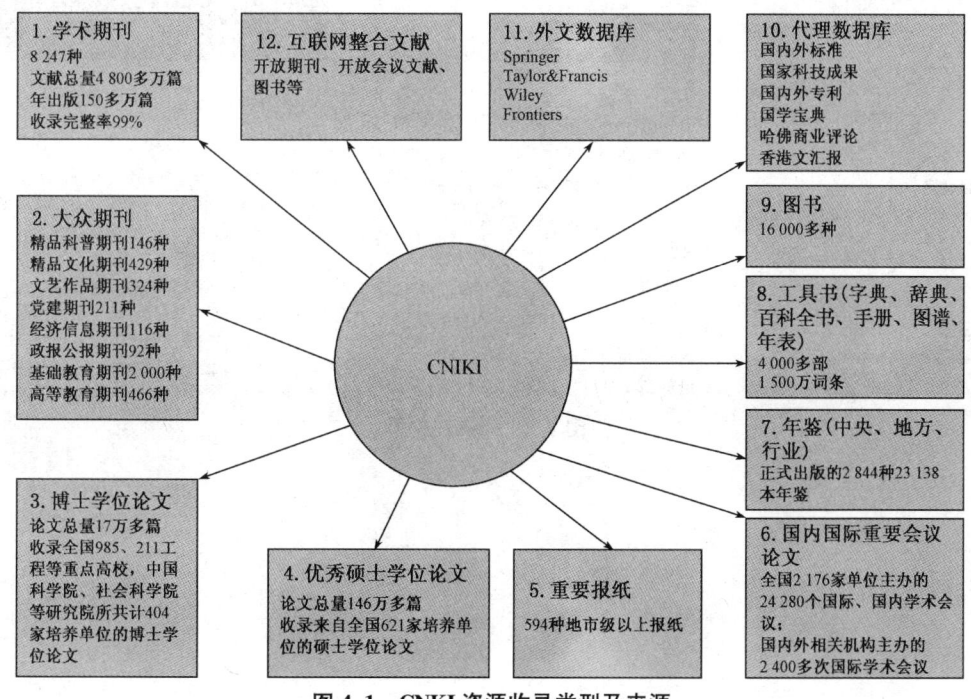

图 4.1 CNKI 资源收录类型及来源

山东科技大学购买了中国知网主要资源,校内用户可以在图书馆网站电子文献资源中找到"中国知网(CNKI)"图标或"中国学术文献总库"字样,点击链接即可访问,系统会自动识别 IP,无须账号和密码。本校师生如果在校外访问 CNKI,则需要通过图书馆的"校外电子资源访问系统"进行登录,方可进行文献全文的浏览与下载。

新版首页如图 4.2 所示,提供多库和单库检索。CNKI 包括期刊、博硕士、会议、专利、标准、成果、引文、报纸、图片、年鉴、统计数据、工具书、百科、词典、手册、指数、法律、古籍等多种数据库。单库检索是对以上某一个数据库进行检索,各数据库的检索功能和方法相似,只是数据库设置的检索项有所不同。多库检索又称跨库检索,是指以同一检索条件同时检索多个数据库。在 CNKI 首页检索框右侧点击"跨库检索"可进行数据库多选(见图 4.2),或者点击检索框右侧的"高级检索"进入多库检索高级检索平台,然后点击右上角的"跨库检索"进行数据库选择,如图 4.3 所示。

图 4.2　CNKI 首页

cnki 中国知网 cnki.net
文献 期刊 博硕士 会议 报纸 外文文献 年鉴 百科 词典 统计数据 专利 标准 更多>>
跨库选择(6)
高级检索 专业检索 作者发文检索 句子检索 一框式检索
»文献分类目录
全选 清除
基础科学
工程科技Ⅰ辑
工程科技Ⅱ辑
农业科技
医药卫生科技
哲学与人文科学
社会科学Ⅰ辑
社会科学Ⅱ辑
信息科技
输入检索条件：
主题 词频 并含 词频 精确
并且 篇名 词频 并含 词频 精确
作者 中文名/英文名/拼音 精确 作者单位： 全称/简称/曾用名 模糊
发表时间：从 到 更新时间： 不限
文献来源： 模糊
支持基金： 模糊
中英文扩展 同义词扩展
检 索
结果中检索

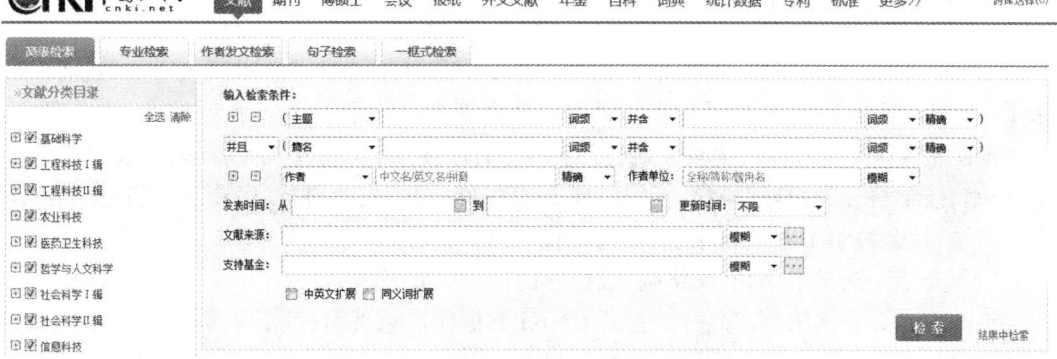

图 4.3　高级检索平台跨库选择界面

其中资源总库是 CNKI 的核心，由源数据库、特色资源、国外资源、行业知识库、作品欣赏和指标索引六大模块组成，各模块包括的数据库如图 4.4 所示。单库提供检索。本节以资源总库源数据库中的《中国学术期刊(网络版)》为典型代表，介绍其检索方式及检索方法。

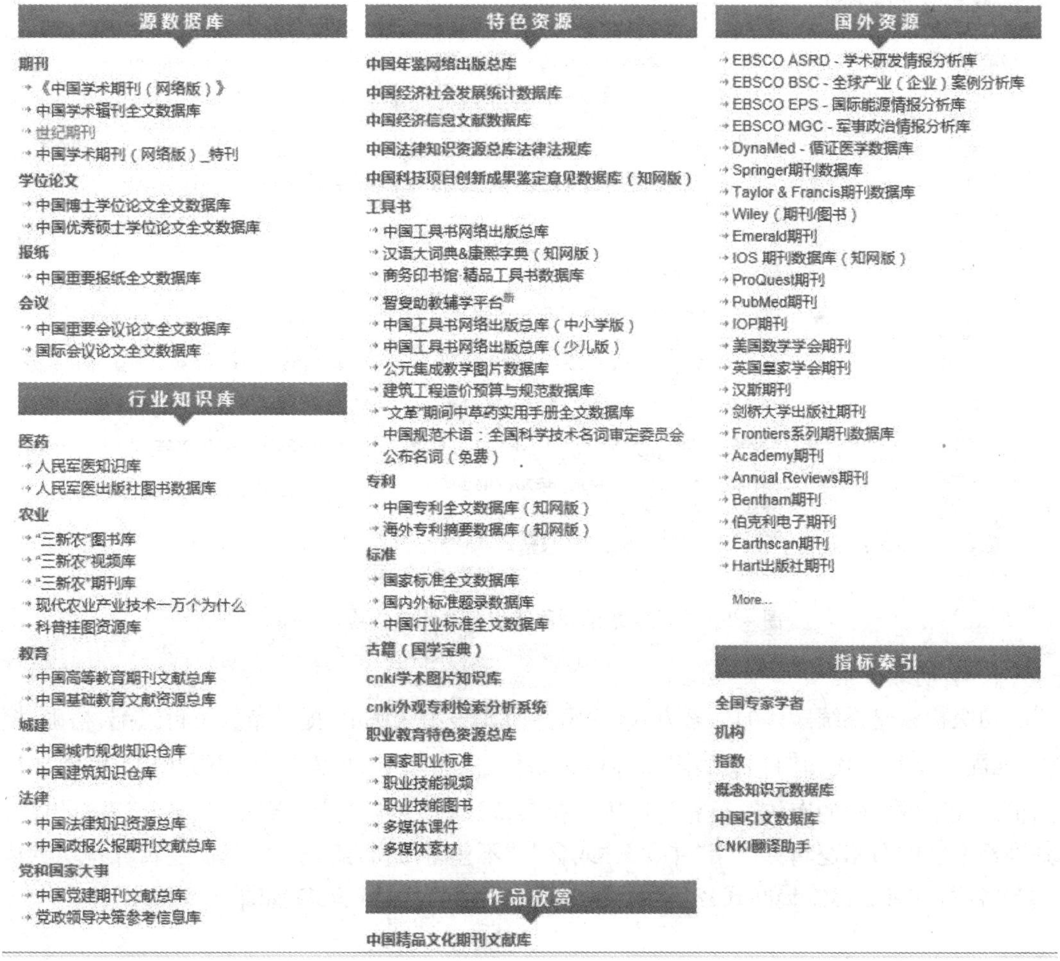

源数据库
期刊
《中国学术期刊（网络版）》
中国学术辑刊全文数据库
世纪期刊
中国学术期刊（网络版）_特刊
学位论文
中国博士学位论文全文数据库
中国优秀硕士学位论文全文数据库
报纸
中国重要报纸全文数据库
会议
中国重要会议论文全文数据库
国际会议论文全文数据库
行业知识库
医药
人民军医知识库
人民军医出版社图书数据库
农业
"三新农"图书库
"三新农"视频库
"三新农"期刊库
现代农业产业技术一万个为什么
科普挂图资源库
教育
中国高等教育期刊文献总库
中国基础教育文献资源总库
城建
中国城市规划知识仓库
中国建筑知识仓库
法律
中国法律知识资源总库
中国政报公报期刊文献总库
党和国家大事
中国党建期刊文献总库
党政领导决策参考信息库
特色资源
中国年鉴网络出版总库
中国经济社会发展统计数据库
中国经济信息文献数据库
中国法律知识资源总库法律法规库
中国科技项目创新成果鉴定意见数据库（知网版）
工具书
中国工具书网络出版总库
汉语大词典&康熙字典（知网版）
商务印书馆·精品工具书数据库
智叟助教辅学平台新
中国工具书网络出版总库（中小学版）
中国工具书网络出版总库（少儿版）
公元集成教学图片数据库
建筑工程造价预算与规范数据库
"文革"期间中草药实用手册全文数据库
中国规范术语：全国科学技术名词审定委员会公布名词（免费）
专利
中国专利全文数据库（知网版）
海外专利摘要数据库（知网版）
标准
国家标准全文数据库
国内外标准题录数据库
中国行业标准全文数据库
古籍（国学宝典）
cnki学术图片知识库
cnki外观专利检索分析系统
职业教育特色资源总库
国家职业标准
职业技能视频
职业技能图书
多媒体课件
多媒体素材
作品欣赏
中国精品文化期刊文献库
国外资源
EBSCO ASRD - 学术研发情报分析库
EBSCO BSC - 全球产业（企业）案例分析库
EBSCO EPS - 国际能源情报分析库
EBSCO MGC - 军事政治情报分析库
DynaMed - 循证医学数据库
Springer期刊数据库
Taylor & Francis期刊数据库
Wiley（期刊/图书）
Emerald期刊
IOS 期刊数据库（知网版）
ProQuest期刊
PubMed期刊
IOP期刊
美国数学学会期刊
英国皇家学会期刊
汉斯期刊
剑桥大学出版社期刊
Frontiers系列期刊数据库
Academy期刊
Annual Reviews期刊
Bentham期刊
伯克利电子期刊
Earthscan期刊
Hart出版社期刊
More...
指标索引
全国专家学者
机构
指数
概念知识元数据库
中国引文数据库
CNKI翻译助手

图 4.4　资源总库六大模块及数据库

二、中国学术期刊(网络版)

中国学术期刊(网络版)是世界上最大的连续动态更新的中国学术期刊全文数据库,收录了自1915年至今出版的期刊,部分期刊回溯至创刊。收录国内学术期刊8 000余种,全文文献总量4 000多万篇。学科覆盖自然科学、工程技术、农业、医学、哲学、人文社会科学等领域。按学科分为:基础科学、工程科技Ⅰ、工程科技Ⅱ、农业科技、医药卫生科技、哲学与人文科学、社会科学Ⅰ、社会科学Ⅱ、信息科技、经济与管理科学十大专辑,168个专题。

以下介绍中国学术期刊(网络版)数据库的检索方式及检索法。

点击图4.2左侧的"资源总库"打开CNKI数据库汇总页面(见图4.4),找到《中国学术期刊(网络版)》,点击进入该数据库的检索界面,如图4.5所示。中国学术期刊(网络版)检索界面提供初级检索、高级检索、专业检索、作者发文检索、科研基金检索、句子检索、来源期刊检索7种检索方式,另外还有期刊导航和学科导航等辅助检索。以下为各检索方式的检索方法介绍。

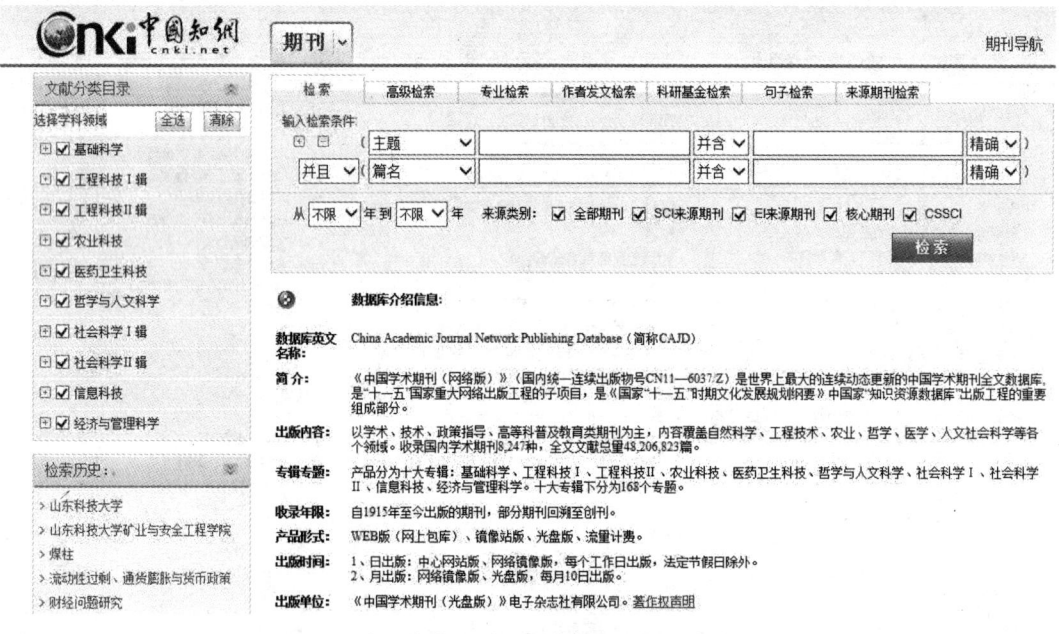

图4.5 中国学术期刊网络出版总库初级检索界面

(一) 初级检索

初级检索是系统默认的检索方式,检索界面如图4.5所示,提供布尔逻辑组配;精确(模糊)匹配;字段、年代和期刊类型限制等检索条件;点击"输入检索条件"下方的田可增加检索框。检索框之间的布尔逻辑算符使用下拉菜单选择"并且"、"或者"、"不包含"进行组配,并列检索框的布尔逻辑算符用"并含"、"或含"、"不包含"进行组配。选择前逻辑算符均默认为"并且"。例如,检索提问式:汽车 and 尾气 and 治理的输入方式,如图4.6所示。

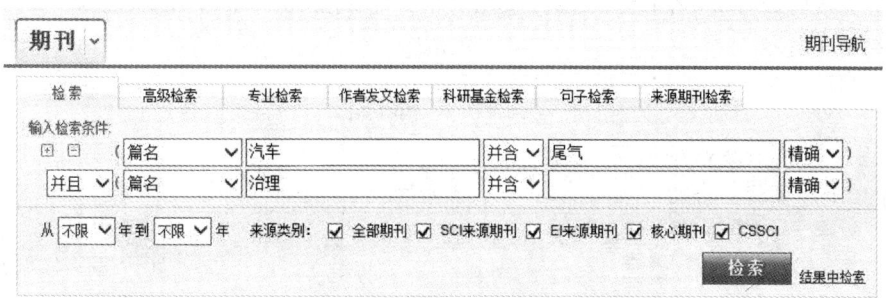

图 4.6 中国学术期刊网络出版总库初级检索

(二) 高级检索

高级检索界面(参见后图 4.36),提供布尔逻辑组配;精确(模糊)匹配;字段、年代、来源期刊名称、期刊类型限制和基金名称等检索条件。检索框之间、并列检索框的布尔逻辑算符使用规则与初级检索方式相同。检索方法参见检索实例。

(三) 专业检索

专业检索是指对主题、题名、关键词、摘要、作者、第一作者等字段,利用逻辑运算符进行组合,构造检索式。3 种逻辑运算符的优先级相同,如要改变组合的顺序,可用英文半角圆括号"( )"将条件括起来。

检索举例:检索钱伟长在清华大学或上海大学时发表的文章(见图 4.7)。

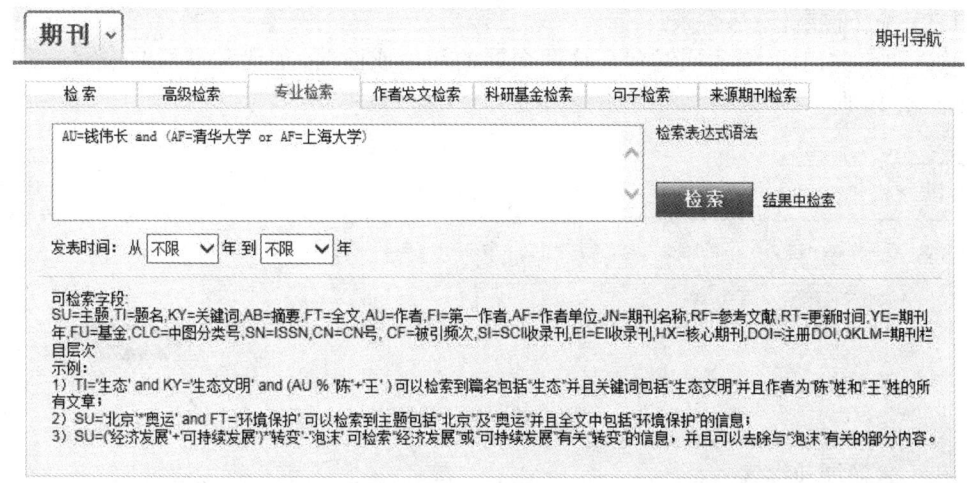

图 4.7 专业检索界面

(四) 作者发文检索

在作者发文检索界面可通过作者姓名、单位等信息,查找作者发表的全部文献及被引下载情况。提供作者姓名、第一作者姓名、作者单位三个检索字段,并提供检索字段间的布尔逻辑组配和精确(模糊)匹配等检索条件。其中作者姓名、第一作者姓名默认精确匹配,作者单位默认模糊匹配(作者单位前后更名的情况比较多)。点击作者单位左侧的 田 可以增加作者单位检索框。在此界面检索"钱伟长在清华大学或上海大学时发表的文章",检索条件输入如图4.8所示。

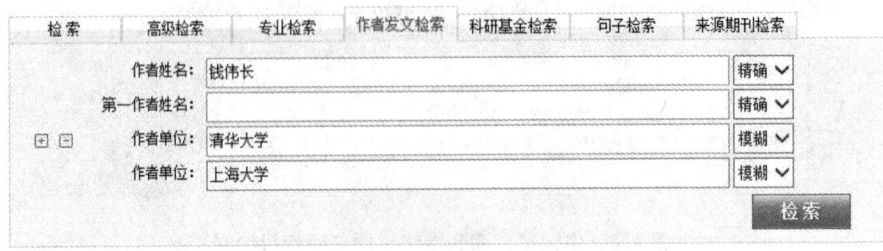

图4.8 作者发文检索——检索条件输入

(五)科研基金检索

科研基金检索界面如图4.9所示,提供支持基金字段检索,通过输入科研基金名称,查找科研基金资助的文献。

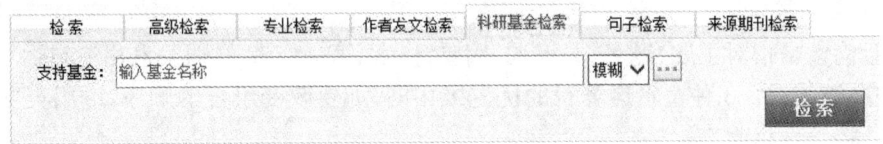

图4.9 科研基金检索

(六)句子检索(段落检索)

输入两个关键词,查找同时包含这两个词的句子或段落,实现对事实的检索。检索界面,如图4.10所示。

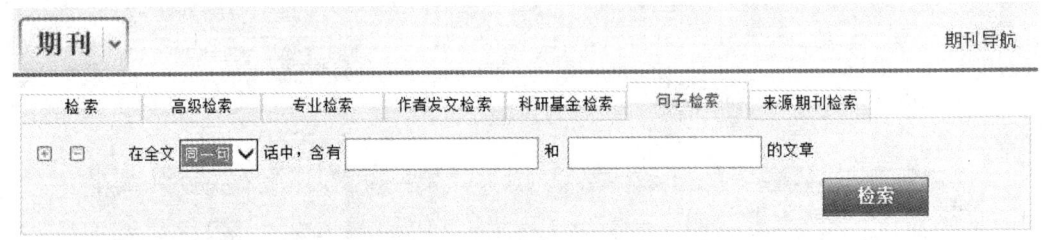

图4.10 句子检索

(七)来源期刊检索

来源期刊检索界面如图4.11所示,可实现按来源检索文献。提供来源类别、来源期刊、期刊年限等检索字段。来源类别分全部期刊、SCI来源期刊、EI来源期刊、核心期刊、CSSCI5类。

检索举例:检索期刊名称为《岩石力学与工程学报》,2000年产出的全部文献,如图4.11所示。

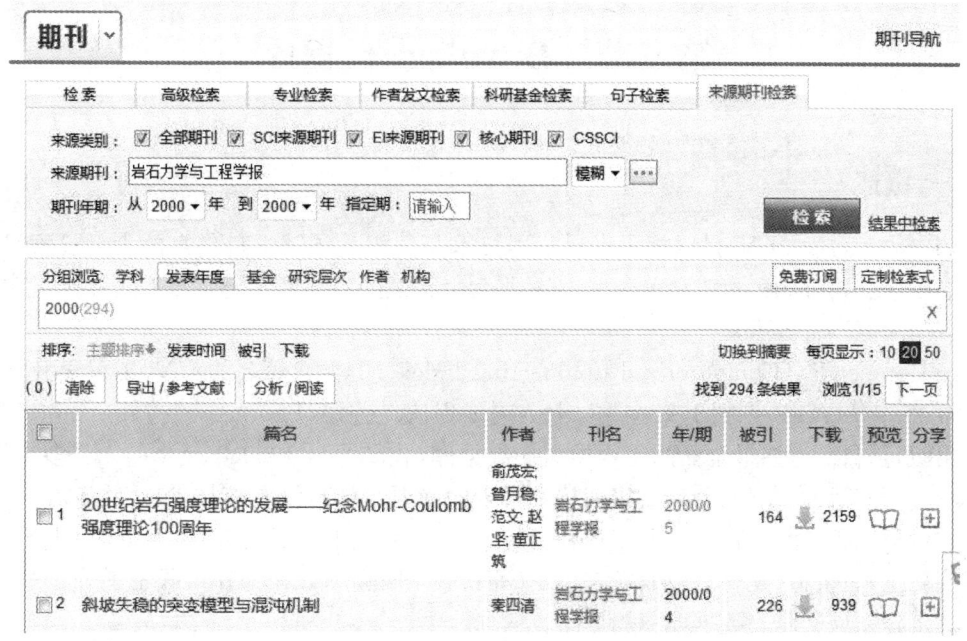

图 4.11 来源期刊检索——检索条件输入

(八) 期刊导航

期刊导航是以浏览期刊为主的一种直接检索方式,有优先出版期刊、独家授权期刊、世纪期刊、核心期刊、数据库刊源等 11 种导航类型,并提供按刊名、主办单位、ISSN、CN 号检索的检索框。期刊导航界面,如图 4.12 所示。

图 4.12 期刊导航界面

第二节　Ei village 数据库

一、概述

Ei village(简称 EV)是以揭示世界工程技术及其相关领域学科信息的大型检索平台,由爱思唯尔公司(Elsevier Inc.)提供。EV 平台上提供的数据库主要有以下几种。

(一) Ei Compendex

Ei Compendex(Computerized Engineering Index,EI)源自著名的美国《工程索引》(*The Engineering Index*),创刊于 1884 年,由美国工程信息公司(Engineering Information Inc)编辑出版,是目前世界最全面的工程类文摘数据库,收录了自 1969 年至今的 190 多个学科的 6000 余种工程类期刊、会议文集和技术报告的摘要。学科涵盖核技术、生物工程、运输、化学和过程工程、光学科技、农业工程和食品技术、计算机和数据处理、应用物理、电子和通信、控制、土木、机械、建材、石油、航空、汽车等领域。回溯库 Ei Backfile 收录了 1884—1968 年间的工程领域文献。数据库每周更新。

(二) INSPEC

INSPEC(Information Service in Physics、Electro-Technology、Computer and Control,物理、电子技术、计算机和控制)数据库源自于英国《科学文摘》(*Science Abstracts*,SA),收录了 4 200 多种科技期刊、2 000 多种会议论文集以及 1 000 种其他出版物的文摘信息。学科涵盖物理、电子电机工程、计算机与控制工程、信息技术、机械与制造工程、材料科学、核能工程、生物医学工程、纳米生物技术、环境与工程、航空航天工程、人工智能、动力与能源、雷达、通讯、地球物理、生物物理、海洋等领域,还可通过 ISI 平台检索。数据库每周更新。

(三) NTIS

NTIS(National Technical Information Service)是美国国家技术情报局出版的研究报告数据库,以收录美国政府立项研究的报告为主。主要收录了 1964 年以来美国能源部、国防部、内务部、宇航局、环境保护局、国家标准局等国家、州及地方政府部门立项研究完成的项目报告,包括项目进展过程中的初期报告、中期报告和最终报告等,其中以美国的四大报告 PB(美国民用技术报告)、AD(美国军事报告)、NASA(美国宇航报告)、DOE(美国能源报告)为著称。数据库每周更新。

除上述 3 种主要的数据库外,在 EI village 平台上还有 Ei Patents(Ei 专利数据库)、Patents from USPTO and esp@cenet(美国专利数据库和欧洲专利数据库)、GEOBASE(地质学数据库)和 PaperChem(造纸数据库)等。本节以 Ei Compendex 为例,介绍其检索方法。

二、检索方式与检索方法

Ei Compendex 提供快速检索、专家检索、叙词和索引浏览检索 4 种方式。

（一）快速检索

快速检索(Quick Search)是系统默认的检索方式，检索界面如图4.13所示，检索方法如下。

1. 检索提问式的输入

在一个检索框输入的检索提问式可以是一个检索词，也可以是多个检索词。如果是多个检索词，词与词之间可用布尔逻辑算符 and、or、not 或词位算符 near、onear 组配，检索框之间的布尔逻辑算符使用下拉菜单选定。检索词若是复合词或词组，应加双引号表示为整体，可提高查准率，如复合词"waste water"、词组"pollution of air"，如图4.13所示。

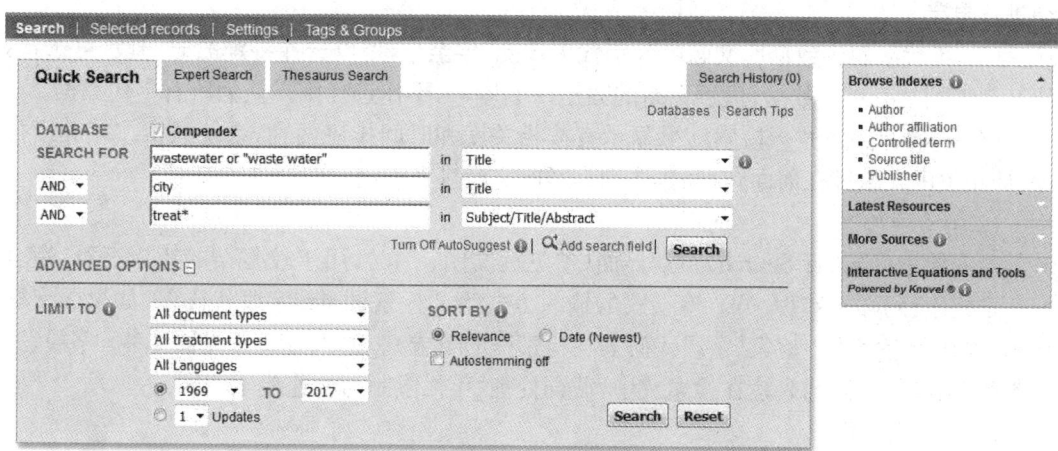

图4.13 快速检索界面及检索提问式输入

2. 截词的处理

截词的处理有系统自动截词与使用截词符处理两种。

(1) 系统自动截词。在快速检索中，系统将自动检索以输入词词根为基础的所有派生词(作者字段除外)。例如，输入 management，结果包含 managing，managed，manager，manage，managers 等词的信息。在"Autostemming off"左侧的方框内勾选则关闭此功能，如图4.13所示。

(2) 使用截词符。截词符有"﹡"、"?"。"﹡"为无限截词符。例如，输入 treat﹡，可检索包含 treat，treated，treating，treatment，treatments 等的信息；"?"为有限截词符。如图4.13所示。

3. 限制检索范围(使用下拉菜单选择)

(1) 字段限制。限制检索词在指定字段检索。在检索框右侧的下拉菜单中选择字段，有 TI(标题)、AB(文摘)、CV(控制词)、Subject/Title/Abstract(主题/标题/文摘)、AU(作者)、AF(作者单位)、CL(分类码)、SN(国际标准刊号)、PN(出版商)、ST(出版物名称)、LA(原文语种)、ALL(所有字段)等16个字段供选择。

(2) 文献类型限制。文献类型是指所检索的文献源自出版物的类型，有 Journal Article

（期刊论文）、Conference Article（会议论文）、Monograph chapter（专题论文）、Monograph review（专题综述）、Report chapter（专题报告）、Report review（综述报告）、Dissertation（学位论文）等。如果不加限定，系统默认在 All document types（所有文献）中检索。例如，只检索期刊论文，可通过限制"Journal Article"来实现。

（3）文献处理类型限制。文献处理类型是用来说明文献的研究方法及所探讨主题的类型，有 Applications（应用）、Experimental（实验）、Biographical（传记）、Economic（经济）、General Review（一般性综述）、Historical（历史）、Literature Review（文献综述）、Management Aspects（管理）、Numerical（数值）、Theoretical（理论）等。例如，欲检索某课题的文献综述，可以通过限制"Literature Review"来实现。

（4）文献语种限制。可对英文、中文、法文、德文、意大利文、日文、俄文和西班牙文等语种进行限定。

（5）年代限制。数据库文献收录年代为 1969 年至今，可以选择特定的时间段，可选择：从某一年到某一年的数据；最近更新的数据（Update），不作选择则默认为所有年代数据。

（6）选择排序方式。检索结果显示有按相关度和时间排序两种，系统默认按相关度排序，即相关的文献排在前面，时间排序则是新的文献排在前面。

（二）专家检索

专家检索(Expert Search)检索界面（参见后文图 4.40），用于较复杂的逻辑运算，适合有一定检索经验的专门人员。检索式的输入方式为："检索词 wn 字段代码"。如果无字段代码，则在所有字段中检索（字段代码表在检索框的下方）。输入方式参见图 4.40，字段、文献类型、语种等限制均表达在检索式中，截词处理、年代限制与快速检索相同。

（三）叙词检索

叙词是经过规范化处理的主题词，可达到词和概念的一一对应，提高查全率和查准率。采用叙词检索(Theasurus)方式时，可利用叙词表来确定检索词，检索方法如下。

（1）单击图 4.13 上方的 Theasurus 按钮，打开叙词词表选择界面。有 3 种选择打开叙词表的方式：查找（Search）；准确词组（Exact Term）；浏览（Browse），如图 4.14 所示。

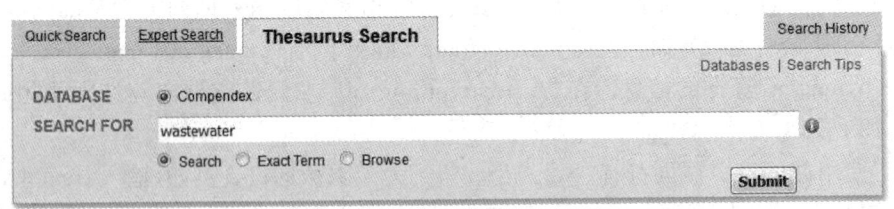

图 4.14 叙词词表选择界面

（2）在图 4.14 所示的检索框中输入检索词 wastewater，选择"Search"方式，单击"Submit"按钮，打开叙词检索界面，如图 4.15 所示。叙词检索界面由叙词表和检索区两部分组成。在叙词表选择叙词后，叙词自动粘贴到检索区内的检索框中，可选择布尔逻辑的组配方式，可进行文献类型、语种、年代等的限制，单击"Search"即可。

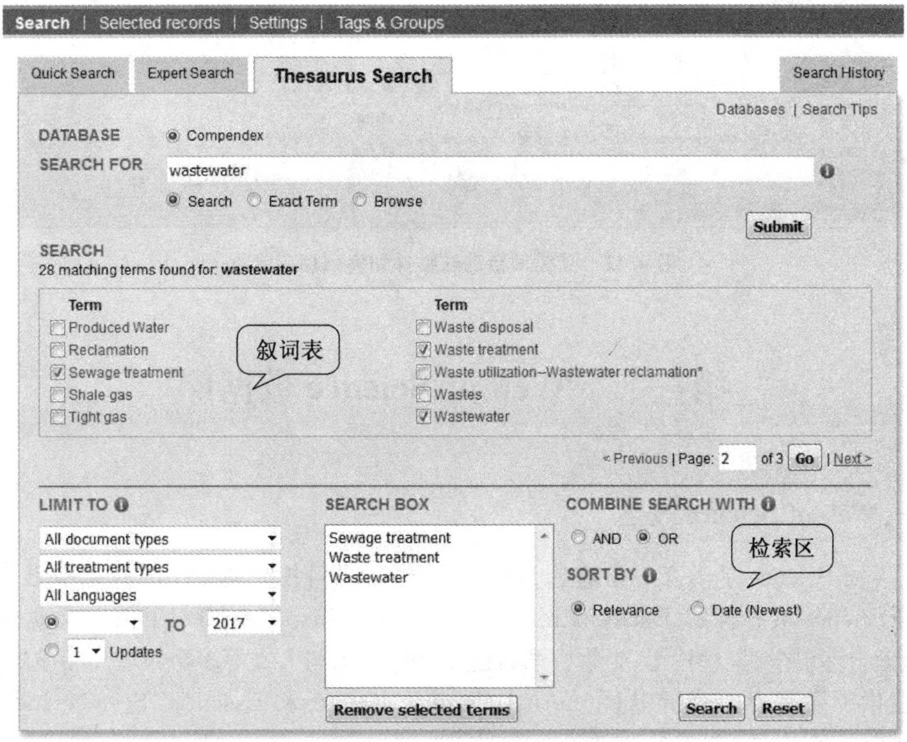

图 4.15 叙词检索界面

（四）索引浏览检索

快速和专家检索界面右上方提供了索引浏览检索（Browse Indexes）。快速检索在作者、作者单位、受控词、刊名、出版商 5 个字段提供了索引浏览检索。专家检索除上述字段外，还在语种、文献类型、处理类型 3 个字段提供了索引浏览检索。例如，检索有关"皮革-化学分析"的文献，单击快速检索的"Controlled term"（受控词）打开索引，参见图 4.13，按字顺找到 LEATHER-CHEMICAL ANALYSIS，在前面的方框里勾选，如图 4.16 所示，系统自动将其粘贴到快速检索的检索框中，并同时切换到受控词字段，如图 4.17 所示。

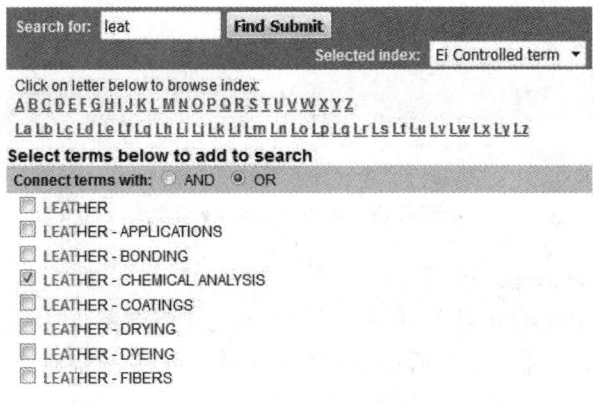

图 4.16 受控词索引

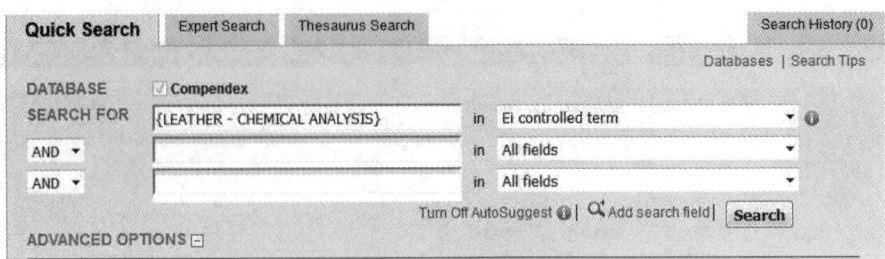

图 4.17 受控词自动粘贴并切换到相应字段

第三节 Web of Science 数据库

一、Web of Science 概述

Web of Science 是汤森·路透(Thomson Reuters)科技公司推出的信息检索平台,由 Web of Science 核心合集、Derwent Innovations Index、Inspec、MED-LINE 等数据库组成,可以检索自然科学、工程技术、生物医学、社会科学、艺术与人文等多个领域高品质的学术信息,并提供了强有力的分析工具 Journal Citation Report 和 Essential Science Indicators。Web of Science 首页,如图 4.18 所示。

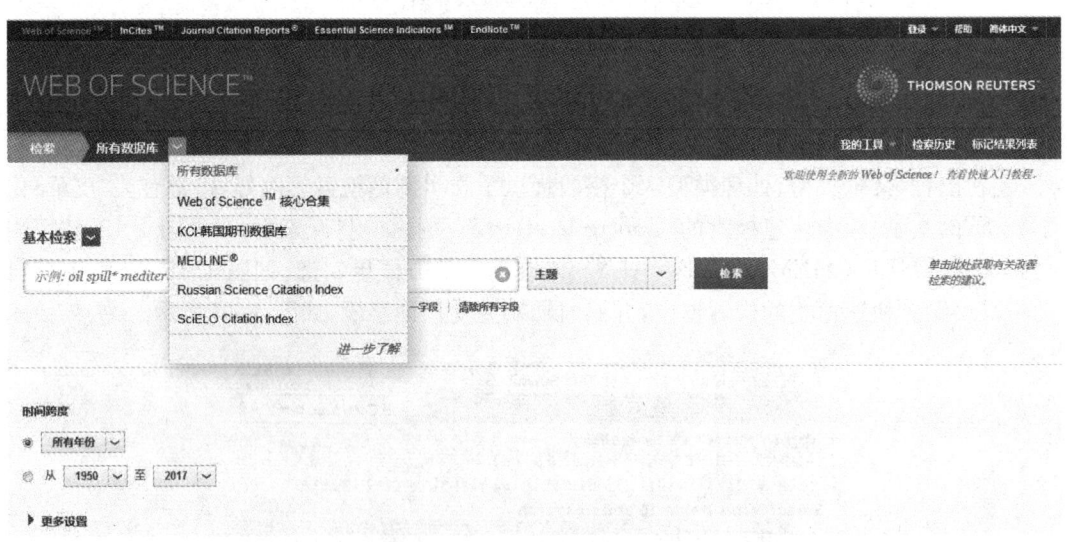

图 4.18 Web of Science 首页

(一) Web of Science 核心合集

Web of Science 核心合集是 Web of Science 的主要组成部分,由 7 个数据库组成:5 个引文索引库,收录并索引了论文中所引用的参考文献,可以从一篇论文出发,寻根溯源,追踪最新进展,利用强大的分析工具,可快速分析相关文献,概览研究趋势;2 个化学库可以创建

化学结构图来查找化合物和化学反应。

1. Science Citation Index Expanded(科学引文索引,SCIE)

SCIE现收录自然科学期刊8 802种,学科涵盖农业、天文学、生物化学、生物学、生物工艺学、化学、计算机科学、材料科学、数学、内科学、神经系统科学、肿瘤学、小儿科、药理学、物理、植物掌、精神病学、外科学等领域。

2. Social Sciences Citation Index(社会科学引文索引,SSCI)

SSCI现收录社会科学期刊3 224种,学科涵盖人类学、历史、行业关系、信息科学和图书馆科学、法律、语言学、哲学、心理学、精神病学、政治学、公共卫生学、社会问题、社会工作、社会学、药物滥用、城市研究、女性研究等领域。

3. Arts & Humanities Citation Index(艺术与人文科学引文索引,A& HCI)

A& HCI现收录艺术和人文期刊1 730多种,学科涵盖考古学、建筑学、艺术、亚洲研究、古典文学、舞蹈、民间传说、历史、语种、语言学、文学、音乐、哲学、诗歌、广播、电视和电影、宗教和戏剧等领域。

4. Conference Proceedings Citation Index-Science(科技会议引文,CPCI-S)

CPCI-S几乎涵盖了科技领域的会议录,是ISI(Institute for ScientificInformation)著名的学术会议录文献索引——Index to Scientific & Technical Proceedings(科技会议录索引,ISTP)——的Web版。

5. Conference Proceedings Citation Index-Social Sciences & Humanities(社会科学会议录引文索引,CPCI-SSH)

CPCI-SSH几乎涵盖了社会科学、艺术及人文科学领域的会议录文献。

6. Index Chemicus(化学索引,IC)

IC是有关生物活性化合物和天然产物最新信息的重要来源,收录来自国际一流期刊所报道的最新有机化合物的结构和关键支持数据,许多记录显示了从原始材料到最终产物的反应流程。支持结构式检索,结果包括用结构图形式表示的化合物、重要的反应图示、完整的书目信息和作者文摘等。

7. Current Chemical Reactions(最新化学反应,CCR)

CCR收录39个发行机构的期刊和专利中的全新单步和多步合成方法。每种方法都提供有总体反应流程以及每个反应步骤详细、准确的示意图。数据库提供题名、关键词等常规的检索字段外,还可以用反应式、结构式等进行检索。检索结果包括完整的反应图示、重要的反应条件、生物数据和作者文摘。利用CCR可以了解最新的化学合成、药物合成和化合物及其生物活性方面的信息。

(二) Derwent Innovations Index

Derwent Innovations Index(德温特发明索引,DII),是以德温特世界专利索引(Derwent World Patent Index,DWPI)和德温特世界专利引文索引(Patents Citatin Index,PCI)为基础构建的专利信息和专利引文信息数据库,收录来自全球41个专利机构,涵盖100多个国家的专利信息,是世界上最大的专利信息数据库。

(三) INSPEC

INSPEC(Information Service in Physics、Electro-Technology、Computer and Control、

物理、电子技术、计算机和控制),收录了 80 个国家出版的 4 200 多种科技期刊、2 000 多种会议论文集以及 1 000 种其他出版物的文摘信息。学科涵盖物理、电子电机工程、计算机与控制工程、信息技术、机械与制造工程、材料科学、核能工程、生物医学工程、纳米生物技术、环境与工程、航空航天工程、人工智能、动力与能源、雷达、通讯、地球物理、生物物理、海洋等领域,还可通过 Ei village 平台检索。

(四) MEDLINE

MEDLINE(生物医学)数据库,包含生命科学领域的 1 200 多万条期刊论文,涉及的学科类别除护理学、牙科学、兽医学、药理学、健康相关学科和临床前科学等外,还包括生物学、环境科学、海洋生物学、植物和动物科学以及生物物理学和化学的某些方面内容。从 2000 年开始,生命科学的涵盖范围得到扩展,到 2001 年年底,以前包括在单独的 NLM 专业数据库中的多数引文均已添加到了 MEDLINE 中,还可通过 OVID、SciFinder 平台检索。

(五) Journal of Citation Reports

Journal of Citation Reports(期刊引证报告,JCR),依据 ISI Web of Science 中的引文数据,对全球学术期刊进行客观、系统的评估,以定量的方式分析全球的学术期刊,可通过这些分析数据了解某种学术期刊在相应研究领域中的影响力。在 JCR 指标中,影响因子(IF)是评价期刊质量的重要指标,引用量反映了期刊的影响程度,发文量则是期刊规模的标志。JCR 不仅可按照学科范畴、出版社、国家或地区浏览期刊,还可从刊名全称、缩写刊名、刊名关键词及 ISSN 检索被 SCI Expanded 收录的期刊,可以浏览某种期刊近五年的影响因子变化趋势图,从而了解该期刊影响力的变化情况。

二、跨库检索

跨库检索是 Web of Science 默认的检索界面,即使用一个检索提问式可检索多个数据库中的信息,检索界面如图 4.18 所示,检索方法如下:

(1) 检索词或检索提问式的输入。检索框内可输入单个检索词或检索提问式,检索词可用截词算符(*、?、$)、精确短语符号(" ")等进行处理,检索框之间用布尔逻辑组配,如图 4.19 所示。

图 4.19 跨库检索界面及检索提问式输入

(2) 使用下拉菜单进行字段限制。

(3) 单击"检索"按钮,检索结果如图 4.20 所示。

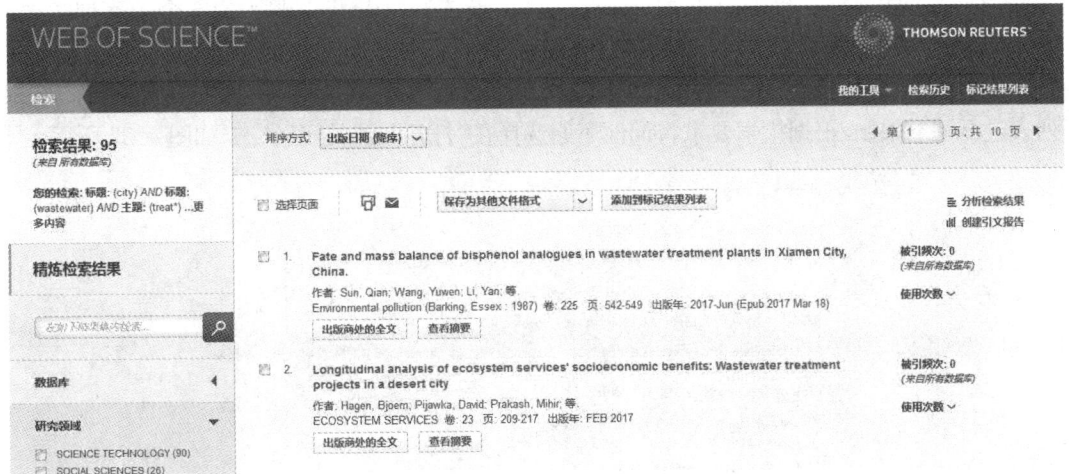

图 4.20　跨库检索结果

三、Web of Science 核心合集

(一) 检索方式

Web of Science 核心合集提供了基本检索(Basic Search)、作者检索(Author Search)、被引参考文献检索(Cited Reference Search)、化学结构检索(Structure Rearch)和高级检索(Advanced Search)5 种检索方式,Web of Science 主页,如图 4.21 所示。

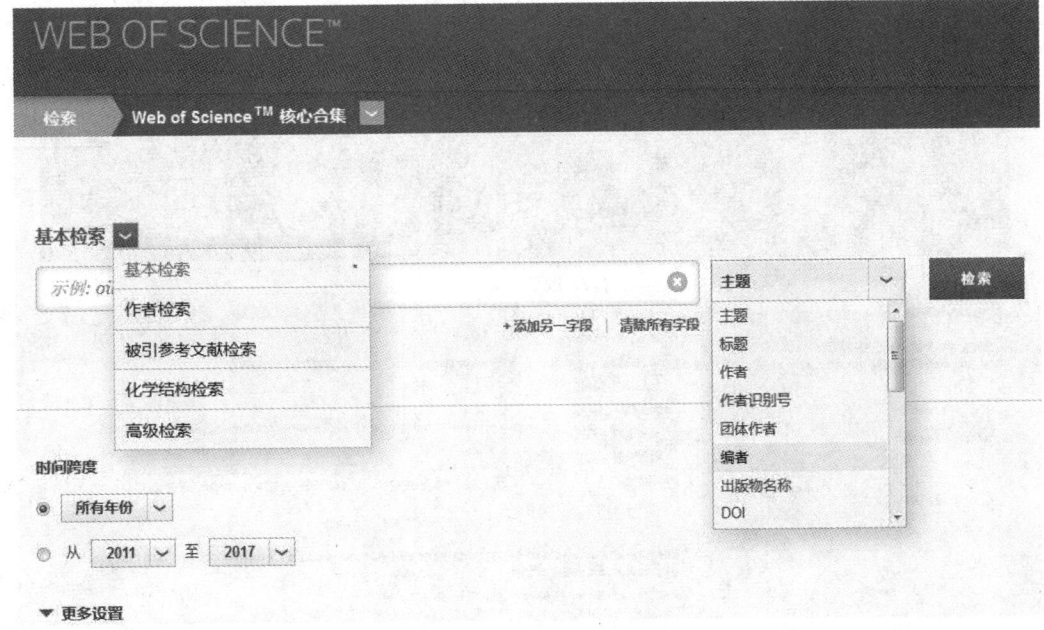

图 4.21　Web of Science 核心合集主页

(二) 限制方式

(1) 时间限制。在时间跨度下点选,可进行年代限制。

(2) 数据库限制。单击图 4.21 下方的"更多设置",打开我馆购买的 6 个子库列表,如图 4.22 所示,可根据学科需求,选择一个子库或多个子库。

(3) 调整检索设置。单击图 4.21 下方的"更多设置",打开"自动建议的出版物名称"下拉列表进行词形限制,根据检索要求将词性还原选择在"打开"或"关闭"状态,如图 4.22 所示。

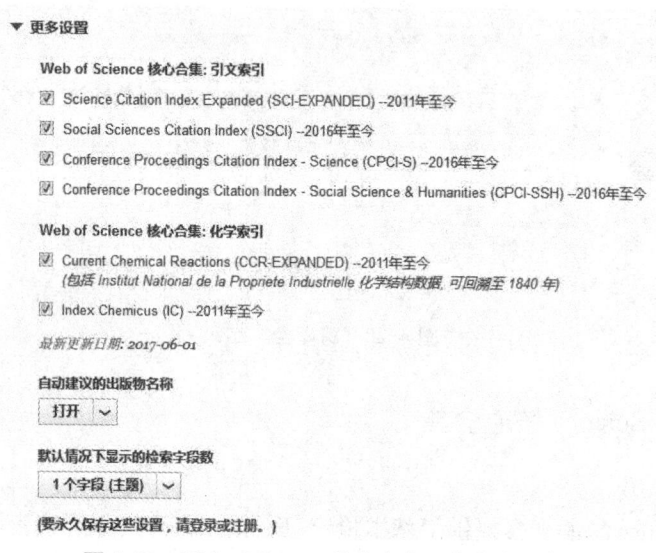

图 4.22 Web of Science 核心合集 6 个字库列表

(4) 调整检索结果设置。在检索结果页面中,可进行检索结果限制,提供了排序方式、精炼检索结果 2 种设置。排序方式有出版日期(降序和升序)、被引频次(降序和升序)、相关性等方式,选择被引频次(降序)、相关性两种为最佳,如图 4.23 所示;精炼检索结果可对检索结果进行二次检索。

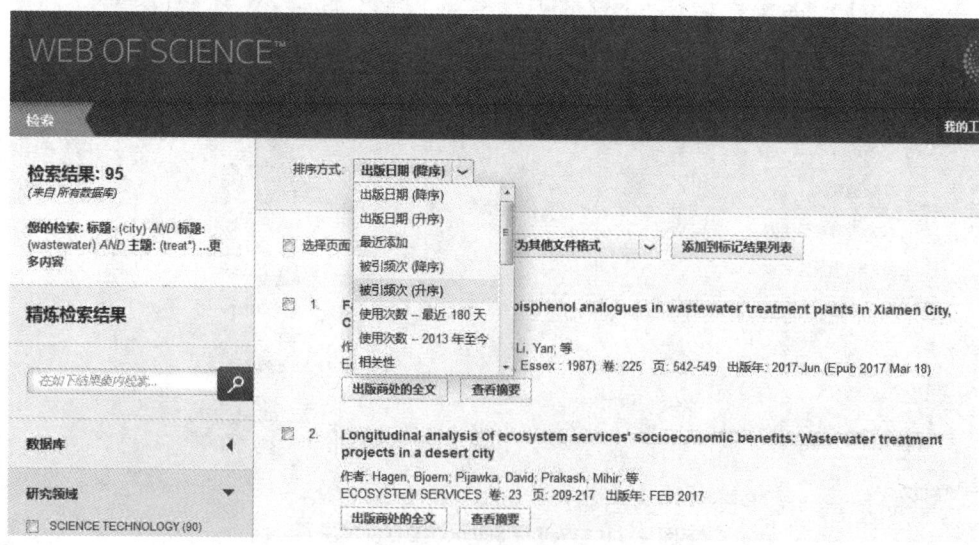

图 4.23 调整检索结果设置

(三) 检索方法

1. 基本检索(Basic Search)

基本检索是 Web of Science 核心合集默认的检索方式,提供了主题、作者、地址等 17 个字段。检索某一学科或某一课题的相关文献时选用主题或标题字段,检索某作者的论文是否被 SCIE 收录时,选用作者字段;若要检索某些机构、大专院校、公司乃至国家和城市论文收录情况,则应选地址字段。检索框之间可用布尔逻辑算符 and、or、not 进行组配,检索框内的检索词除可用布尔逻辑 and、or、not 进行组配,还可用位置逻辑算符 same、near 进行组配,可使用*、?、$对检索词进行截词处理,使用方法见检索实例。

2. 被引参考文献检索(Cited Reference Search)

被引参考文献检索用于检索某作者、某期刊论文(书籍、专利)发表以来被引用的情况,单击图 4.21 上方的"被引参考文献检索"打开被引参考文献检索界面。该界面为固定列表形式,如图 4.24 所示,检索框之间的关系为布尔逻辑"与"(and),检索框内的检索词可用布尔逻辑 and、or、not 进行组配,可使用*、?、$对检索词进行截词处理。

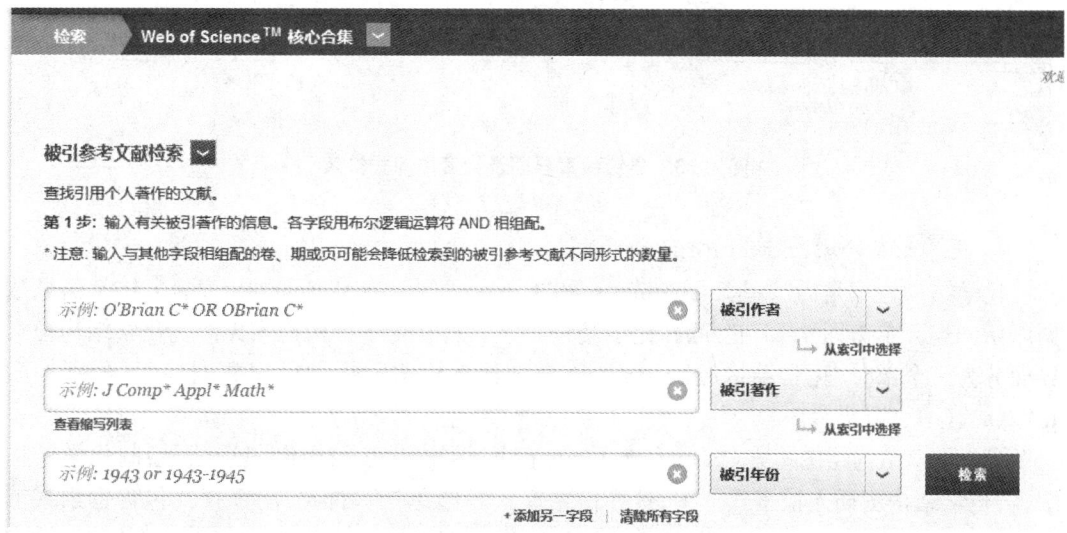

图 4.24 被引参考文献检索界面

(1) 被引作者检索。在检索框输入被引作者姓名,注意姓在前、名在后。名字要缩写。由于名字缩写,将会引出同名作者而影响查准率,需要输入论文的出版物名称加以限定,以提高查准率,注意出版物名称要缩写,可参见"期刊缩写列表"。

(2) 被引著作检索。在检索框输入缩写期刊名称,可查询该刊被引用的情况(点击窗口下方的期刊缩写列表,查询期刊刊名的缩写形式)。如果检索图书被引用的情况,则输入书名中第一个或多个有意义的单词,不使用冠词和介词;检索某专利被引用的情况,则输入专利号(不加国别)。

(3) 被引年份检索。在检索框直接输入四位数年份(如 2012),也可以利用 or 将不连续的年份连接起来(如 2008 or 2011),也可用连接符"-"限定时间范围(如 2010 - 2012)。

3. 高级检索(Advanced Search)

单击图 4.21 上方的"高级检索"打开高级检索界面,可使用布尔算符、位置算符、截词算符和字段代码等进行组配构造检索提问式,检索提问式输入:(ti=wastewater or ti="waste water" or ti=waste-water) and (ts=city or ts=town) and ts=treat * and cu=china and py=2004-2014,如图 4.25 所示,逻辑算符、字段代码参见图 4.25 右方,可对原文语种、文献类型等进行限制。

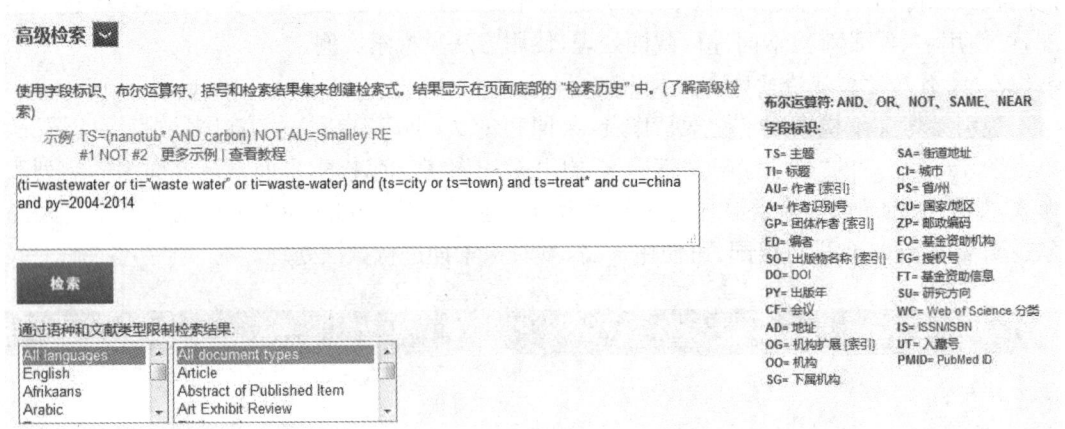

图 4.25　高级检索界面及检索提问式输入

4. 化学结构检索(Structure Rearch)

化学结构检索是为"Index Chemicus"和"Current Chemical Reactions"两个化学信息数据库所创建。单击图 4.21 上方的"化学结构检索",打开化学结构检索界面。化学结构检索界面分为三个部分:化学结构绘图检索、化合物数据检索和化学反应数据检索,分别如图 4.26(a)、(b)、(c)所示。

(1) 化学结构绘图检索(Structure Drawing)。单击化学结构绘图选项;绘制化学结构图;将化学结构图插入检索式框中;选择检索模式。选择"子结构",用于查找包含检索式框中内容的化合物或化学反应,选择"精确匹配",用于查找与检索式框中内容匹配的化合物或化学反应。单击"检索"按钮。

(2) 化合物数据检索(Compound Data)。有 3 个检索字段,即化合物名称、化合物生物活性及分子量。根据已知条件,在对应字段的检索框中输入检索词即可;如果要指定化合物在化学反应中的特征表述,可在复选框选择,复选框有"作为反应物"、"作为产物"、"作为催化剂"和"作为溶剂"4 种选择。

(3) 化学反应数据检索(Reaction Data)。有 8 个检索字段,即气体环境、其他、压力(Atm)、时间(小时)、温度(摄氏度)、产率、反应关键词、化学反应备注。气体环境、压力、时间、温度、产率通过下拉菜单选择;反应关键词,单击列表链接可选择检索词,在反应备注框,可输入包括优点、限制、警告和其他定性数据;"回流标记"框,是选择检索是否回流的化学反应的标记框。

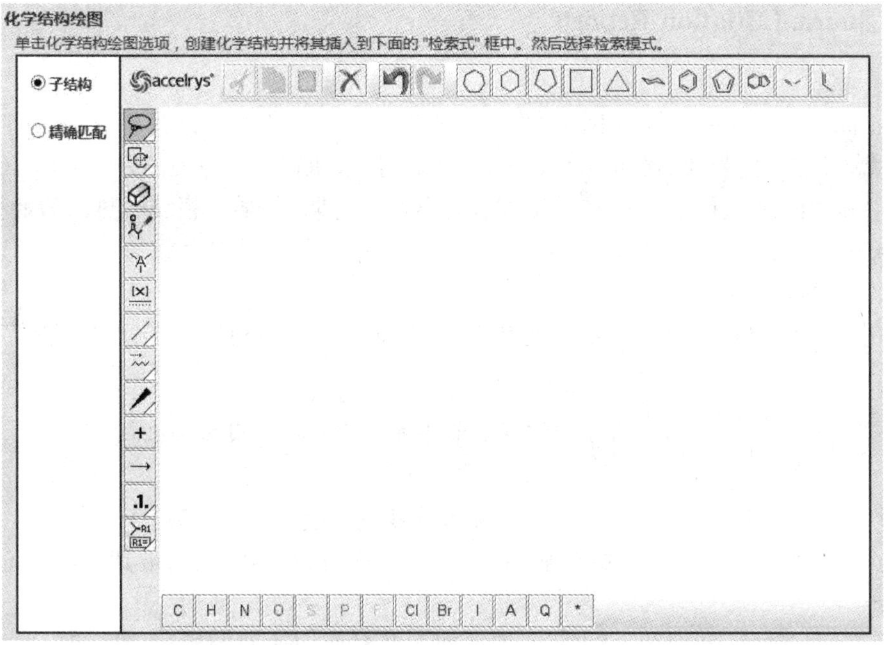

(a)化学结构绘图检索界面

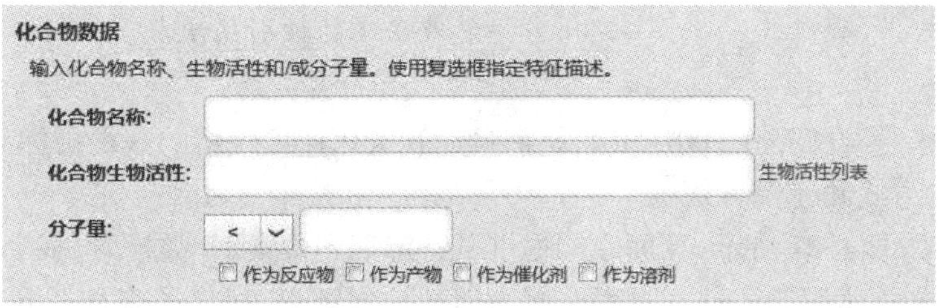

(b)化合物数据检索界面

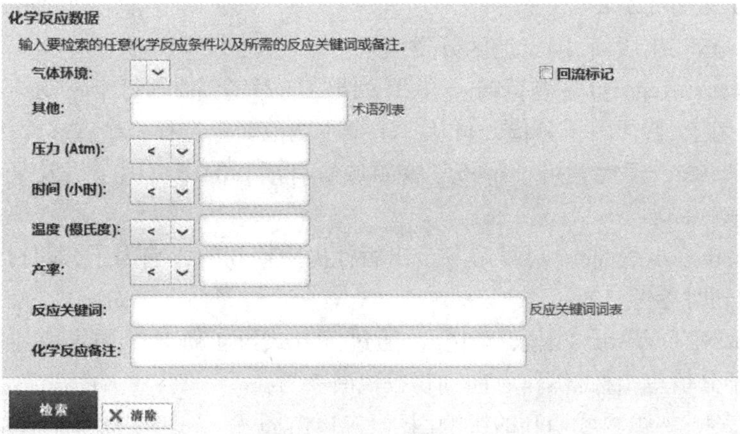

(c)化学反应数据检索界面

图 4.26　化学结构检索界面

四、Journal Citation Reports

(一) 概况

Journal Citation Reports (JCR,《期刊引用报告》) 使用的引文数据摘自60多个国家和地区的3 300多家出版商出版的8 000多种学术性技术期刊。作为一种分析工具,JCR可以显示某一领域最常引用的期刊、某一领域最具影响力的期刊、某一领域最热门的期刊、某一领域一流的期刊、某一领域相关的期刊等。JCR是查询期刊引文数据的唯一来源,提供期刊评价的主要数据如下:

(1) 影响因子(Impact Factor),是国际上通用的评价期刊质量的重要指标。计算公式为:

$$当年的影响因子 = \frac{该刊前两年发表论文被引用的总次数}{该刊前两年发表论文总数}$$

(2) 发文量(Articles),指在某一特定年度该期刊发表的论文总数。

(3) 引文量(Total Cites),指在某一特定年度该期刊发表的论文被其他期刊论文引用的总数。

(4) 即时指数(Immediacy Index),表征期刊及时反应速率的指标,确定某刊发表的论文在同年被引用的快速程度。计算公式为:

$$即时指数 = \frac{某刊当年发表论文的被引用次数}{该刊当年发表论文的总数}$$

(5) 被引半衰期(Cited Half-life),是衡量期刊老化速度快慢的一种指标。

(二) 检索方式和使用方法

JCR主页如图4.27所示,页面左侧提供了特定期刊检索、分类检索、多个期刊并列检索等种检索方式和检索限制条件。页面右侧为期刊检索结果,提供了多种期刊检索结果排序方式,如按期刊名称、主题、期刊影响因子等。

1. 分类检索使用方法

可按主题范畴、出版商、国家地区分类检索。

(1) Subject Category(主题范畴)。JCR列出了227个主题,每个主题给出了该主题所有期刊的影响因子、特征因子分值。可从227个主题范畴中选择一个或多个主题进行检索。利用"Subject category"检索可了解该学科领域所有期刊的影响因子以及某种期刊在该主题范畴内的影响力。

(2) Publisher(出版商)。可了解各个出版社出版期刊的影响因子、即时指数等指标,主要用于订购期刊时参考。

(3) Country/Territory(国家/地区)。通过该方式可了解各个国家或地区期刊的影响因子、特征因子分值等指标,供作者向刊物投稿时参考。

若要检索某一主题领域期刊的影响因子,先单击图4.27中的"Select Categories"按钮得到主题列表,如图4.28所示,选择其中一个主题,单击"SUBMIT"按钮,即可浏览该主题范畴所有期刊的影响因子。

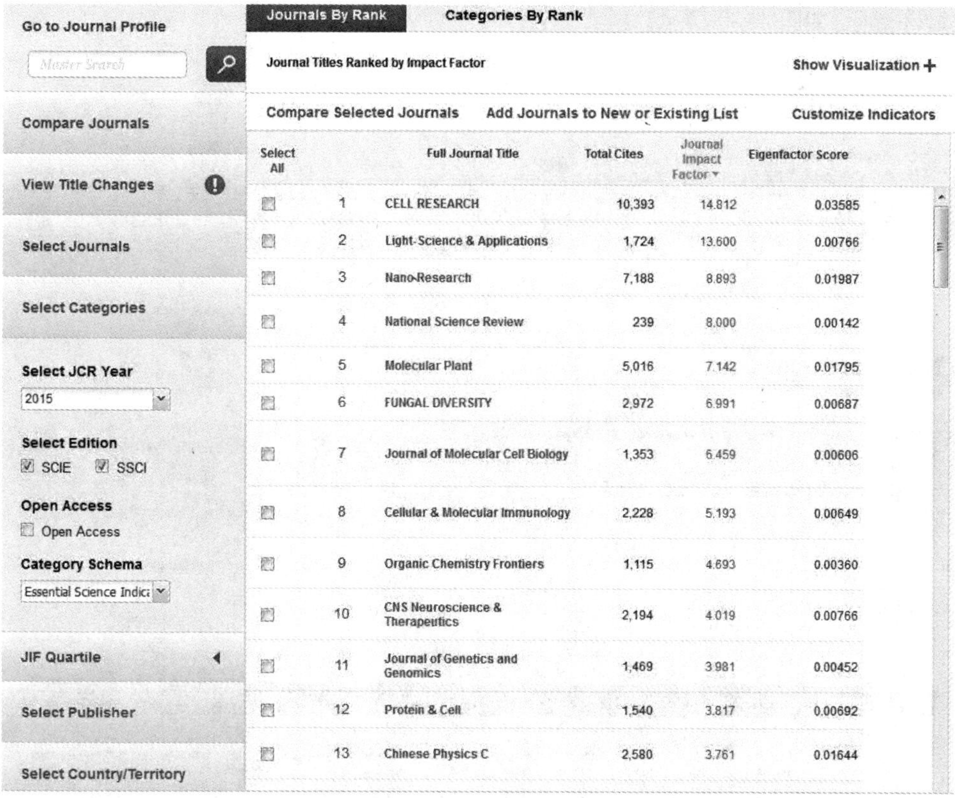

第四章 常用数据库资源检索

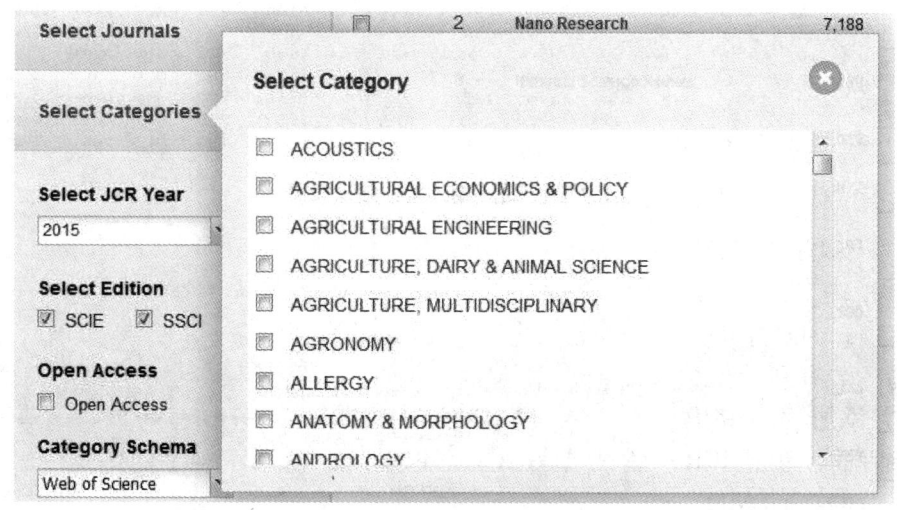

图 4.27 JCR 主页

图 4.28 主题分类检索

2. 特定期刊检索方法

点击图 4.27 中的"Go to Journal Profile"下方的输入框,输入要检索的期刊名称全称或部分名称,如输入"nano research",单击搜索按钮,打开特定期刊检索列表,如图 4.29 所示。单击想要检索的期刊,打开特定期刊检索结果界面,即可得到该刊的影响因子以及发文量、

· 95 ·

引文量等指标,如图4.30所示。

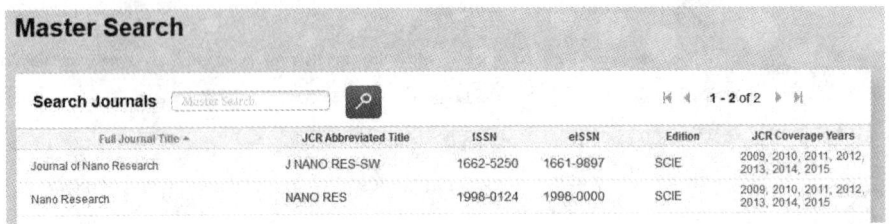

图 4.29　特定期刊检索列表

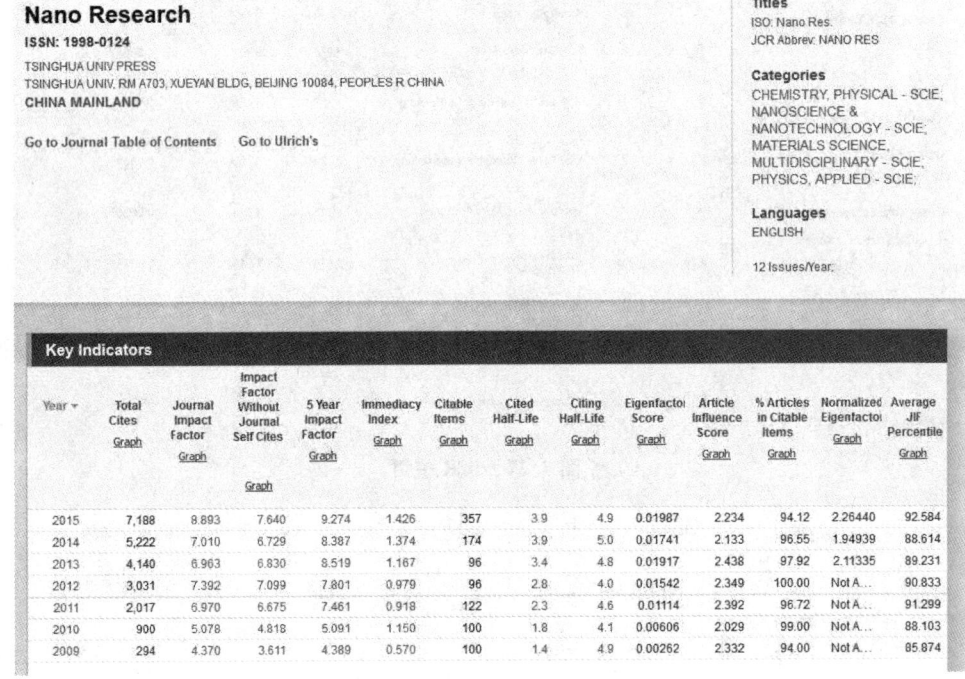

图 4.30　特定期刊检索结果页面

3. 多个期刊并列检索方法

单击图 4.27 的"Select Journals"打开会话框,如图4.31所示。搜索期刊并添加,添加完毕关闭会话框。单击 JCR 主页下面的"SUBMIT"按钮,即可浏览检索期刊的影响因子以及特征因子分值等指标,如图4.32 所示。

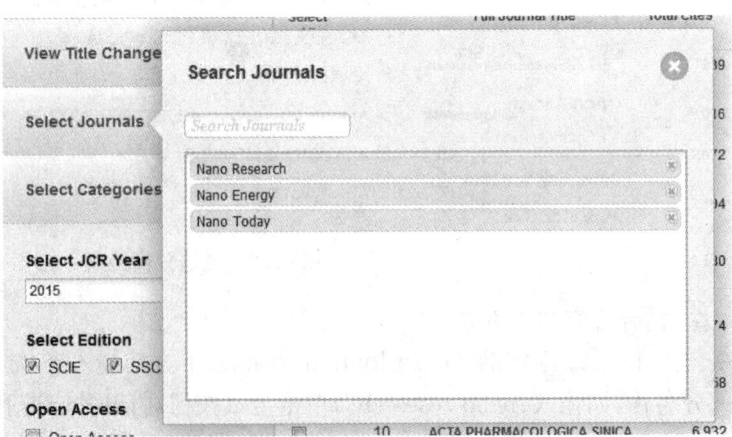

图 4.31　"Select Journals"检索界面

Select All		Full Journal Title	Total Cites	Journal Impact Factor	Eigenfactor Score
	1	Nano Today	5,428	13.157	0.01505
	2	Nano Energy	6,968	11.553	0.01793
	3	Nano Research	7,188	8.893	0.01987

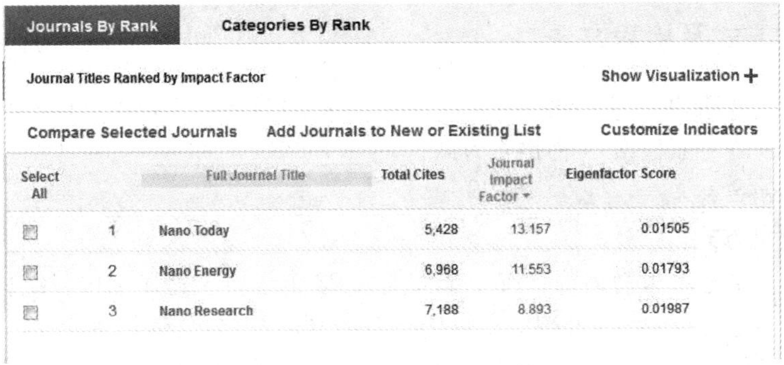

图 4.32　多个期刊并列检索结果页面

第四节　ScienceDirect 数据库

一、ScienceDirect 概述

ScienceDirect 是 Elsevier(荷兰爱思唯尔出版集团,http://www. elsevier. com)的核心数据库,1999 年开始提供电子出版物全文的在线服务。ScienceDirect 有 3 800 多种同行评议期刊和 35 000 多种系列丛书、手册及参考书等,目前数据库收录全文总数已超过 1 400 多万篇,涉及自然科学与工程、生命科学、健康科学、社会科学与人文科学 4 大学科领域。网址:http://www. sciencedirect. com,任何用户均可免费检索获取文摘题录信息,免费获取部分 Open Access 全文,主页如图 4.33 所示。

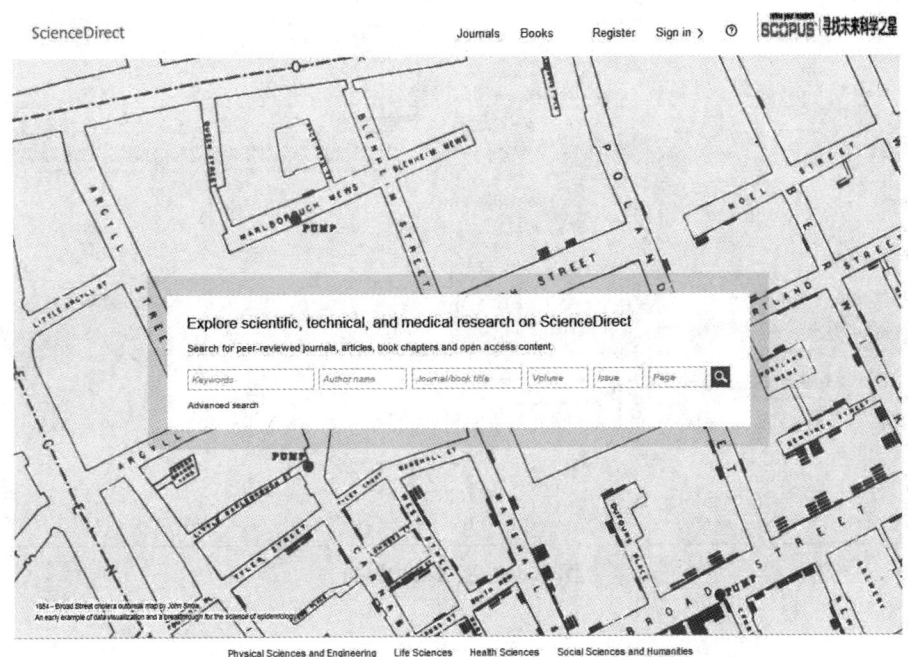

图 4.33　ScienceDirect 主页

二、检索方式及检索方法

ScienceDirect 提供了 Browse(浏览)、Search(快速检索)、Advanced Search(高级检索)和 Expert Search(专家检索)4 种检索方式。

(一) Browse

有 2 种浏览方式。

(1) 按学科主题出版物浏览。按 4 个大类共 23 个学科主题显示树状结构目录,可查看该学科所包含的各级子学科;可浏览学科所涉及的刊名/书名及其相关论文。

(2) 按出版物字顺浏览。按期刊/图书字顺列出期刊和图书,点击刊名/书名链接,可浏览查看详情。

(二) 快速检索

在 ScienceDirect 系统的任何检索界面,快速检索始终会出现在界面的上方,如图 4.32 所示。快速检索可输入检索词在关键词字段检索,可输入作者在作者字段检索,也可输入期刊/图书的名称及卷、期、页码检索,各检索框之间的逻辑关系为逻辑"与"(and)。即快速检索既可用于检索某主题概念的全文信息,也可用于检索已知的特定全文信息。

(三) Advanced Search

单击图 4.33 快速检索下方的"Advanced Search"打开高级检索界面,如图 4.34 所示。高级检索提供综合(ALL)、期刊(Journals)、图书(Books)、参考工具书(Reference Works)、图片(Images)等标签,根据检索需要单击相应标签。例如,选择"Journals"标签(见图 4.35),表示将检索结果限定在期刊范围内。检索框之间可使用下拉菜单选择布尔逻辑算符进行组配;检索框中可输入单词、词组或使用布尔逻辑算符构建的检索式;并可通过下拉菜单选择检索字段,在检索框下方依次可对文献类型、来源、学科领域、时间范围进行限定。

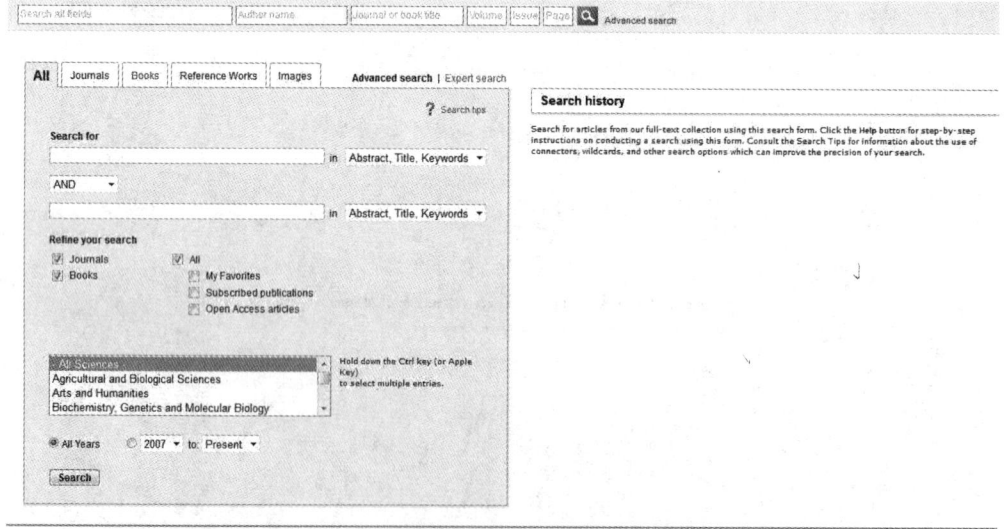

图 4.34 高级检索界面

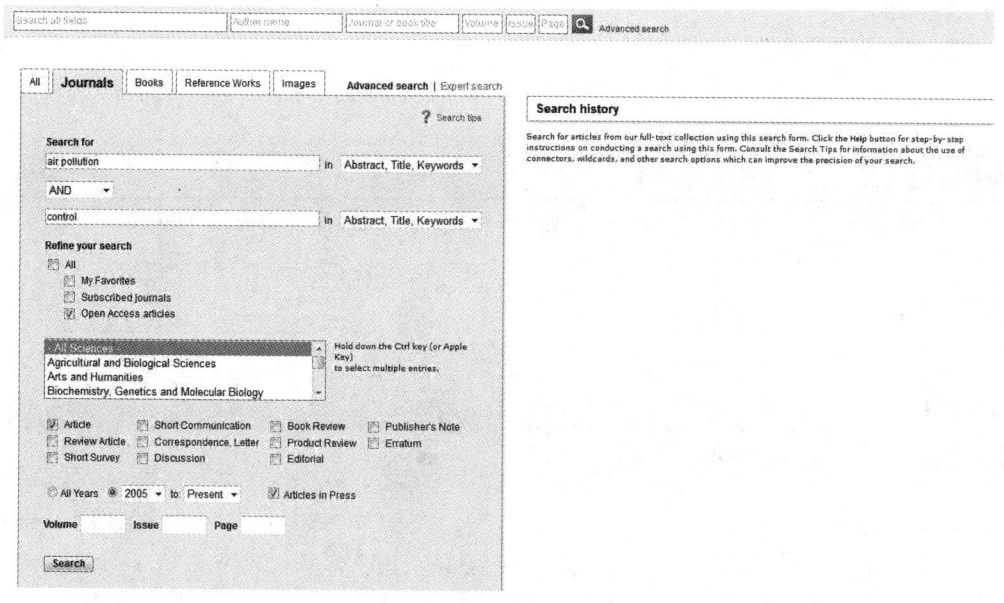

图 4.35　高级检索界面及检索提问式输入

（四）Expert Search（专家检索）

单击图 4.34 右上方的"Expert Search"打开专家检索界面，检索框内需要输入完整的检索提问式，适用于检索词较多、逻辑组配复杂的检索，检索技术要求较高。

在快速检索、高级检索和专家检索方式中，检索词可使用无限截词符号"＊"处理，如输入"Dye＊"，可检索出含有 dye、dyer、dyes 和 dyeing 的信息；如果检索词是名词，有单、复数形式，只使用单数形式，能自动检索出单、复数形式的信息，如输入"City"，可检索出含有 City、City's 和 Cities 的信息；使用双引号""，可进行精确短语检索，如："aluminum nitride composites"，表示作为一个整体检索。

第五节　综合检索实例及分析

案例一　CNKI 应用检索实例及分析

检索课题：汽车尾气监测与治理技术。

（一）制定检索策略

（1）分析课题，选择检索词。

汽车——可选上位词"机动车"作同义词，尾气——可选"废气"作同义词，检索词可选为：汽车、机动车；尾气、废气；监测、治理。

（2）使用相关检索技术，构造检索提问式。

篇名＝（汽车 or 机动车）and 篇名＝（尾气 or 废气）and 篇名＝（监测 or 治理）

（3）检索要求：① 期刊范围不限；② 学科不限；③ 时间范围：2007 年至今；④ 检索结果

排序:按主题。

(二) 实施检索策略

(1) 登录中国学术期刊网络出版总库,打开高级检索方式,如图 4.36 所示。

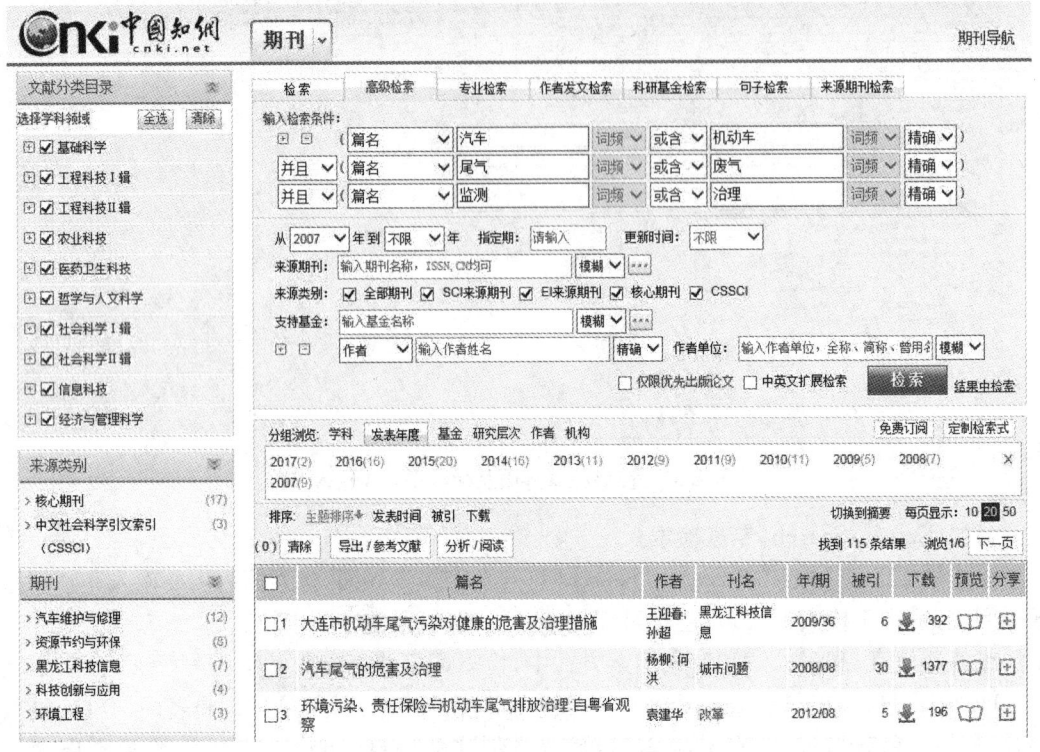

图 4.36　高级检索界面——检索提问式的输入与检索结果页面

(2) 输入检索提问式,按检索要求,设定时间、期刊范围等,如图 4.36 所示。

(3) 单击"检索"按钮得检索结果 115 条,如图 4.36 所示。

(三) 检索结果处理

(1) 查看论文被引信息。单击图 4.36"被引"栏的数字,查看该论文的被引信息。

(2) 预览全文。单击图 4.36 篇名后的 图标,预览全文。

(3) 保存文摘。在序号前的方框中点选,或单击"篇名"左边的方框即全选,单击"导出/参考文献"按钮,在弹出的导出页面中,单击"题名"左边的方框全选,如图 4.37 所示;再单击"导出/参考文献"按钮,在弹出的输出格式页面中(系统默认为 CAJ-CD 格式引文),单击"查新(引文格式)"的文摘,选择需要的输出格式将文摘保存为文本,如图 4.38 所示。

(4) 下载全文。首先下载 CAJ 或 PDF 浏览器,其次在检索结果页面单击篇名后的 图标直接下载 CAJ 格式全文。

(5) 查看知网节节点文献,下载全文。在检索结果页面,单击篇名,如单击第 1 篇篇名即查看知网节节点文献,可选择 CAJ 或 PDF 下载全文,如图 4.39 所示。单击图中的知网节下载链接,浏览、下载参考文献、引证文献、相似文献、同行关注文献等文献的全文。

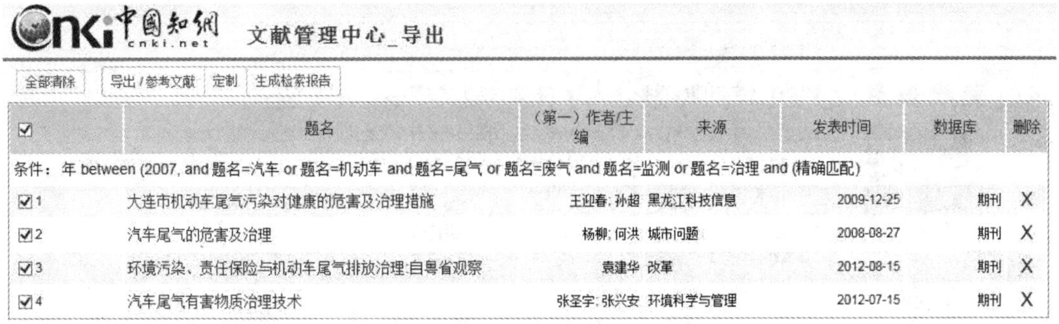

图 4.37 导出页面

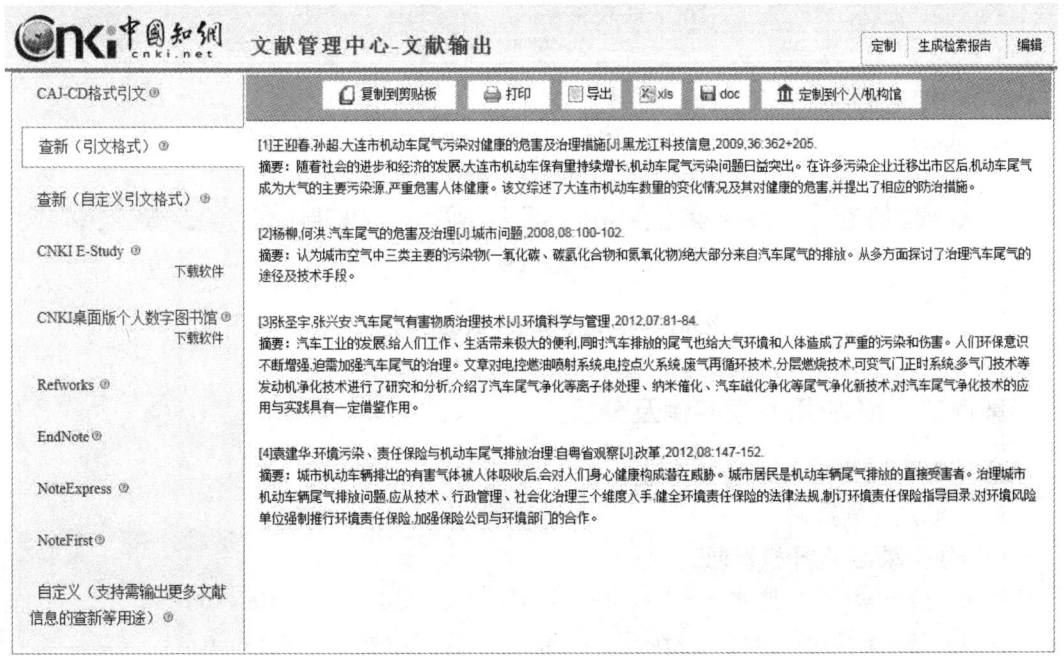

图 4.38 输出格式选择、保存页面

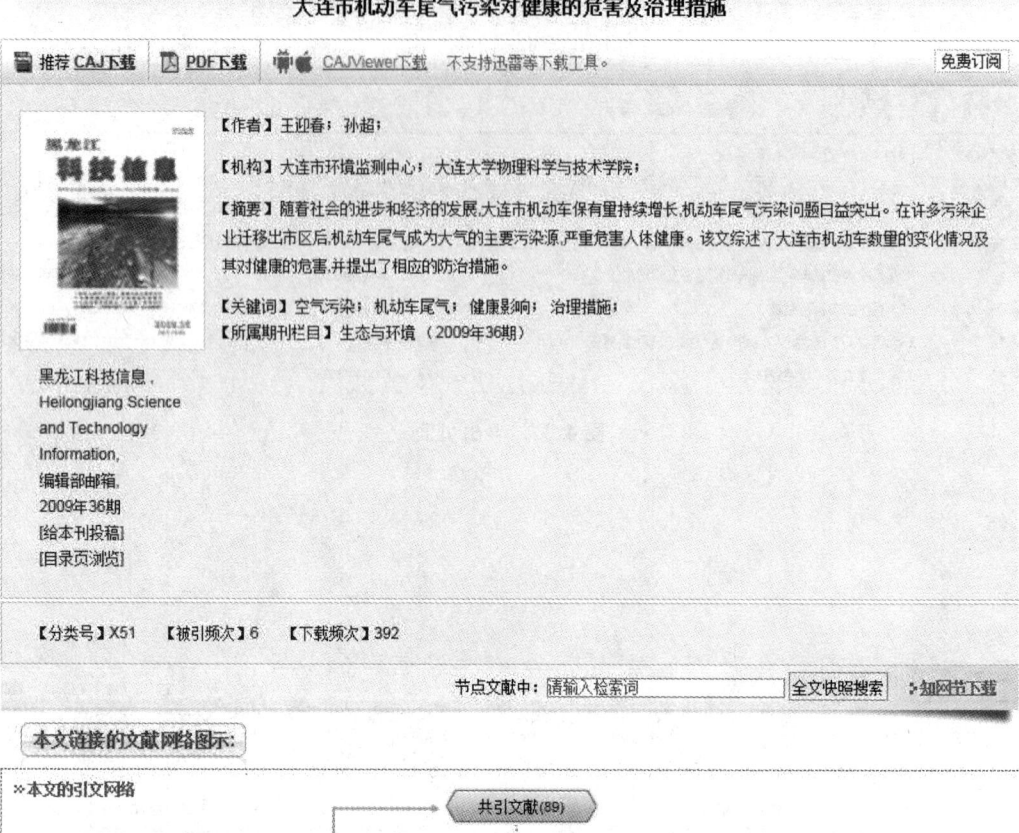

图 4.39　知网节节点文献及下载页面

案例二　EI 应用检索实例及分析

检索课题:城市污水处理技术(生化法)。

(一) 制定检索策略

(1) 分析课题,选择检索词。

城市——city　　　废水——"waste water"　　废水——wastewater
回收——recycle　　净化——purification　　　处理——treatment
控制——control　　利用——utilization　　　　生化法——biochemical

(2) 检索要求:文献类型限制在期刊;时间限制在 2004—2014 年;语种不限。

(3) 使用相关检索技术,构造检索提问式。

city wn ti and("waste water" wn ky or wastewater wn ky) and(treat * or purif * or recycl * or control * or utiliz *)and ja wn dt

(二) 实施检索策略

(1) 登录 Ei Village,打开 Compendex 专家检索方式。

(2) 输入检索提问式,按检索要求设定时间,如图 4.40 所示。

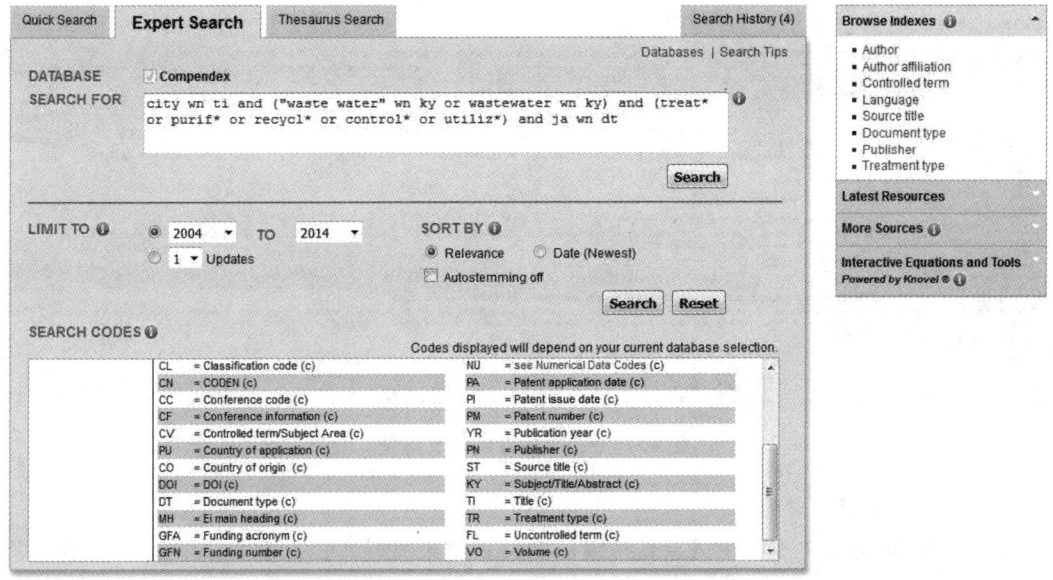

图 4.40　专家检索界面及检索提问输入

(3) 单击"Search"按钮,得检索结果 132 篇,查准率不够理想,单击检索结果页面左侧的"Add a term"输入框,输入"bioch * wn ky"进行二次检索,如图 4.41 所示。

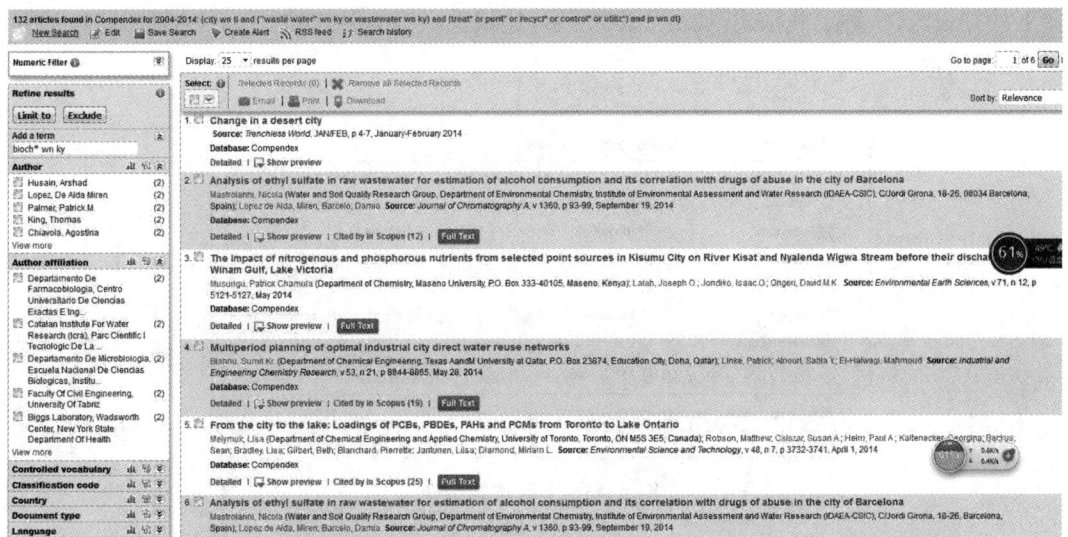

图 4.41　一次检索结果及二次检索词输入

(4) 单击图中的"Limit to",得检索结果 12 篇,如图 4.42 所示。

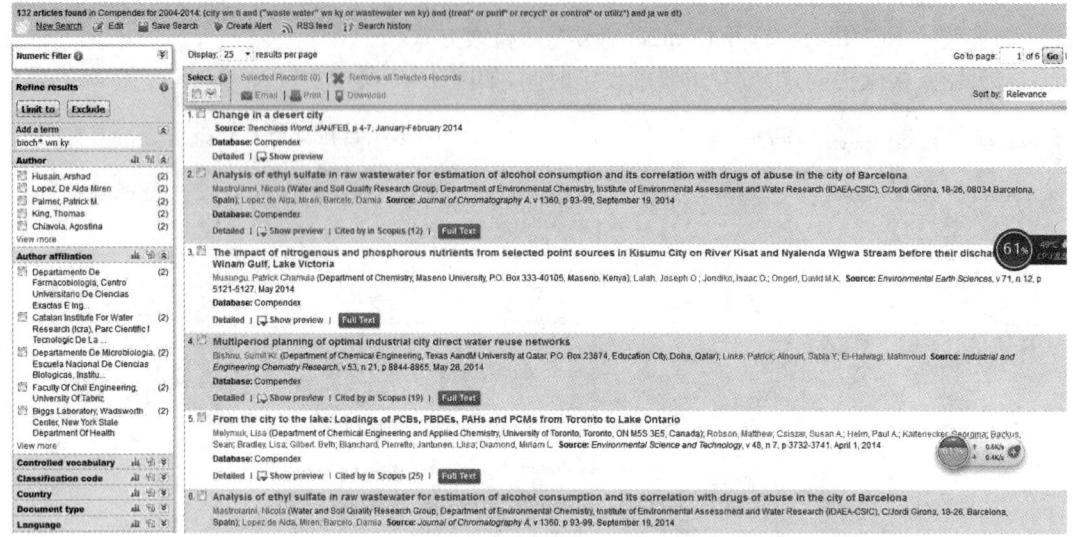

图4.42 二次检索结果及题录

(三) 检索结果处理

(1) 浏览题录与文摘。题录是系统默认的检索结果显示方式,如图4.42所示。浏览题录后,根据需求选择相关文献。选择文摘链接(Abstract)或详细信息链接(Detailed)显示单篇文摘阅读。

(2) 保存检索结果。如要保存题录或文摘,有电子邮件、打印、下载、保存到文件夹4种保存方式,参见图4.42上方。方法为:在标题前的方框标记→选择保存方式→保存。若选择下载方式,有7种下载格式,如图4.43所示,建议选择第3种格式"Text(ASCII)"直接下载,方便编辑。

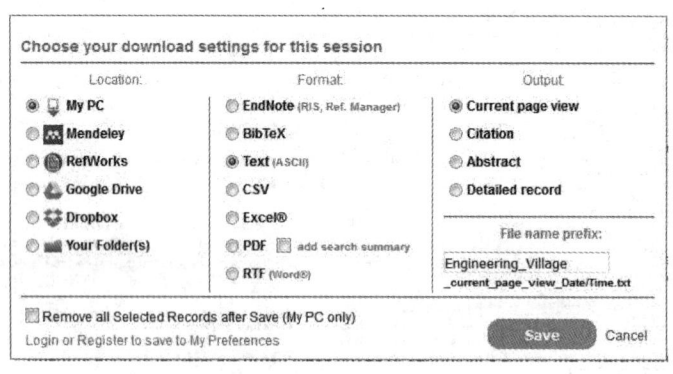

图4.43 下载格式选择

(3) 检索结果分析。在题录左侧对检索结果中的Author(作者)、Author affiliation(作者单位)、Controlled vocabulary(受控词)、Classification code(分类码)、Country(国家)、Language(语种)、Year(年份)、Source title(出版物名称)、Publisher(出版商)等进行分析,了解文献量的增长、国家、语种、主题等的分布信息。

(4) 获取全文。Compendex是文摘数据库，不提供全文。若用户所在单位已购买有含该篇论文的电子全文数据库，则可通过点击“Full-text”链接到相应的全文数据库中获取该篇论文的电子全文。如果没有Full-text链接，可以通过原文出处(Source)查找本单位或外单位收藏的纸质或电子全文，方法如下。

使用本例第2条文摘提供的刊名、卷期号、页码(Source: Physics and Chemistry of the Earth, v34. n8-9, p574-579, 2009)查找本单位的期刊目录或《全国期刊联合目录》(中科院编辑出版)，本例以《全国期刊联合目录》说明其查找方法。

① 登录http://union.csdl.ac.cn访问联合目录集成服务系统，在检索框内输入刊名(对于非西语语种的期刊，不能直接用Compendex摘要中的刊名，必须翻译成相应的语种，建议用ISSN进行查找)，字段选“题名”，匹配选“精确匹配”，类型选“西文期刊”，如图4.44所示。

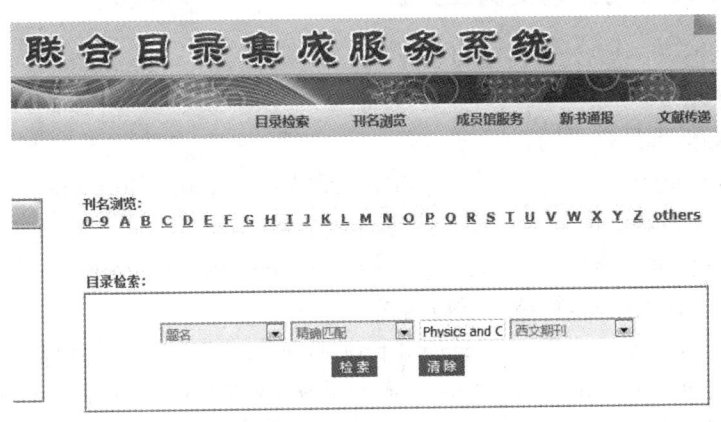

图4.44　全国期刊联合目录检索界面

② 单击图4.44的“检索”，得检索结果，如图4.45所示。

搜索结果：共2条记录　　共1页　当前第1页　到 1 页

序号	文献名(降序)	责任者	出版者	标准号	出版年	资料类型
1	Physics and Chemistry of the Earth		Pergamon	0079-1946	1956-98	西文期刊
2	Physics and chemistry of the earth		Pergamon	1474-7065	c2002-	西文期刊
序号	文献名	责任者	出版者	标准号	出版年	资料类型

搜索结果：共2条记录　　共1页　当前第1页　到 1 页

图4.45　检索结果

③ 单击图4.45中的第2条得该刊详细信息，如图4.46所示。

④ 单击图4.46的“查看更多馆藏信息”，得收藏单位信息；根据馆藏信息，可就近向收藏单位索取纸质或电子全文。

题名和责任者说明： Physics and chemistry of the earth
出版： Oxford : Pergamon, c2002-

查看更多馆藏信息

ISBN/ISSN： 1474-7065
原版刊号： 562C0005
卷期： V.27,no.1/3(Jan. 2002)-
附注： Merger of: Physics and chemistry of the earth. Part A, Solid earth and geodesy; Physics and chemistry of the earth. Part B, Hydrology, oceans and atmosphere; and: Physics and chemistry of the earth. Part C, Solar-terrestrial and planetary science (Print)
Some issues combined
Some issues have also a distinctive title
Title from cover

图4.46　期刊详细信息

案例三　SCI应用检索实例及分析

检索课题：计算机中央处理器冷却系统。

（一）制定检索策略

（1）分析课题，选择检索词。

计算机——computer　　　　　　中央处理器——central processor、CPU
微处理器——microprocessor　　　冷却——cool
散热——dissipate heat　　　　　温控——temperature control

（2）使用相关检索技术，构造检索提问式。

标题＝comput* and 主题＝("central processor" or CPU or microprocessor) and 主题＝(cool* or "dissipate heat" or "temperature control") and 出版年＝(2002-2014)

（二）实施检索策略

（1）打开Web of Science核心合集的基本检索界面。
（2）选择调整检索设置：词形还原为打开。
（3）输入检索提问式。按检索提问式选定布尔逻辑算符与检索字段，如图4.47所示。
（4）单击"检索"，得检索结果16条，如图4.48所示。

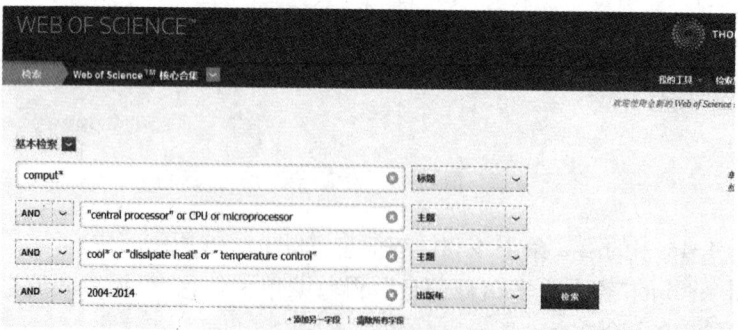

图4.47　输入检索式

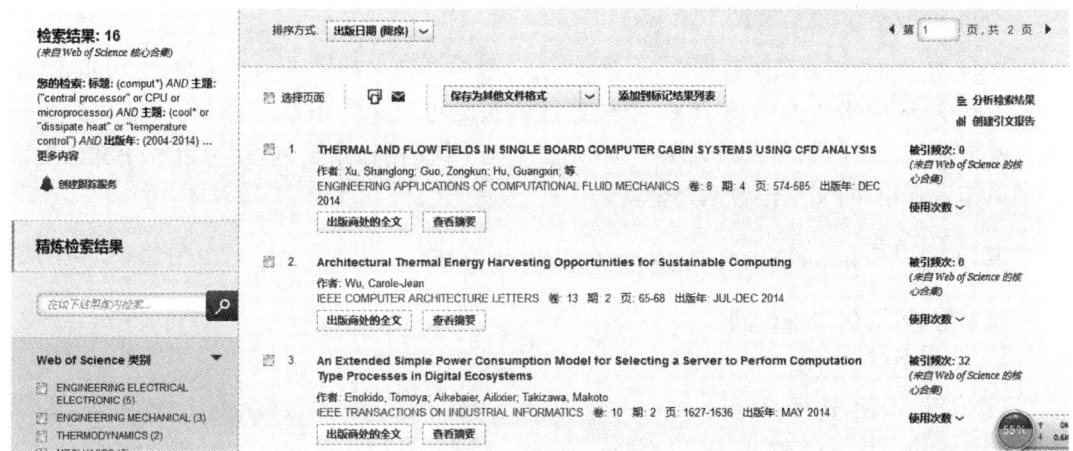

图 4.48 检索结果

(三) 检索结果处理

(1) 单击"查看摘要",显示单篇文摘。

(2) 勾选检索结果标题前的方框,单击结果页上方 图标,弹出输出格式表单,在记录内容的下拉列表中选择一项,如图 4.49 所示。单击"打印",则批量显示结果,如图 4.50 所示。

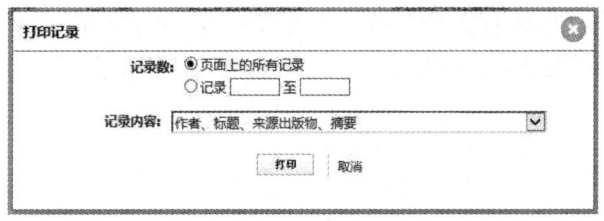

图 4.49 输出格式表单

图 4.50 批量显示页面

(3) 分析检索结果。在检索结果显示页的右上方,有分析检索结果链接,单击该链接可对检索结果进行国家/地区、机构、来源出版物、学科类别、文献类型、作者、出版年等多种分析。

(四) 获取全文

Web of Science 是文摘数据库,不提供全文,在检索结果的题录和文摘页面,可点击"出版商处的全文"向出版商索要全文(单位已经购买的可以免费下载,没有购买的需付费获取),或根据来源出版物项查找馆藏单位,方法参见 EI 应用检索实例,还可以利用文献提供的通讯作者邮箱,向文章作者索要全文。

案例四 ScienceDirect 应用检索实例及分析

检索课题:大气污染控制。

(一) 制定检索策略

(1) 分析课题,选择检索词。

大气污染——air pollution   控制——control

(2) 使用相关检索技术,构造检索提问式。

[air pollution and control]/abstract, title, keywords

(3) 检索要求:来源限制在期刊,主题不限;时间限制在 2005 年以来;文献类型限制在论文,仅检索开放获取(免费)的论文。

(二) 实施检索策略

(1) 登录网址 http://www.sciencedirect.com 访问 ScienceDirect 主页。

(2) 打开高级检索界面,输入检索提问式,根据检索要求选择检索条件,如图 4.34 所示。

(3) 单击"Search"按钮,得检索结果 178 条,如图 4.51 所示。

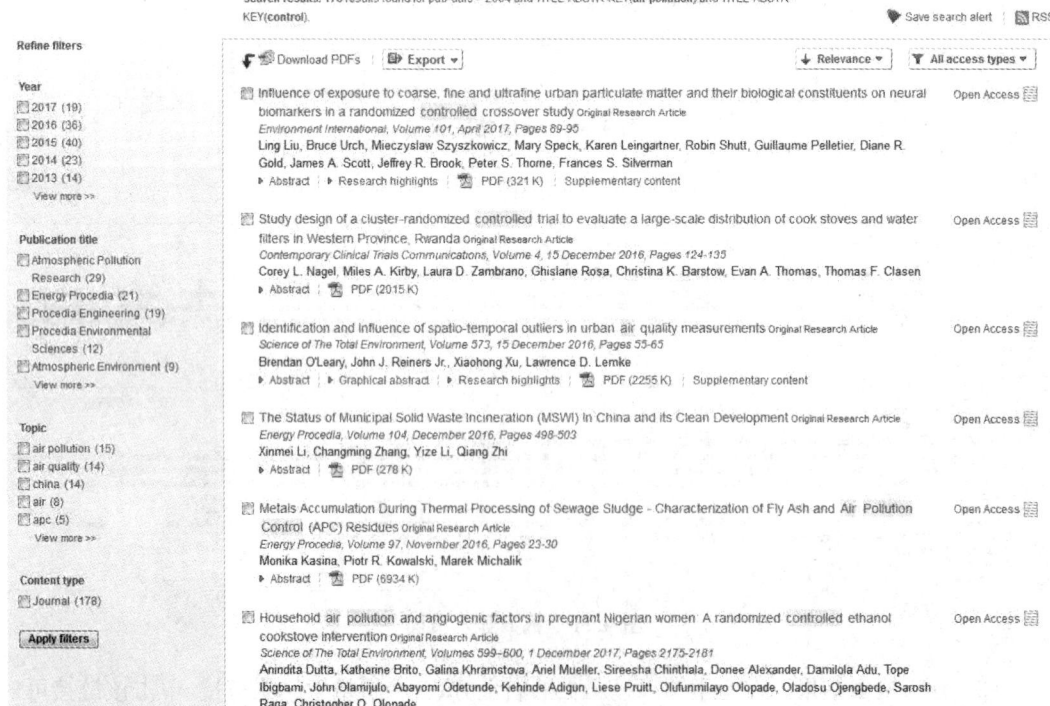

图 4.51　检索结果

（三）检索结果处理

（1）参见图 4.51 左侧，可利用年代、期刊名称、主题范围，进行精炼检索。

（2）单击标题或"Abstract"查看文摘。

（3）单击"PDF"图标下载全文。

复习思考题

1. 试总结数据库文献检索过程。
2. 如何通过我校网站登录 CNKI、EI、SCI 等数据库？
3. 请分别列出 CNKI 数据库和 ScienceDirect 数据库可检索到的文献类型。
4. 请分别列出 CNKI 期刊库、SCI 核心合集、ScienceDirect 期刊检索、EI 数据库等提供的检索字段。

实践技能训练

1. CNKI 数据库收录了多少种矿业工程类的期刊？按综合影响因子由高到低排序，列出排在前三名的期刊名称。

2. 在 CNKI《中国学术期刊（网络版）》中检索南京大学 2000—2008 年期间获得国家自然科学基金资助发表论文的情况。请给出检索词、检索式及命中篇数。

3. 在 CNKI《期刊库》中检索清华大学顾秉林教授的文章情况：① 查该作者在 1990—2007 年间发表的文章，给出检索词、检索式及命中篇数；② 利用 CNKI 提供的引文数据库，了解该作者的文章在 1999—2007 年发表文章被引用情况，给出检索词和检索式。

4. 请用 Elsevier 检索 2002—2003 年篇名中包含"远程教育"的期刊文章。给出检索词、检索式及命中篇数。

5. 一名读者需要 2006 年发表在期刊 Science and technology of advanced materials (ISSN 1468-6996) 第 8 期上的文章的电子版。通过 ScienceDirect 检索，给出检索词、检索式及该刊 2006 年第 8 期被 Elsevier 收录的文章总数。

6. 利用 EI、SCI 数据库检索清华大学周东华教授在 2011—2016 年间发表的论文被 EI、SCI 数据库收录文章的数量。给出检索词、检索式及命中篇数。

微信扫码查看

第五章 特种文献检索

第一节 特种文献检索概述

一、特种文献的概念

特种文献指有特定内容、特定用途、特定读者范围、特定出版发行方式的文献,即指出版发行和获取途径都比较特殊的一种科技文献。它介于书和期刊之间,内容广泛新颖,类型复杂多样,涉及当前国内外诸多领域的最新科研成果或最新学术动态的信息,具有重要的参考价值。其主要包括专利文献、标准文献、学位论文、会议论文、科技报告、技术档案、政府出版物和产品样本等。本章将重点讲述专利文献和标准文献的检索与利用。

二、特种文献的类型

（一）专利文献

专利文献是发明人或专利权人申请专利时向专利局所呈交的一份详细说明发明目的、构成及效果的书面技术文件,经专利局审查,公开出版或授权后的文献。狭义的专利文献是指由专利部门出版的各种专利出版物。

（二）标准文献

标准文献是指按规定程序制订,经过公认的权威机构批准,以文件形式表达,在特定范围(领域)内必须执行的规格、规则、技术要求等。

（三）学位论文

学位论文是指高等学校或科研机构的本科生、研究生为获得学位,在导师指导下所撰写的学术论文,包括学士学位论文、硕士学位论和博士学位论文。学位论文讨论的问题比较专业,一般都有一定的独创性,博士学位论文多是具有创建性的科研著述。

（四）会议文献

会议文献是在各种学术、专题会议上发表的论文及其他资料,是专业领域最新研究成果报道的一种主要方式。通常在会议结束后,将这些会议文献以会议录、会议论文集、会议论文汇编等结集出版。

（五）科技报告

科技报告是科研工作者围绕某课题的研究与试制、实验与检测以及推广工作等各阶段的进展情况的实际记录和总结材料。这些原始记录和总结材料能客观地反映科研过程中的经验教训,技术性强,内容完整,数据可靠,是非常重要的情报来源。

(六)政府出版物

政府出版物是由政府机关负责编辑印制的,用以颁布行政性命令、发布政令,并能体现其思想、意志、行为产生社会效应的物质载体。它包括两种类型,一种是行政性文件,如法律、法令、条约、决议、议案等;另一种是科技文献,如科研报告、科普资料、科技政策、技术法规等。

(七)技术档案

技术档案是指在生产和科学研究工作过程中形成的有具体事物的技术资料的原始记录。这些材料是科研工作中的重要活动记录,是科研工作总结经验、吸取教训的重要材料,有非常重要的参考价值。

(八)产品资料

产品资料主要是指企业生产出的产品样本、产品说明书、相关目录等出版物,是用户了解产品的功能、功效和使用方法等的重要资料。此类文献有出版量大、种类繁多、印刷精美等特点。

第二节 专利文献检索

一、专利基础知识

专利(Patent)一词来源于拉丁语 Letters patent,意为公开的信件或公共文献,是中世纪的君主用来颁布某种特权的证明,后来指英国国王亲自签署的独占权利证书。专利是科学研究转化为生产力的重要途径。一个国家或企业对有效专利的绝对拥有量,在一定程度上代表该国家或企业的核心竞争力。专利,通常从3个方面进行理解,即专利权、专利制度与专利文献。

(一)专利权

专利权是指国家专利管理机关依法授予专利申请人及其继受人在一定期间内实施其发明创造的独占权,它既可以是一项产品,也可以是一种生产方法,还可以是解决某一问题的技术方案。所以专利权既是工业产权的一部分,同时又是知识产权的一部分。

专利权是一种无形财产权,与有形财产权相比较,有其独有的特点。

(1)独占性,也称专有性,是指专利权人对其发明创造所享有的独占性的制造、使用、销售和进口的权利,其他任何单位和个人未经专利权人许可,不得从事以盈利为目的而使用专利的技术活动,否则就是侵犯专利权。

(2)地域性,是指一个国家依照本国专利法授予的专利权,仅在该国法律管辖的范围内有效,对其他国家没有任何约束力,外国对其专利权不承担保护的义务。

(3)时间性,是指专利权人对其发明创造所拥有法律赋予的专利权只有在法律规定的时间内有效,期限届满后,该发明创造就成了社会的公共财富,任何单位或个人都可以无偿地使用。

（二）专利制度

国际上通行的一种利用法律的和经济的手段确认发明人对其发明享有专有权，以保护和促进技术发明的制度。最早实行专利制度的是威尼斯共和国，它在1474年颁布了第一部具有近代特征的专利法。以后，专利制度在世界各国得到了广泛的应用，我国专利法于1985年4月1日起实施。

专利制度其核心是专利法，主要从专利权的授予和保护两个方面对专利事务做出规范。我国《专利法》规定，授予专利权的发明或实用新型应当具备专利"三性"，而外观设计则应与已有的外观设计不相同或不相近似。

专利三性是指新颖性、创造性和实用性，具体内容如下：

（1）新颖性，是指在专利申请日以前没有同样的发明或实用新型在国内外出版物上公开发表过、在国内公开使用过或以其他方式为公众所知，也没有同样的发明或实用新型由他人提出过专利申请。

（2）创造性，是指同申请日以前已有的技术相比，该发明有突出的实质性特点和显著的进步，该实用新型有实质性特点和进步。

（3）实用性，是指该发明或实用新型能够制造或使用，并且能产生积极效果。

（三）专利文献

专利文献是专利制度的产物，又是专利制度的重要基础，在专利审查和国际交流中发挥着重要作用。世界知识产权组织1988年编写的《知识产权教程》阐述了现代专利文献的概念：专利文献是包含已经申请或被确认为发现、发明、实用新型和工业品外观设计的研究、设计、开发和试验成果的有关资料，以及保护发明人、专利所有人及工业品外观设计和实用新型注册证书持有人权利的有关资料的已出版或未出版的文件（或其摘要）的总称。而本教材认为："专利文献从广义上来讲主要是指各国专利局的正式出版物，狭义地来讲一般认为专利文献就是指专利说明书。"

1. 专利说明书的内容

专利说明书的内容通常包括扉页、权利要求书、说明书正文和附图。

1）扉页

扉页以提要形式著录发明创造的全部法律信息和技术信息，并在每个著录项目前面标注INID代码（国际统一的著录项目识别符），如图5.1所示。INID代码具体如下：

[11] 文献号（如专利号、公开号、公告号）

[19] 专利国别（ISO规定的统一国别代码）

[21] 专利申请号

[22] 专利申请日期

[30] 优先权信息

[51] 国际专利分类号

[52] 本国国际专利分类号

[54] 发明名称

[71] 申请人

[72] 发明人
[73] 受让人

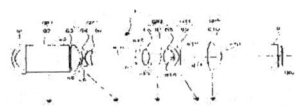

图5.1 专利说明书扉页

2) 权利要求书

权利要求书是申请人请求专利保护的范围,其中包括要求保护的发明或实用新型的技术特征和范围。当发明创造被授予专利权后,权利要求书就是确定该发明创造专利权范围的依据,也是判断他人是否侵权的依据。在专利诉讼中,权利要求书具有直接的法律效力。

3) 说明书正文和附图

说明书是清楚、完整地描述发明创造的技术内容的文件。各国对说明书描述的规定大致相同,以中国发明说明书为例,说明书内容主要包括技术领域、背景技术、发明内容、附图说明、具体实施方式。

附图是用于补充说明书文字部分的文件。在中国专利说明书中,附图属于说明书的一部分。

2. 专利文献的作用

1) 传播发明创造,促进技术进步

专利文献承载发明创造内容:专利文献信息是专利制度的产物,专利制度规定专利申请人在申请专利时须提交描述发明创造技术内容和限定专利保护范围的文件。专利机构则以保护为条件将该文件公之于众。记录发明创造的专利文献由此产生。每年全世界公布的专利文献约为 150 万件,累计至今 6 300 多万件,排除同族专利,记载的发明创造约 1 600 万项。

专利文献与其他文献相比在传播发明创造方面作用突出:95%的发明创造被记录在专

利文献之中,80%的发明创造仅在专利文献中记载。

因特网使专利文献信息传播更方便:世界主要国家都在因特网上公告专利文献,由于网络已进入千家万户,坐在家中即可上网查询,使得公众可以在第一时间获得最新授予专利权的发明创造信息。因此发明创造通过专利文献得以传播,人们由此可以获得最新技术信息,扩大利用新技术的概率,进而起到促进全社会技术进步的作用。

2) 警示竞争对手,保护知识产权

人们申请专利的目的是寻求对其发明创造的保护。绝大多数专利申请人是基于以下认识申请专利的:专利制度承认人们的智力劳动成果,承诺保护专利权人的专利权,因此他们可以在专利制度这张大伞的保护下,通过实施其受专利保护的发明成果获得最大化商业利益。

然而,专利权人最担心的是竞争对手侵犯其专利权,所以寄希望于通过专利文献信息公布,向竞争对手传达一种警示信息。专利文献不仅向人们提供了发明创造技术内容,同时也向竞争对手展示了专利保护范围。甚至许多专利权人在其专利产品上注上专利标记,使使用该产品的人可以轻而易举地找到该专利的说明书,了解其专利保护的内容,从而达到保护知识产权的目的。

3) 借鉴权利信息,避免侵权纠纷

任何竞争对手都要尊重他人的知识产权,杜绝恶意侵权行为,避免无意侵权过失,以形成良好的市场竞争氛围。专利文献可以起到这方面的借鉴作用。

专利文献中含有每一件专利的保护范围信息(权利要求书)、专利地域效力信息(申请的国家、地区)、专利时间效力信息(申请日期、公布日期)。

专利文献信息恰似一面镜子,只要随时照一照(检索专利的法律信息),就可以实现自我约束,避免纠纷发生。

4) 提供技术参考,启迪创新思路

企业是创新的主体,专利是创新的成果。在建设创新型国家过程中,企业不能盲目跟进,要借鉴前人的智慧,站在巨人的肩膀上,进行再创造。专利文献可以起到这方面的借鉴作用。

专利文献中含有每一件申请专利的发明创造的具体技术解决方案(说明书)。在专利文献中记载了从航天、生物等高科技到人类生活日用品各方面的发明创造。

研究本领域专利文献中记载的发明创造,对于企业创新具有非常重要的作用:不仅可使企业避免重复研究,节约研究时间(缩短60%科研周期)和经费(节约40%的科研经费),同时还可启迪企业研究人员的创新思路,提高创新的起点,实现创新目标。

(四) 专利的类型

我国专利分为三类:发明专利、实用新型专利和外观设计专利。

1. 发明专利

发明专利是指对产品、方法或者其改进所提出的新的技术方案。发明专利的创造性水平要求较高,包括产品发明(如机器、仪器设备、用具)和方法发明(制造方法)两大类。产品发明是指工业上能够制造的各种新制品,包括有一定形状和结构的固体、液体、气体之类的物品。方法发明是指对原料进行加工,制成各种产品的方法。我国对发明专利保护的期限是20年。

2. 实用新型专利

实用新型专利是指对产品的形状、构造或者其结合所提出的适于实用的新的技术方案。同发明一样,实用新型专利保护的也是一个技术方案。但实用新型专利保护的范围较窄,它只保护有一定形状或结构的新产品,不保护方法以及没有固定形状的物质。实用新型的技术方案更注重实用性,其技术水平较发明而言,要低一些。多数国家实用新型专利保护的都是比较简单的、改进性的技术发明,可以称为"小发明"。我国对实用新型专利保护的期限是10年。

3. 外观设计专利

外观设计专利是指对产品的形状、图案或其结合以及色彩与形状、图案的结合所做出的富有美感并适于工业应用的新设计。外观设计与发明、实用新型有着明显的区别,外观设计注重的是设计人对一项产品的外观所作出的富于艺术性、具有美感的创造,但这种具有艺术性的创造,不是单纯的工艺品,它必须具有能够为产业上所应用的实用性。外观设计专利实质上是保护美术思想的,而发明专利和实用新型专利保护的是技术思想;虽然外观设计和实用新型与产品的形状有关,但两者的目的却不相同,前者的目的在于使产品形状产生美感,而后者的目的在于使具有形态的产品能够解决某一技术问题。例如,一把雨伞,若它的形状、图案、色彩相当美观,那么应申请外观设计专利,如果雨伞的伞柄、伞骨、伞头结构设计精简合理,可以节省材料又有耐用的功能,那么应申请实用新型专利。我国对外观设计专利保护的期限是10年。

(五)中国专利文献的编号

中国专利说明书编号体系包括四种文献号,即:

(1)申请号——申请专利时,国家知识产权局按申请文件的先后顺序给出编号。专利申请号用12位阿拉伯数字(2003年10月修改)表示,按照由左向右的次序,前4位表示专利申请的年号,第5位数字表示专利申请的种类:1表示发明专利申请;2表示实用新型专利申请;3表示外观设计专利申请。6~12位(共7位)表示申请顺序号。小数点后第13位数字为计算机检验码。例如,201710018062.9。

(2)专利号——在授予专利权时给出的编号,由原申请号之前添加ZL后构成。例如,ZL201710018062.9。

(3)公开号——发明专利申请经形式审查合格后,公开其申请说明书时给的编号(只有发明专利才有此号)。例如,CN1208285A。

(4)公告号——实用新型专利或外观设计专利经形式审查合格后,或发明专利经实质审查合格后,公布其说明书时给的号码。一般有国别代码、7位阿拉伯数字及法律状态码构成;CN代表中国;CN后的首位数字表示专利种类:1表示发明,2表示实用新型,3表示外观设计;法律状态码A、C分别表示发明专利公开号、发明专利授权公告号,Y表示实用新型专利授权公告号,D表示外观设计专利授权公告号。例如,CN1042278C、CN2035487Y、CN3005874D。

(六)专利的归属

1. 专利申请人与专利权人及发明人

专利申请人是专利申请阶段权利的主体;专利权人是专利权授予后权利的主体;而发明人是对发明项目做出创造性贡献的人。

在一般情况下，专利权人与专利申请人是一致的，即其专利申请被授予专利后，专利申请人就成为专利权人。但并不是每件专利的申请都能被授予专利权，有些专利申请人若其专利未被授予专利权就不能成为专利权人。如果申请人在专利权授予前就将取得专利的权利转让给另一个人，那么后者就成为专利权人。

发明人若属于职务发明则不能成为专利申请人，也就不能成为专利权人。若其发明属于非职务发明则可作为专利申请人。

2. 职务发明与非职务发明

（1）职务发明：发明人或设计人在执行本单位的任务或者主要是利用本单位的物质技术条件所完成的发明为职务发明。对于职务发明，申请专利的权利属于该单位；申请被批准后，该单位为专利权人，除非另有具有法律效力的合约。

（2）非职务发明：发明人或设计人在其单位业务范围之外，在没有得到单位的物质技术条件帮助下做出的发明创造。对于非职务发明，申请专利的权利属于发明人或者设计人；申请被批准后，该发明人或者设计人为专利权人。

3. 先申请原则与先发明原则

专利权是一种独占权、排他权，如果同样的发明创造有两个或两个以上的人分别申请专利时，专利权究竟授权于谁，各国专利法都有相应的规定，常用的有以下两种原则：

先申请原则，即谁先申请就把专利权授予谁，其他的一律驳回，不管发明是谁先完成的。我国采用的就是先申请原则。日本、德国、法国、英国、美国等大多数国家也采用这一原则。

先发明原则，即谁先发明就把专利权授予谁。只要能证明该项发明在他人之先，尽管申请在后，也能取得专利权。加拿大等少数国家采用这一原则。

4. 优先权

专利申请人与专利权人在一定的条件下享有优先权，这种优先权有两种。

国际优先权：根据巴黎公约的规定，成员国的自然人与法人均享用优先权。国际优先权指巴黎公约成员国的自然人或法人第一次向其中一个成员国正式提出专利申请后，在一定期限内（一般为6~12个月），又向其他成员国正式提出专利申请时，仍以首次申请的日期作为后继申请的日期。

我国专利法第29条规定：国际优先权是指申请人自发明或者实用新型在外国第一次提出专利申请之日起12个月内，或者自外观设计在外国第一次提出专利申请之日起6个月内，又在中国就相同主题提出专利申请的，依照该外国同中国签订的协议或者共同参加的国际条约，或者依照相互承认优先权的原则，可以享有优先权。

国内优先权又称为"本国优先权"，是指专利申请人就相同主题的发明或者实用新型在中国第一次提出专利申请之日起12个月内，又向我国国家知识产权局专利局提出专利申请的，可以享有优先权。在我国优先权制度中不包括外观设计专利。

（七）专利的申请与审批流程

1. 专利申请文件的填写和撰写

专利申请文件的填写和撰写有特定的要求，申请人可以自行填写或撰写，也可以委托专利代理机构代为办理。尽管委托专利代理是非强制性的，但是考虑到精心撰写专利申请文件的重要性，以及审批程序的法律严谨性，对经验不多的申请人来说，委托专利代理是值得提倡的。

2. 专利申请的受理

专利局受理处或各专利局代办处收到专利申请后,对符合受理条件的申请,将确定申请日,给予申请号,发出受理通知书。

3. 申请费的缴纳方式

申请费以及其他费用都可以直接向专利局收费处或专利局代办处面交,或通过银行或邮局汇付。目前,银行采用电子划拨,邮局采用电子汇兑方式。缴费人通过邮局或银行缴付专利费用时,应当在汇单上写明正确的申请号或者专利号,缴纳费用的名称使用简称。汇款人应当要求银行或邮局工作人员在汇款附言栏中录入上述缴费信息,通过邮局汇款的,还应当要求邮局工作人员录入完整通信地址,包括邮政编码,这些信息在以后的程序中是有重要作用的。

4. 申请费缴纳的时间

面交专利申请文件的,可以在取得受理通知书及缴纳申请费通知书以后缴纳申请费。通过邮寄方式提交申请的,应当在收到受理通知书及缴纳申请费通知书以后再缴纳申请费,缴纳申请费需要写明相应的申请号,但是缴纳申请费的日期最迟不得超过自申请日起两个月。

5. 专利审批程序

依据专利法,发明专利申请的审批程序包括受理、初审、公布、实审以及授权五个阶段。实用新型或者外观设计专利申请在审批中不进行公布和实质审查,只有受理、初审和授权三个阶段。

1) 受理阶段

专利局收到专利申请后进行审查,如果符合受理条件,专利局将确定申请日,给予申请号,并且核实过文件清单后,发出受理通知书,通知申请人。如果申请文件未打印、印刷或字迹不清、有涂改的;或者附图及图片未用绘图工具和黑色墨水绘制、照片模糊不清有涂改的;或者申请文件不齐备的;或者请求书中缺申请人姓名或名称及地址不详的;或专利申请类别不明确或无法确定的,以及外国单位和个人未经涉外专利代理机构直接寄来的专利申请不予受理。

2) 初步审查阶段

经受理后的专利申请按照规定缴纳申请费的,自动进入初审阶段。初审前发明专利申请首要要进行保密审查,需要保密的,按保密程序处理。

在初审是要对申请是否存在明显缺陷进行审查,主要包括审查内容是否属于《专利法》中不授予专利权的范围,是否明显缺乏技术内容不能构成技术方案,是否缺乏单一性,申请文件是否齐备及格式是否符合要求。若是外国申请人还要进行资格审查及申请手续审查。不合格的,专利局将通知申请人在规定的期限内补正或陈述意见,逾期不答复的,申请将被视为撤回。经答复仍未消除缺陷的,予以驳回。发明专利申请初审合格的,将发给初审合格通知书。对实用新型和外观设计专利申请,除进行上述审查外,还要审查是否明显与已有专利相同,不是一个新的技术方案或者新的设计,经初审未发现驳回理由的。将直接进入授权秩序。

3) 公布阶段

发明专利申请从发出初审合格通知书起进入公布阶段,如果申请人没有提出提前公开的请求,要等到申请日起满18个月才进入公开准备程序。如果申请人请求提前公开的,则申请立即进入公开准备程序。经过格式复核、编辑校对、计算机处理、排版印刷,大约3个月后在专利公报上公布其说明书摘要并出版说明书单行本。申请公布以后,申请人就获得了临时保护的权利。

4) 实质审查阶段

发明专利申请公布以后,如果申请人已经提出实质审查请求并已生效的,申请人进入实审程序。如果申请人从申请日起满三年还未提出实审请求,或者实审请求未生效的,申请即被视为撤回。

在实审期间将对专利申请是否具有新颖性、创造性、实用性以及专利法规定的其他实质性条件进行全面审查。经审查认为不符合授权条件的或者存在各种缺陷的,将通知申请人在规定的时间内陈述意见或进行修改,逾期不答复的,申请被视为撤回,经多次答复申请仍不符合要求的,予以驳回。实审周期较长,若从申请日起两年内尚未授权,从第三年应当每年缴纳申请维持费,逾期不缴的,申请将被视为撤回。

实质审查中未发现驳回理由的,将按规定进入授权程序。

5) 授权阶段

实用新型和外观设计专利申请经初步审查以及发明专利申请经实质审查未发现驳回理由的,由审查员做出授权通知,申请进入授权登记准备,经对授权文本的法律效力和完整性进行复核,对专利申请的著录项目进行校对、修改后,专利局发出授权通知书和办理登记手续通知书,申请人接到通知书后应当在2个月之内按照通知的要求办理登记手续并缴纳规定的费用,按期办理登记手续的,专利局将授予专利权,颁发专利证书,在专利登记簿上记录,并在2个月后于专利公报上公告,未按规定办理登记手续的,视为放弃取得专利权的权利。

6. 对专利申请文件的主动修改和补正

对专利申请文件的主动修改和补正也是申请人可以视需要选择的一项手续。实用新型和外观设计专利申请,只允许在申请日起两个月内提出主动修改;发明专利申请只允许在提出实审请求时和收到专利局发出的发明专利申请进入实质审查阶段通知书之日起三个月内对专利申请文件进行主动修改。

7. 答复专利局的各种通知书

(1) 遵守答复期限,逾期答复和不答复后果是一样的。针对审查意见通知书指出的问题,分类逐条答复。答复可以表示同意审查员的意见,按照审查意见办理补正或者对申请进行修改;不同意审查员意见的,应陈述意见及理由。

(2) 属于格式或者手续方面的缺陷,一般可以通过补正消除缺陷;明显实质性缺陷一般难以通过补正或者修改消除,多数情况下只能就是否存在或属于明显实质性缺陷进行申辩和陈述意见。

(3) 对发明或者实用新型专利申请的补正或者修改均不得超出原说明书和权利要求书记载的范围,对外观设计专利申请的修改不得超出原图片或者照片表示的范围。修改文件应当按照规定格式提交替换页。

（4）答复应当按照规定的格式提交文件,如提交补正书或意见陈述书。一般补正形式问题或手续方面的问题使用补正书,修改申请的实质内容使用意见陈述书,申请人不同意审查员意见,进行申辩时使用意见陈述书。

8. **专利申请被视为撤回及其恢复**

逾期未办理规定手续的,申请将被视为撤回,专利局将发出视为撤回通知书。申请人如有正当理由,可以在收到视为撤回通知书之日起两个月内,向专利局请求恢复权利,并说明理由。请求恢复权利的,应当提交"恢复权利请求书",说明耽误期限的正当理由,缴纳恢复费,同时补办未完成的各种应当办理的手续。补办手续及补缴费用一般应当在上述两个月内完成。

9. **办理专利权登记手续**

实用新型和外观设计专利申请经初步审查,发明专利申请经实质审查,未发现驳回理由的,专利局将发出授权通知书和办理登记手续通知书。申请人接到授权通知书和办理登记手续通知书以后,应当按照通知的要求在两个月之内办理登记手续并缴纳规定的费用。在期限内办理了登记手续并缴纳了规定费用的,专利局将授予专利权,颁发专利证书,在专利登记簿上记录,并在专利公报上公告,专利权自公告之日起生效。未在规定的期限内按规定办理登记手续的,视为放弃取得专利权的权利。

10. **办理登记手续应缴纳的费用**

办理登记手续时,不必再提交任何文件,申请人只需按规定缴纳专利登记费(包括公告印刷费用)和授权当年的年费、印花税,发明专利申请授权时,间距申请日超过两年的,还应当缴纳申请维持费。授权当年按照办理登记手续通知书中指明的年度缴纳相应费用。

11. **专利权的维持**

专利申请被授予专利权后,专利权人应于每一年度期满前一个月预缴下一年度的年费。期满未缴纳或未缴足,专利局将发出缴费通知书,通知专利权人自应当缴纳年费期满之日起6个月内补缴,同时缴纳滞纳金。滞纳金的金额按照每超过规定的缴费时间一个月,加收当年全额年费的5%计算;期满未缴纳的或者缴纳数额不足的,专利权自应缴纳年费期满之日起终止。

12. **专利权的终止**

专利权的终止根据其终止的原因可分为2种。

（1）期限届满终止:发明专利权自申请日起算维持20年,实用新型或外观设计专利权自申请日起算维持满10年,依法终止;

（2）未缴费终止:专利局发出缴费通知书,通知申请人缴纳年费及滞纳金后,申请人仍未缴纳或缴足年费及滞纳金的,专利权自上一年度期满之日起终止。

13. **专利权的无效**

专利申请自授权之日起,任何单位或个人认为该专利权的授予不符合专利法有关规定的,可以请求宣告该专利权无效。请求宣告专利权无效或者部分无效的,应当按规定缴纳费用,提交无效宣告请求书一式两份,写明请求宣告无效的专利名称、专利号并写明依据的事实和理由,附上必要的证据。对专利的无效请求所做出的决定任何一方如有不服的,可以在收到通知之日起3个月内向人民法院起诉。专利局在决定发生法律效力以后予以登记和公告。宣告无效的专利权视为自始即不存在。

(八) 国际专利分类法

国际专利分类法(International Patent Classification，IPC)是国际上通用的专利文献分类系统。该分类法根据《国际专利分类法斯特拉斯堡协定》编制，1968年1月起开始在世界范围内推行，每5年修订一次，目前使用的版本是2015年1月出版的第8版。IPC将所有的专利按照部、大类、小类、主组和分组分为5级。专利文献共分为8个部、118个大类、620个小类，类目总数达6.4万个。

IPC采用等级形式，将技术内容按部(Section)、大类(Class)、小类(Subclass)、主组(Main Group)、分组(Subgroup)逐级分类，形成完整的分类体系。

(1) 部(Section)：IPC将全部科学技术领域分成8个部，分别用A～H中的一个大写英文字母表示。

A部：人类生活必需(Human Necessities)。
B部：作业、运输(Operations; Transporting)。
C部：化学、冶金(Chemistry and Metallurgy)。
D部：纺织、造纸(Textiles and Paper)。
E部：固定建筑物(Fixed Construction)。
F部：机械工程(Mechanical Engineering)。
G部：物理(Physics)。
H部：电学(Electricity)。

部的类号：每一个部的类号用一个大写英文字母标示，如A部，B部等。

部的类名：每一个部的类名都概括地指出该部所包含的技术范围，通常对类名的陈述主题不作精确的定义，一个部的类名往往是简要表明该部所包括主题范围的概括性特点。例如C部的类名是：化学；冶金。D部的类名是纺织；造纸。

分部：为了使使用者对部的内容有一个概括性地了解、帮助使用者了解技术主题的归类情况，部内设置了由情报性标题构成的分部。分部没有类号，所以在一个完整的分类号中，没有表示分部的符号。

例如：A部内设四个分部：
分部：农业
分部：食品；烟草
分部：个人或家用物品
分部：保健；娱乐

大类：每一个部按不同的技术主题范围分成若干个大类，每一大类的类名对它所从属的各个小类所包括的技术主题作一个全面的说明。

大类的类号：每一个大类的类号由部的类号及在其后加上两位数字组成。

例如：A01；A61；

大类的类名：每一个大类的类名表明该大类包括的主题内容

例如：A01 农业；林业；畜牧业；狩猎；诱捕；捕鱼

小类:每一个大类包括一个或多个小类。国际专利分类的设置原则是通过各小类的类名,并结合小类的有关参见或附注尽可能精确地定义该小类所包括的主题范围。

小类的类号:每一个小类类号由大类类号加上一个大写字母组成。

例如:A21B;

小类的类名:小类的类名尽可能确切地表明小类的技术主题内容。

例如:A21B 食品烤炉;焙烤用机械或设备

组:每一个小类细分成许多组(主组和小组的统称)

组的类号:每个组的类号由小类类号加上用斜线"/"分开的两个数组成。

主组的类号:由小类类号加上一个一位到三位的数、斜线"/"及数字"00"组成。

例如:A01B 3/00,B62K 19/00,C07C 211/00

主组的类名:主组的类名明确表示可检索发明有用的技术主题范围。

例如:B62K 19/00 自行车架

小组的类号:主组可以细分成若干个小组。每一个小组的类号由小类类号加上一个一位至三位数,后面跟着斜线"/"符号,再加上一个除"00"以外的至少有两位的数组成。

例如:A23L 1/32 ·蛋制品

A23L 1/322 ··蛋卷

任何一个在斜线"/"符号后面的第三位或后继位数字应理解成领先于它的数字的十进位细分数字,例如:A23L 1/322 应在 A23L 1/32 后面、A23L 1/33 前面查找;A23L 3/3589 应在 A23L 3/358 后面、A23L 3/3598 前面查找。

小组的类名:小组的类名明确表示可检索属于该大组范围之内的一个技术主题范围,小组的类名前加一个或几个圆点表示该小组的等级位置,即表示每一个小组是它上面,离它最近的,又是比它少一个圆点的那个小组的细分类。

在所有的情况下,在读出一个小组类名时,必须同时考虑它所从属的并受其限制的那个组的类名。

例如:A63B 53/00 高尔夫球棍

A63B 53/12 ·金属长柄

A63B 53/12 小组的类名应读成:金属长柄的高尔夫球棍

A63B 53/00 高尔夫球棍

A63B 53/04 ·球棍头

尽管 A63B 53/04 的类名是一个完整的语句,但它从属于 53/00 大组,由于它的等级位置所示,是 53/00 大组的细分,所以球棍头只限于高尔夫球棍的球棍头。

完整的分类号

一个完整的分类号由代表部、大类、小类、主组或小组的符号结合构成。

例如:A01B 1/00,A01B 1/24。

为了方便查找 IPC 分类号,每一版的国际专利分类表都配有一本单独出版的《IPC 关键词索引》(*Official Catchword Index to the International Patent Classification*)。通常,检索者在不熟悉所查技术领域的分类情况下,可以借助《IPC 关键词索引》并结合使用 IPC 分类表,确定分类范围和准确的分类号。索引按关键词字顺排列,每个关键词条目后标有 IPC

分类号。

二、专利文献的检索

（一）中国专利检索系统

1. 中华人民共和国国家知识产权局

1）基本概况

中华人民共和国国家知识产权局（简称国家知识产权局，http://www.sipo.gov.cn/）是我国的专利管理机构，1980年经国务院批准成立，主管专利工作和统筹协调涉外知识产权事宜，承担专利申请的受理、审查、复审、授权以及对无效宣告请求的审查业务。

中华人民共和国国家知识产权局网站（State Intellectual Property Office，SIPO），可以检索1985年以来公布的全部中国专利信息，包括发明、实用新型和外观设计三种专利的著录项目及摘要，并可浏览专利说明书全文及外观设计图形，如图5.2所示。可以实现103个国家、地区和组织专利数据，以及引文、同族、法律状态等数据信息的查询，涵盖了中国、美国、日本、韩国、英国、法国、德国、瑞士、俄罗斯、欧洲专利局和世界知识产权组织等的专利信息。数据每周三更新。

图5.2 中华人民共和国国家知识产权局网站

2）检索方法

（1）检索入口。进入中华人民共和国国家知识产权局网站，在主页上方中间位置有"专利检索"栏目。单击"专利检索"栏目，点击专利检索及分析入口：http://www.pss-system.gov.cn/，进入该系统的检索界面。也可通过山东科技大学图书馆网站—文献—网络开放资源—中国专利检索系统点击进入。该检索系统提供常规检索、高级检索和导航检索等检索方式。点击"高级检索"进入专利检索及分析检索界面（见图5.3）。

图 5.3 专利检索及分析高级检索界面

该检索系统提供 14 个检索字段,分别是申请号、申请日、公开(公告)号、公开(公告)日、发明名称、IPC 分类号、申请(专利权)人、发明人、优先权号、优先权日、摘要、权利要求、说明书、关键词。检索时可选择一个或多个检索字段,在对话框中输入相应的检索词,有些检索字段还允许进行复杂的逻辑运算。各检索字段之间全部为逻辑"与"运算。界面左侧可实现检索范围的筛选。

(2) 检索过程。在检索界面输入框的左侧有范围筛选。检索时首先根据需要选择检索范围,缺省时将在所有专利范围内进行检索。然后在检索界面中选择检索字段的对话框中输入检索条件,所有检索条件输入完备,点击输入框下面的"检索"按钮,系统将执行检索并进入检索结果显示页。

(3) 检索结果输出。在检索结果显示页,根据检索条件,列出该检索式在相应数据库中命中的记录数。检索结果可实现搜索式、列表式、多图式、申请日、过滤等方式显示或排序。检索结果按发明、实用新型、外观设计专利的顺序显示专利申请号及专利名称信息。点击相应的专利类型可直接进入命中的相应类型专利的显示页面。每页最多显示 11 条记录。在显示页的下方,可以查看目前所在页码及总页数,还可以快速跳转到指定页码或直接回到检索结果的首页、下一页、尾页。点击任一条记录的专利名称项,将进入专利题录,点击下方的"详览"可查看专利题录和摘要信息。

(4) 专利说明书全文显示。专利说明书全文只有在注册(见图 5.4)登录后,方可实现全文浏览和下载,点击"详览"按钮,查看和下载专利的著录项目、全文文本和全文图像(见图 5.5)。

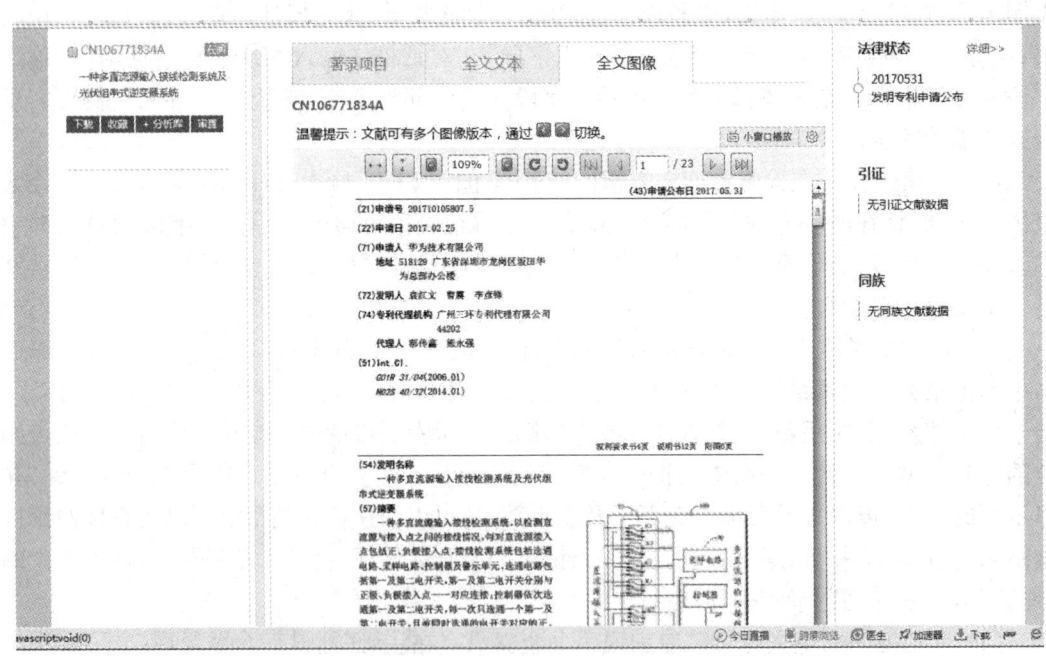

图 5.4 专利检索及分析用户注册界面

图 5.5 中国专利说明书全文

常规检索提供自动识别、检索要素、申请号、公开(公告)号、申请(专利权)人、发明人和发明名称 7 个检索字段(见图 5.6)。检索时首先根据需要点击下拉菜单旁的球形标志,选择数据范围,输入检索词检索时系统支持逻辑运算符"and"、"or"、"not",多个检索词之间用空格间隔,系统默认逻辑运算符"and"。

图5.6 专利检索及分析常规检索界面

系统除提供以上检索功能外,在"专利检索及分析"检索界面设有"分类导航检索"、"法律状态检索"等链接,选择不同链接将进入不同的子系统。

分类导航检索。该检索子系统提供了 IPC 国际专利分类的详细说明,并提供了在限定 IPC 分类基础上的关键词检索。在检索界面列出了 IPC 分类 8 个部的代码及说明,点击部代码的"查询"按钮将列出对应分类下的所有发明和实用新型专利的数量、专利申请号和专利名称。在关键词对话框中输入关键词,将得到分类号与关键词的组配检索结果。所检索的关键词出现于名称或摘要中。在 IPC 分类检索页面中,点击部代码的文字说明,则会列出该部下的各大类、小类、大组和小组的详细说明。用户可根据需要在限定分类号的基础上,输入关键词检索相应的专利。

法律状态检索。点击"专利检索及分析"界面中"热门工具"下的"法律状态查询"即进入专利法律状态检索界面(需注册登录),可检索1985年至今公告的中国专利法律状态信息。

2. 中国专利数据库(知网版)

1) 基本概况

中国专利数据库(知网版)收录1985年中国专利法实施以来公开的发明、实用新型、外观设计专利的题录、文摘信息和全文信息。数据来源于国家知识产权局知识产权出版。包括发明专利、实用新型专利、外观设计专利三个子库,准确地反映了中国最新的专利发明。与通常的专利数据库相比,中国专利数据库(知网版)每条专利的知网节集成了与该专利相关的最新文献、科技成果、标准等信息,可以完整地展现该专利产生的背景、最新发展动态、相关领域的发展趋势,可以浏览发明人与发明机构更多的论述以及在各种出版物上发表的文献。数据每两周更新一次。

2) 检索方法

(1) 检索入口。通过山东科技大学图书馆网站—文献—中文库—中国学术文献总库

(CNKI)—现用平台入口—点击进入选择"中国专利全文数据库",进入专利全文数据库(知网版)检索页面。

(2)检索方式。该数据库提供"初级检索"、"高级检索"(见图5.7)、"专业检索"3个检索页面。在初级检索界面左侧的检索字段选择下拉式菜单提供16个检索字段,分别是专利名称、关键词、摘要、全文、申请号、公开号、分类号、主公类号、申请人、发明人、地址、专利代理机构、代理人、优先权、国省代码、国省名称。在检索对话框中输入相应的检索词即可获得相应专利的文摘信息。高级检索界面提供5个检索对话框,每个对话框同样提供16个检索字段。各对话框之间可进行"与"、"或"、"非"的布尔逻辑运算。用户也可以按分类逐级获得所需专利。

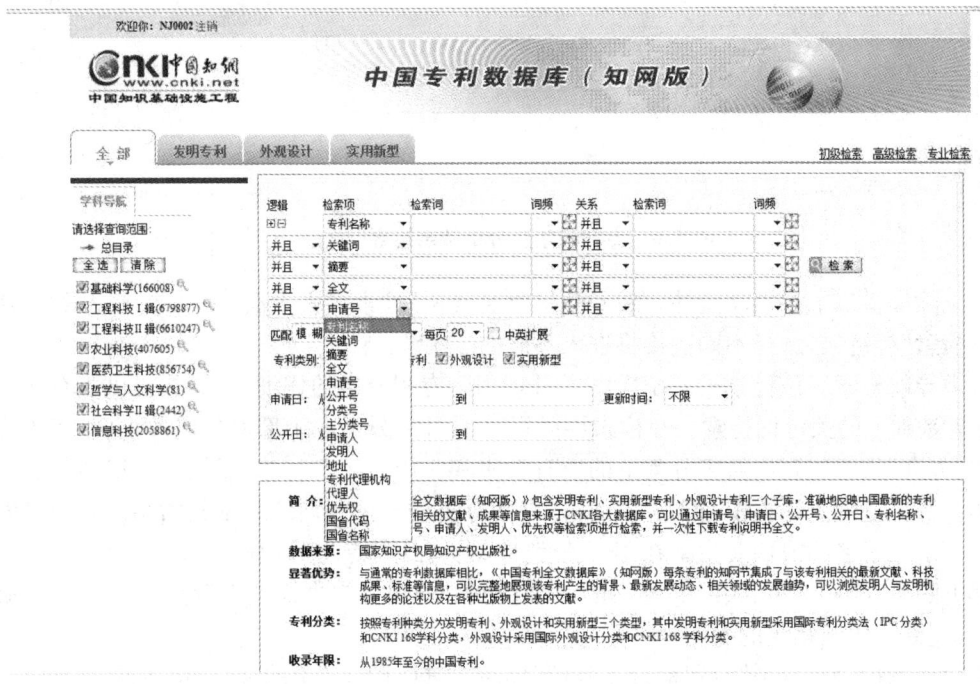

图5.7 中国专利数据库(知网版)高级检索界面

(3)检索结果输出。根据检索条件,在检索结果显示页,列出该检索式在相应数据库中命中的记录数。每页显示20条记录。在显示页的下方,可以查看目前所在页码及总页数,还可以快速跳转到指定页码或直接回到检索结果的上一页、下一页。点击任一条记录的专利名称项,将进入专利题录,查看专利题录和摘要信息(见图5.8)。可查询专利法律状态,下载专利说明书全文,但下载专利说明书全文需要付费。

(二)国外专利检索系统

1. 欧洲专利检索系统

1)基本概况

欧洲专利数据库(http://worldwide.espacenet.com)是由欧洲专利局(EPO)、欧洲专利组织成员国及欧洲委员会共同研究开发的专利信息网上免费检索系统。该网站提供了自

1920年以来世界上80多个国家公开的专利题录数据库及20多个国家的专利说明书。该网站是检索世界范围内专利信息的重要平台。该系统中各数据库收录专利国家的范围不同,各国收录专利数据的范围、类型也不同。

图5.8 中国专利数据库(知网版)专利题录显示界面

数据库范围 EPO各成员国数据库,收录欧洲各成员国最近24个月公开的专利。欧洲专利(EP)数据库,收录欧洲专利局最近24个月公开的专利。世界知识产权组织(WO)数据库,收录世界知识产权组织最近24个月公开的专利。以上数据库使用原公开语言检索近两年公开的专利,提供有专利全文扫描图像。在此之前的专利文献可通过世界范围专利数据库检索。世界范围专利数据库收录80个国家7 000多万件专利。在世界范围专利数据库所收录专利的国家中,收录题录、摘要、全文扫描图像、IPC及欧洲专利分类(Ecla)信息的只有英、德、法、美少数几个国家,大部分国家只收录题录数据而未提供全文扫描图像。

2) 检索方法

通过山东科技大学图书馆网站—文献—网络开放资源—European Patent欧洲各国专利库—选择中文界面或英文界面点击进入,也可通过网址(http://worldwide.espacenet.com)直接进入。

目前最新的检索界面提供了三种检索方式:智能检索(Smart search)、高级检索(Advanced search)和分类检索(Classification search)。

(1) Smart search。单击左侧"Smart search",进入智能检索界面(见图5.9)。通常用于初步的预览检索,在检索框里最多可输入20个检索词,并且要用空格和运算符分隔开。

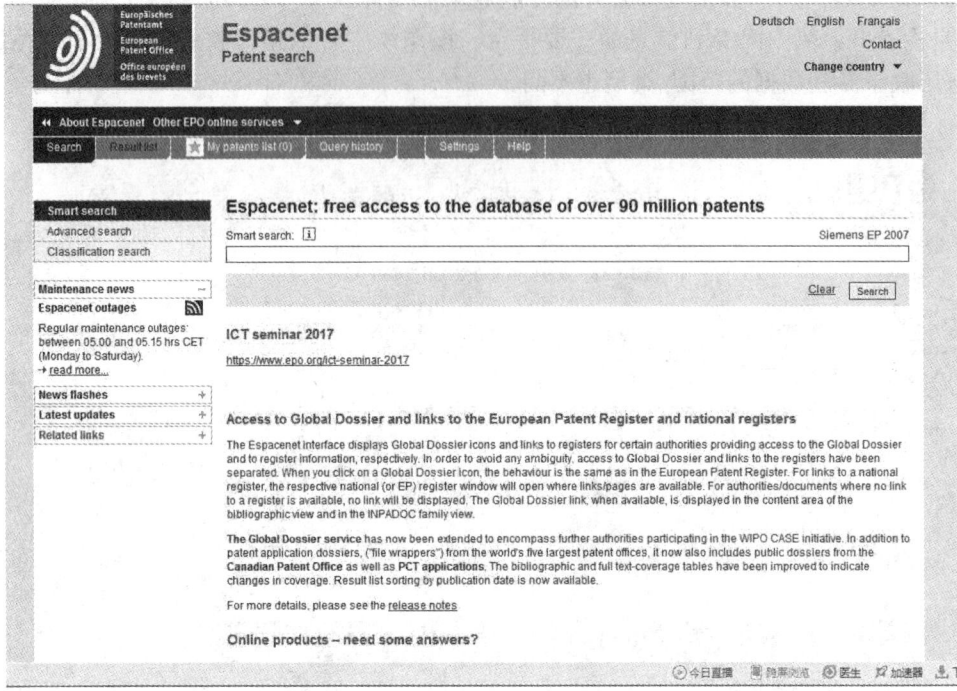

图 5.9 欧洲专利数据库智能检索界面

（2）Advanced search。高级检索界面（见图 5.10）。在界面上方，可选择在世界范围专利、欧洲专利局专利、世界知识产权组织专利三个数据库中检索。提供了专利名称

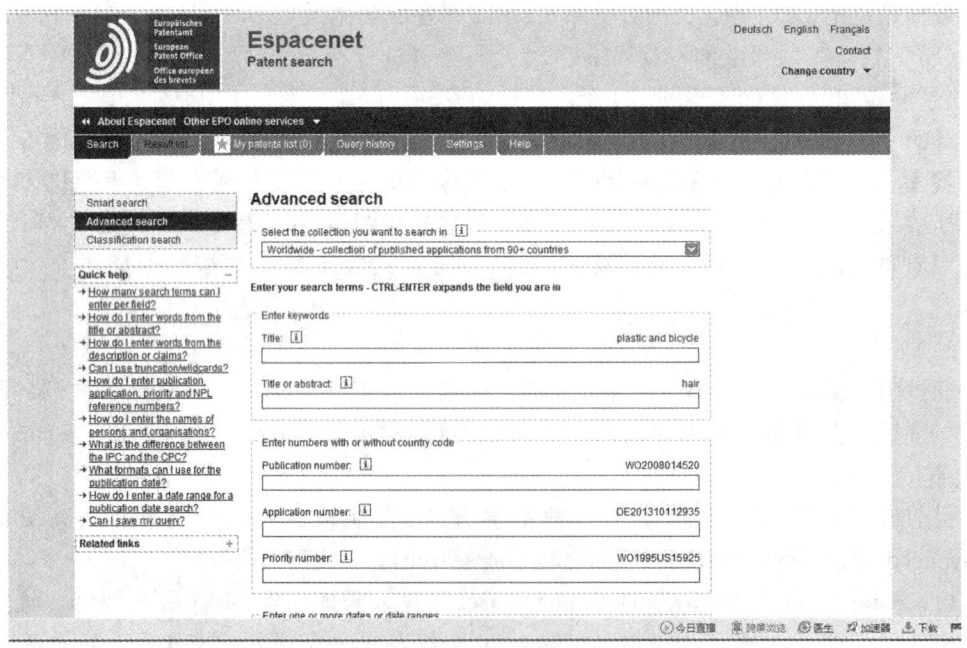

图 5.10 欧洲专利数据库高级检索界面

(Keywords)、摘要(Abstract)、公开号(Publication number)、申请号(Application number)、优先权号(Priority number)、公开日(Publication date)、申请人(Applicant)、发明人(Inventor)、欧洲专利分类(CPC)、国际专利分类(IPC)等10个检索字段,各检索字段之间为逻辑"与"的关系。用户可根据需求在相应的对话框中输入检索词,点击"Search"按钮得到检索结果。

(3) Classification search。分类检索界面提供了欧洲专利分类的浏览及通过关键词检索欧洲专利分类信息的功能(见图5.11)。其使用方法与中国专利数据库(知网版)的分类检索相似。

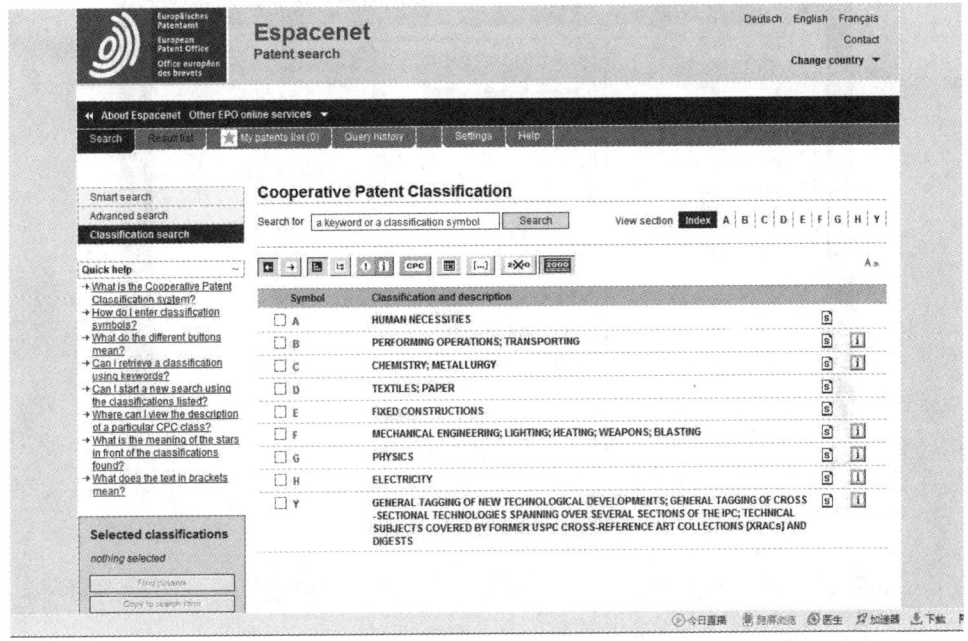

图 5.11　欧洲专利数据库分类检索界面

3) 检索结果显示

单击命中记录的专利名称,进入检索结果题录显示页面。在页面左侧可以获得该专利的HTML格式说明书、权利要求书等。

2. 美国专利检索系统

1) 基本概况

美国专利数据库(http://www.uspto.gov)是美国专利商标局建立的政府性官方网站,收录美国自1790年实施专利法以来至最近一周的所有美国专利。其中,1976年1月至目前的专利提供全文检索功能,可获得HTML格式的专利说明书及权利要求书,并提供专利全文扫描图像链接。1790年至1975年12月的专利只能通过专利号和美国专利分类号检索,并通过链接查看专利全文扫描图像。

2) 检索方法

通过山东科技大学图书馆官方网站—文献—网络开放资源—United States Patent 美

国专利点击进入,也可通过网址(http://www.uspto.gov)直接进入。检索方式分为快速检索(Quick Search)、高级检索(Advanced Search)和专利号检索(Number Search)。

检索主页分为左、中、右三部分。左侧检测自1790年以来授权的美国专利信息,右侧检索2001年以来公开的美国专利申请。中间一栏可以查询美国专利分类号、美国专利法律状态、美国专利权转移以及专利代理机构。左右两侧均提供快速检索、高级检索和专利号检索三种方式(见图5.12)。

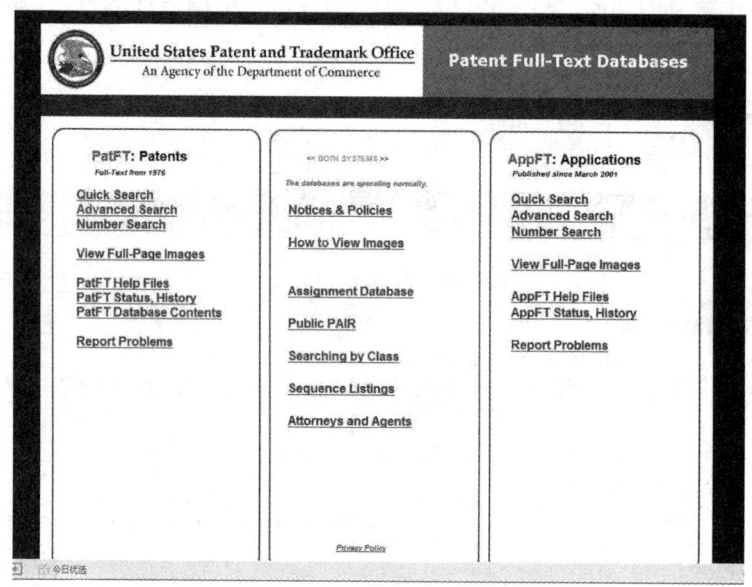

图5.12 美国专利数据库检索界面

(1) Quick Search。点击"Quick Search"按钮,进入快速检索界面(见图5.13)

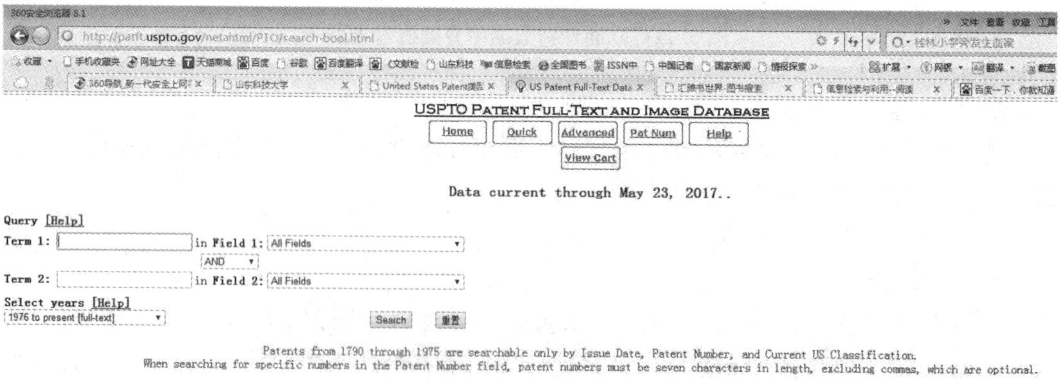

图5.13 美国专利数据库快速检索界面

美国专利数据库快速检索界面,提供两个对话框,在对话框"Term1"和"Term2"中输入检索词,两者之间的逻辑关系有"and"、"or"、"andnot",由下拉式菜单控制。检索字段选择下拉式菜单,提供包括全文、专利名称、文摘、专利号、申请号、权利要求、说明书、美国专利分类法、国际专利分类法、发明人、代理人、审查人、申请日、出版日、国外优先权等多达 30 个检索字段。年代选择下拉式菜单,选择检索时间范围。点击"Search"即可获得检索结果,一次可显示 50 条记录。点击记录中有下划线部分,即可获得专利全文。检索结果可打印或下载。

（2）Advanced Search。点击"Advanced Search",进入高级检索界面(见图 5.14)。

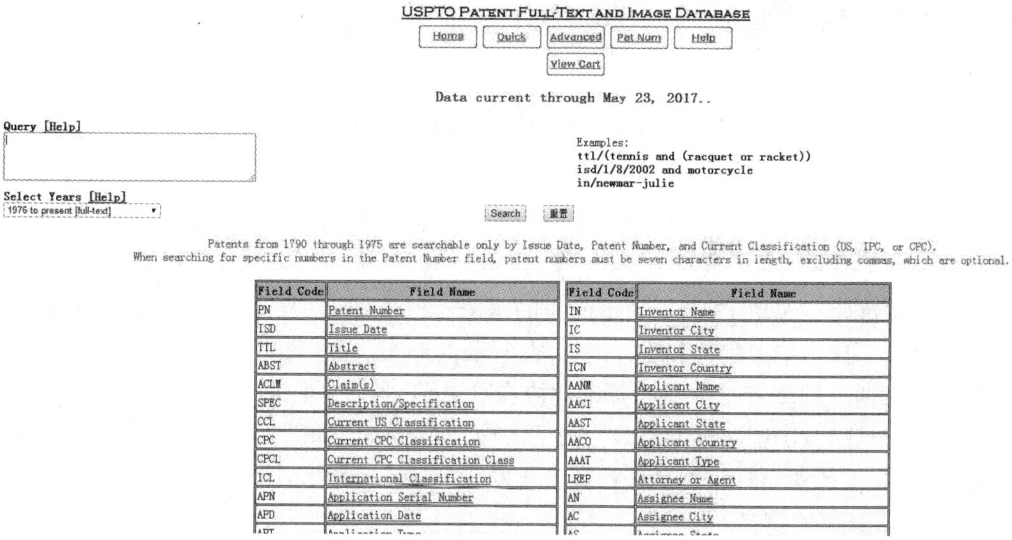

图 5.14　美国专利数据库高级检索界面

检索界面提供一个对话框,在对话框中一次输入检索式,点击"Search"即可完成检索。检索式支持布尔逻辑组配和短语表达,逻辑组配用"and"、"or"、"andnot"表示。短语用"""表示,检索式中用符号"/"限定检索词所在字段。限定字段代码有 44 种,在检索界面中有详细的列表可供参考。

（3）Number Search。点击"Number Search",进入专利号检索界面(见图 5.15)。检索界面提供一个对话框,在对话框中输入专利号,点击"Search"即可完成检索。因美国专利分为发明、外观设计、植物、重颁、防卫等类型,对话框下面相应给出各种专利的专利号表达方式。

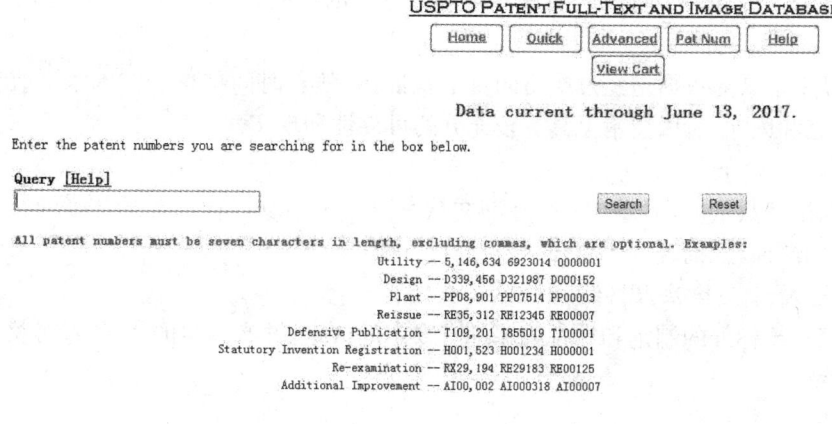

图 5.15　美国专利数据库专利号检索界面

3) 检索结果显示

检索结果一次可显示 50 条记录。点击记录下有下划线部分,显示该项专利 HTML 格式的说明书全文。点击 HTML 格式说明书全文页面上部的"Image"按钮,即可得到该项专利的图像格式说明书全文。该格式文件与纸质载体说明书完全一致。下载图像格式的美国专利说明书全文需在本地机上安装 TIFF 软件。

第三节　标准文献及检索

一、标准文献基础知识

我国的标准化工作从 1956 年制定统一的国家标准开始,1978 年 5 月国家标准总局成立和 1979 年 7 月《中华人民共和国标准管理条例》的颁布,标志着我国标准化工作进入了一个新的发展时期。1978 年 9 月中国标准化协会(CAS),加入了国际标准化组织(ISO)。截至 2017 年 5 月底,我国国家标准总数为 62 722 项,地方标准 30 285 项。标准体系进一步完善,较好地满足了产业、科技、贸易和社会事业发展需要。

(一) 标准文献的定义

标准文献是指按规定程序制定,经过公认的权威机构批准,以文件形式表达,在特定范围(领域)内必须执行的规格、规则、技术要求等。标准文献包括技术标准、技术规格和技术规则等规范性文献。

(二) 标准文献的特点

1. 时间性强、修订频繁

标准随经济技术水平的发展不断地进行修订、补充、替代或废止,因此国际标准化组织规定每隔几年重新审定一次所有标准,以保证标准的先进性。

2. 兼有指令性,具有法律约束力

标准文献是从事生产、设计、管理、产品检验、商品流通、科学研究的共同依据,具有指令性和指导性作用,在一定条件下具有某种法律效力,有一定的约束力,所以要求人们自觉遵守。

3. 具有可靠性、现实性

标准文献中记录的数据是经过严格的科学验证,并随着时间推移和技术水平改变而不断地修订、补充和废除,所以技术上具有较充分的可靠性和现实性。

4. 数量多,篇幅小

标准文献虽然数量多,但通常一个标准文献解决一个问题,所以,标准文献的文字部分比较简练,结构严谨,篇幅较少。

5. 编排格式、叙述方法严格统一

每个国家对于标准的制定和审批程序都有专门的规定,并有固定的代号,标准格式整齐统一,文字简练。

6. 自成体系,独立完成

不同种类和级别的标准在不同范围内各自贯彻执行。

(三)标准文献的类型

标准文献按不同的标准划分,有不同的类型。

(1)按标准文献使用范围分为国际标准、区域标准、国家标准、行业(部)标准、企业标准、地方标准六大类。

① 国际标准是国家间通用的标准。例如,国际标准化组织标准(ISO)、国际电工委员会标准(IEC)等。

② 区域标准是世界某一地区的若干国家标准化机构协商一致颁布的标准。例如,全欧标准(EN)、欧洲计算机制造商协会标准(ECMA)等。

③ 国家标准是对一个国家的经济技术和社会发展有重大意义的,必须在全国范围内统一和实施的标准。例如,我国国家标准(GB)、美国国家标准(ANSI)。

④ 行业标准(部标准)是由行业标准化主管部门或行业标准化组织批准、发布,是某行业范围内统一的标准。例如,我国轻工业部颁布的标准(QB)、机械行业标准(JB)。

⑤ 企业标准是由企业批准发布的标准。例如,美国波音飞机公司标准(BAC)。

(2)按标准文献的内容分为基础标准、产品标准、方法标准、安全标准、卫生标准、环境标准、管理标准、服务标准八大类。

① 基础标准是在一定范围内作为其他标准的基础并普遍使用,具有广泛指导意义的标准,包括名词术语、符号、代号、机械制图、公差与配合等。

② 产品标准是对产品结构、规格、质量和检验方法所做的技术规定,包括产品客观指标、产品质量指标、产品检测指标、产品储运指标等。

③ 方法标准是对通用性的方法,如试验方法、检验方法、分析方法、测定方法、抽样方法、工艺方法、生产方法、操作方法等制定的标准。

④ 安全标准是为保护人体健康、生命和财产的安全而制定的标准,是强制性标准,即必须执行的标准。

⑤ 卫生标准是以保障各类人群健康为直接目的而正式批准颁布的针对与人的生存、生活、劳动和学习有关的各种自然和人为环境因素及条件所做的一系列量值规定,并为保证实现这些规定所必需的技术行为规定。

⑥ 环境标准是以保护环境为目的制定的标准,包括环境质量标准、污染物排放标准、环境监测方法标准、环境样品标准、环境基础标准等。

⑦ 管理标准是对标准化领域中需要协调统一的管理事项所制定的标准。管理标准按其对象可分为技术管理标准、生产组织标准、经济管理标准、行政管理标准、业务管理标准和工作标准等。

⑧ 服务标准是指规定服务应满足的需求以确保其适用性的标准。服务指为满足顾客的需要,供方和顾客之间接触的活动以及供方内部活动所产生的结果。

(3)按标准文献的成熟程度分为强制性标准、推荐性标准和试行标准。

① 强制性标准是在一定范围内通过法律、行政法规等强制性手段加以实施的标准,具有法律属性。强制性标准一经颁布,必须贯彻执行。对造成恶劣后果和重大损失的单位和个人,要给予经济制裁或承担法律责任。强制性标准主要是对有些涉及安全、卫生方面的商品规定了限制性的检验标准,以保障人体健康和人身、财产的安全。

② 推荐性标准又称为非强制性标准或自愿性标准,是指生产、交换、使用等方面,通过经济手段或市场调节而自愿采用的一类标准。

③ 试行标准指内容还不够成熟,有待在使用实践中进一步完善修订的标准。

(四) 标准文献的作用

(1) 通过标准文献可了解各国经济政策、技术政策、生产水平、资源状况和标准水平;

(2) 在科研、工程设计、工业生产、企业管理、技术转让、商品流通中,采用标准化的概念、术语、符号、公式、量值、频率等有助于克服技术交流的障碍;

(3) 国内外先进的标准可供推广研究、改进新产品、提高工艺和技术水平借鉴;

(4) 它是鉴定工程质量、检验产品、控制指标和统一试验方法的技术依据;

(5) 可以简化设计、缩短时间、节省人力、减少不必要的试验、计算,能够保证质量、减少成本;

(6) 进口设备可按标准文献进行装备、维修配置某些零件;

(7) 有利于企业或生产机构经营管理活动的统一化、制度化、科学化和文明化。

(五) 中国标准的编号

按照1989年4月正式实施的《中华人民共和国标准化法》规定,我国的标准分为4级,即国家标准、行业标准、地方标准、企业标准。国家标准是4级标准中的主体,其他各级标准不得与国家标准相抵触。依据规定,我国国家标准一律用两个大写汉语拼音字母表示。编号方式为"标准代号/顺序号—批准年代"。

1. 国家标准

中国国家标准代号为GB,含义为国标。国家标准分强制性标准和推荐性标准。推荐性标准编号在顺序号前加大写字母T。

例如:GB 12981—2012《机动车辆制动液》,是2012年颁布的强制性国家标准。

GB/T 18451.1—2012《风力发电机组设计要求》,是2012年颁布的推荐性国家标准。

随着技术的不断进步,标准的技术指标也需不断修改提高。对某一标准修改后的新标准,其编号不变,批准年代使用修改后重新颁布的新年代。

例如:GB/T 18451.2—2012和GB/T 18451.2—2003为同一标准,标准名为《风力发电机组功率特性测试》,前者是后者于2012年的重新修订,后者被替代。

2. 行业标准

行业标准是指对没有国家标准而又需要在全国某个行业统一技术要求所制定的标准。行业标准是对国家标准的补充,专业性、技术性较强。国家标准颁布实施后,相应的行业标准即行废止。行业标准的编号形式为:行业标准代号/顺序号—批准年代。与国家标准相似,行业标准也有强制性标准和推荐性标准两种,推荐性标准在顺序号前加大写字母T。

行业标准代号由汉语拼音大写字母组成,不同行业有不同的代码。部分中国行业标准代号及批准发布部门如表5.1所示。

表5.1 中华人民共和国行业标准代号

标准代号	行业名称	标准代号	行业名称	标准代号	行业名称
CB	船舶行业	JG	建筑工业行业	SJ	电子行业
CH	测绘行业	JR	金融系统行业	SL	水利行业

续　表

标准代号	行业名称	标准代号	行业名称	标准代号	行业名称
CJ	城镇建设行业	JT	公路水路运输行业	SY	石油天然气行业
CY	新闻出版行业	JY	教育行业	SN	进出口检验行业
DA	档案工作行业	LD	劳动和劳动安全行业	TB	铁路运输行业
DL	电力行业	LY	林业行业	TD	土地管理行业
DZ	地质矿产行业	MH	民用航空行业	WB	物资管理行业
EJ	核工业行业	MT	煤炭行业	WH	文化行业
FZ	纺织行业	MZ	民政工作行业	WJ	兵工民品行业
GA	公共安全行业			WS*	卫生行业
GY	广播电影电视行业	NY	农业行业	XB	稀土行业
HB	航空工业行业	QB	轻工行业	YC	烟草行业
HG	化工行业	QC	汽车行业	YB	黑色冶金行业
HJ	环境保护行业	QJ	航天工业行业	YD	通信行业
HY	海洋工作行业	SB	商业行业	YS	有色金属行业
JB	机械行业	SC	水产行业	YY	医药行业
JC	建材行业	SH	石油化工行业	ZY	中医药行业

例如:CY/T 39—2006《图书流通信息交换规则》,为新闻出版行业 2006 年颁布的新闻出版行业推荐标准。

3. 地方标准

地方标准是指没有国家和行业标准,而又需要在省、自治区、直辖市范围内制定的有关产品安全、卫生要求的相关标准。地方标准由省级地方政府标准主管机关制定。

地方标准的编号形式为:地方标准代号/顺序号—批准年代,地方标准代号由大写字母 DB 加省级行政区划代码前两位数组成,地方标准也有强制性和推荐性两种。

例如:DB37/ 676—2007《山东省半岛流域水污染物综合排放标准》,为山东省 2007 年颁布的地方标准。

4. 企业标准

企业标准是由企业批准发布的标准,由企业自己制定,仅限企业内部使用。

企业标准编号形式为:企业标准代号/顺序号—批准年代,企业标准代号由"Q/"加企业代号组成。

例如:Q/GDW 147—2006《高压直流输电用±800 kV 级换流变压器通用技术规范》,为国家电网公司 2006 年颁布的企业标准。

二、标准文献的检索

(一) 中国标准文献检索系统

1. 国家标准文献共享服务平台

国家标准文献共享服务平台(http://www.cssn.net.cn/)由国家质量监督检验检疫总

局牵头,中国标准化研究院承担,向社会开放服务,提供标准动态跟踪、标准文献检索、标准文献全文传递和在线咨询等功能。

登录平台主页,点击"资源检索",网站提供强制性国家标准的检索与阅读、标准检索、技术法规检索、期刊检索、专著检索、标准内容指标检索等6种数据库。该平台提供简单检索、高级检索、专业检索和分类检索四种检索方式。标准高级检索界面(见图5.16)提供标准号、中文标题、英文标题、中文关键词、英文关键词、被代替标准、采用关系、分类号、国际分类号等9个检索字段入口,各字段之间可进行"与"、"或"、"非"逻辑组配。检索结果为题录和文摘信息,下载全文需要订购。

图 5.16　国家标准文献共享服务平台高级检索界面

2. 中国标准在线服务网

中国标准在线服务网(http://www.spc.org.cn/)由中国质检出版社授权推广销售标准数字产品,提供标准服务(见图5.17)。网站资源涵盖国家标准、行业标准、地方标准、计量规程规范、国外国际标准等,提供标准文献阅读、下载和打印,以及标准查新、标准翻译、标准咨询等相关服务。网站采用会员制服务形式,非网员用户只能查到相关的题录信息。只有填写相关信息进行缴费注册后才能浏览到全文信息。该网站提供三种检索方式:模糊检索、分类检索和高级检索。

检索也可通过山东科技大学图书馆网站—文献—中文库—中国标准在线服务网—点击进入中国标准在线服务网旧版平台检索页面。

模糊检索需先选择按"标准号"检索还是按"关键词"检索,然后再输入检索条件。检索条件可以是单个词,也可以是多个词,多个词之间应以空格分隔,空格分隔的多个词之间是逻辑"与"的关系,即检索结果中必须同时满足包含有输入的以空格为分隔的词。检索条件不区分大小写；分类检索又分为按"国际标准分类"和按"中国标准分类"两种。用户可点击自己感兴趣的分类，点击后页面会显示当前类别下的明细分类，直到显示该分类下的所有标准列表；高级检索与前两种检索方式相比，标准高级检索提供了可输入多种条件、不同条件进行组合的检索方式，用户能够更准确地查找所需的标准。检索结果为题录和文摘信息，全文需要订购。

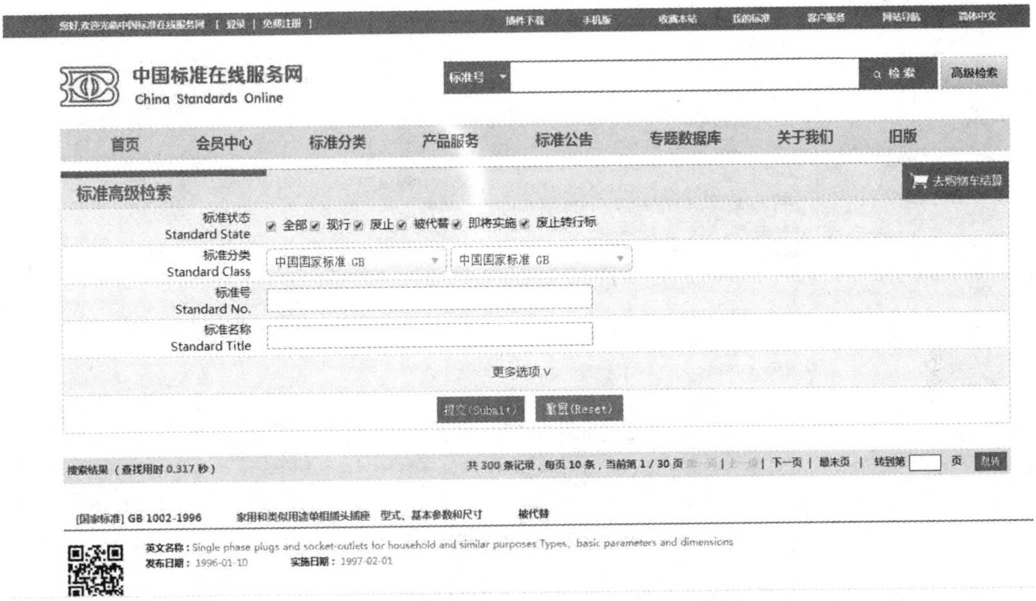

图 5.17　中国标准在线服务网高级检索界面

3. CNKI《中国标准数据库》

CNKI《中国标准数据库》(http://kns.cnki.net/kns/brief/result.aspx?dbprefix=CISD)CNKI《标准数据总库》是国内数据量最大、收录最完整的标准数据库，分为《中国标准题录数据库》(SCSD)、《国外标准题录数据库》(SOSD)、《国家标准全文数据库》和《中国行业标准全文数据库》。《中国标准题录数据库》(SCSD)收录了所有的中国国家标准(GB)、国家建设标准(GBJ)、中国行业标准的题录摘要数据，共计标准约13万条；《国外标准题录数据库》(SOSD)收录了世界范围内重要标准，如国际标准(ISO)、国际电工标准(IEC)、欧洲标准(EN)、德国标准(DIN)、英国标准(BS)、法国标准(NF)、日本工业标准(JIS)、美国标准(ANSI)、美国部分学协会标准(如 ASTM，IEEE，UL，ASME)等标准的题录摘要数据，共计标准约31万条。《国家标准全文数据库》收录了由中国标准出版社出版的，国家标准化管理委员会发布的所有国家标准，占国家标准总量的90%以上。《中国行业标准全文数据库》收录了现行、废止、被代替以及即将实施的行业标准，全部标准均获得权利人的合法授权。标准的内容来源于中国标准化研究院国家标准馆，相关的文献、专利、成果等信息来源于CNKI各大数据库。

通过山东科技大学图书馆官方网站—文献—中文库—中国学术文献总库(CNKI)—标准—标准—点击进入选择"中国标准数据库"，进入中国标准数据总库检索页面。数据库提供初级检索、高级检索(见图5.18)、专业检索3种检索界面,可以通过标准号、中文标题、英文标题、中文关键词、英文关键词、发布单位、摘要、被代替标准、采用关系等检索项进行检索。检索结果为题录和文摘信息,全文需要订购。

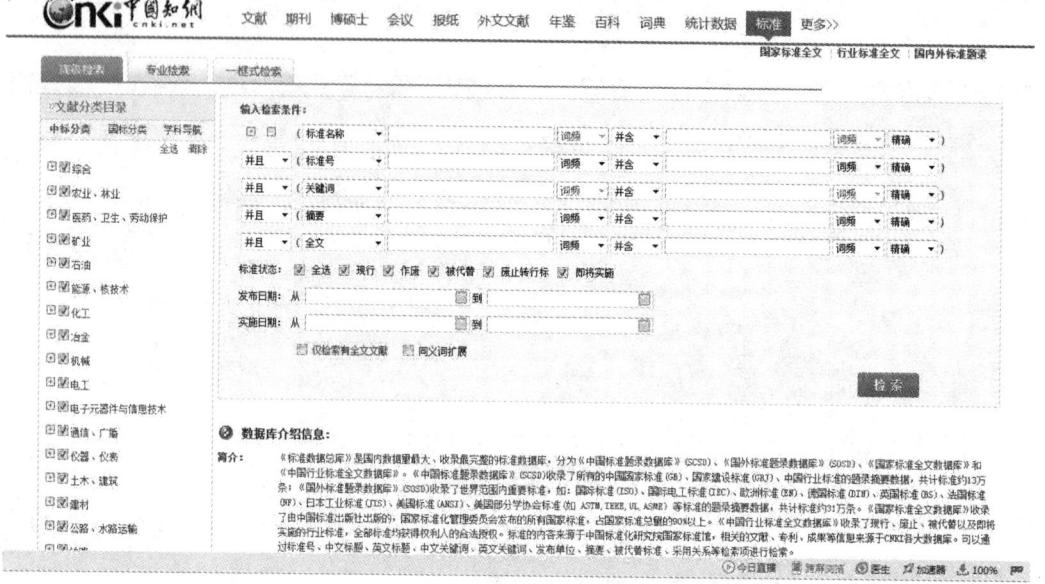

图5.18 高级检索界面

(二)国际标准文献检索系统

国际标准是指由国际性组织所制定的各种标准。其中主要是由国际标准化组织制定的ISO标准和由国际电工委员会制定的IEC标准。

1. 国际标准化组织标准

国际标准化组织(International Standardization Organization,ISO),成立于1946年10月14日,我国于1978年9月加入该组织。ISO的主要任务是制定国际标准,促进各国标准化工作的开展,协调涉及范围内的标准化工作。ISO每年制定500~700个标准。1971年前,ISO标准以推荐标准(IHI/R)形式公布,1972年之后直接以"ISO+顺序号+年代号"形式公布出版,标准每五年复审一次。

国际标准化组织网站(https://www.iso.org/home.html)是发布ISO信息、检索ISO标准的权威官方网站。点击页面右上方的:"Search",选择"Advanced search for standards",进入"高级检索"界面(见图5.19)。

ISO高级检索界面该数据库提供关键词或短语(可选择在题名、文摘或全文中)、ISO标准号、国家标准分号、文献类型、语种、补充类型、国家标准分类号(ICS)、标准状态代码、阶段截止日期、其他日期、委员会、分委员会等12个检索字段,各字段间默认为逻辑"与"运算关系。检索结果为题录和文摘信息,全文需要订购。

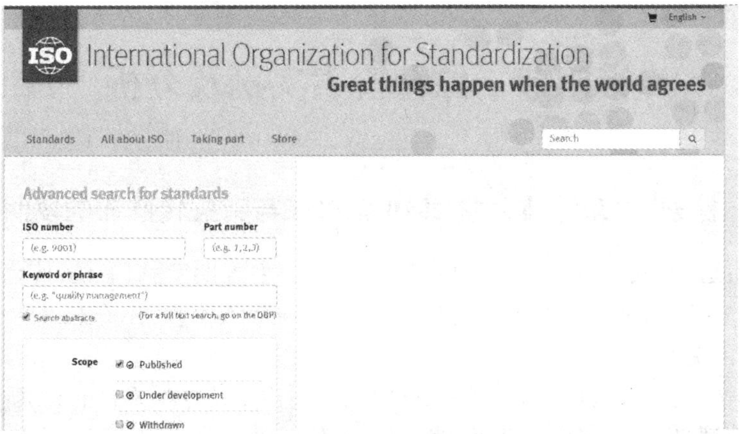

图 5.19 国际标准化组织网站高级检索界面

2. 国际电工委员会标准

国际电工委员会(International Electrotechnical Commission,IEC),成立于 1906 年,我国 1957 年加入该组织,是世界上成立最早的国际性电工标准化机构,负责有关电气工程和电子工程领域中的国际标准化工作。IEC 的宗旨是,促进电气、电子工程领域中标准化及有关问题的国际合作,增进各国间的相互了解。目前 IEC 的工作领域已由单纯研究电气设备、电机的名词术语和功率等问题扩展到电子、电力、微电子及其应用、通信、视听、机器人、信息技术、新型医疗器械和核仪表等电工技术的各个方面。

国际电工委员会网站(https://www.iec.ch/)是发布 IEC 信息、检索 IEC 标准的权威官方网站,在该网站主页上单击"International Standards"进入 IEC 国际标准的检索界面。IEC 提供了基本检索和高级检索两种检索方式,图 5.20 为 IEC 高级检索界面。检索获得 IEC 标准号、语种、题名、出版日期、委员会编号、文摘等信息,可以通过 IEC 的国家委员会和在各国销售代理获取标准全文,IEC 在中国的销售代理是中国标准信息中心。

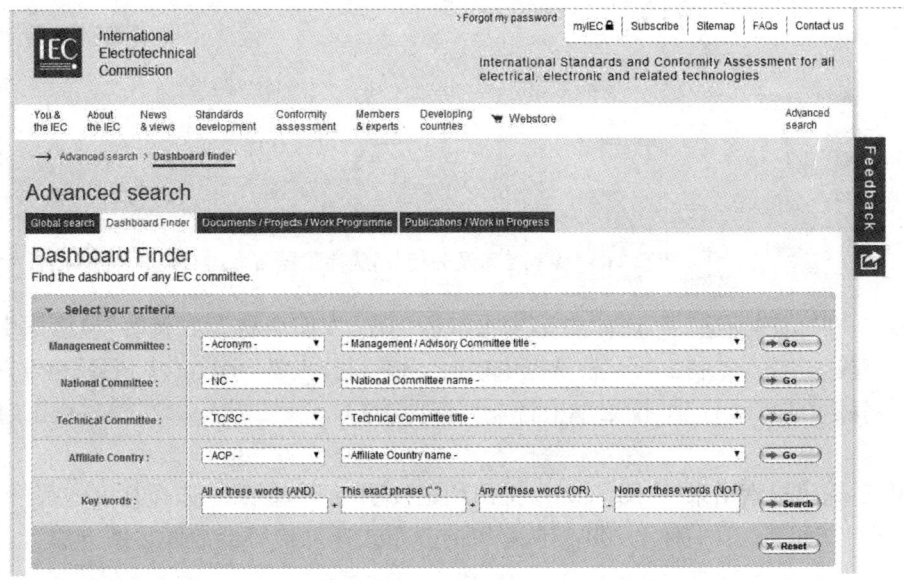

图 5.20 国际电工委员会网站高级检索界面

第四节 综合检索实例及分析

案例一　检索"山东科技大学 2010 年以来与有关传感器的发明专利"

课题分析：这一课题可从 5 个方面分析。专利类型：发明专利；主题：传感器；可选字段：专利名称或摘要；时间字段：2010 年至今；申请（专利权）人字段：山东科技大学。这 5 个方面为逻辑"与"的关系。

检索工具选择：中华人民共和国知识产权局专利检索及分析平台的高级检索。

检索式：申请日＞＝2010 AND 发明名称＝（传感器）AND 申请（专利权）人＝（山东科技大学）AND 摘要＝（传感器）AND 发明类型＝（"1"）AND 公开国＝（CN）

检索过程：

步骤一：登录山东科技大学图书馆网站，依次选择"文献"—"网络开放资源"—"中国专利检索系统"，点击进入检索页面，选择"高级检索"（见图 5.21）。

图 5.21 "专利检索及分析"高级检索界面

步骤二：在"范围筛选"下选择"中国发明申请"，在"发明名称"和"摘要"检索框中输入"传感器"字段，"申请（专利权）人"检索框中输入"山东科技大学"字段，"申请日"检索框中输入"2010"字段，在"申请日"下拉菜单中将"＝"修改为"＞＝"（见图 5.22），然后点击"检索"按钮。

步骤三：输出检索结果（见图 5.23），检出切题发明专利 35 条。选择其中一条"申请号为 CN201611165665.3，一种无人机编队系统的分布式速度传感器故障诊断方法"，单击其下方"详览"、"法律状态"、"申请人"等,可查看该条专利的各项信息。单击"详览",查看专利的题录和文摘信息。注册登录,此时可查看或下载该专利的全文文本或全文图像等信息(见图5.24)。

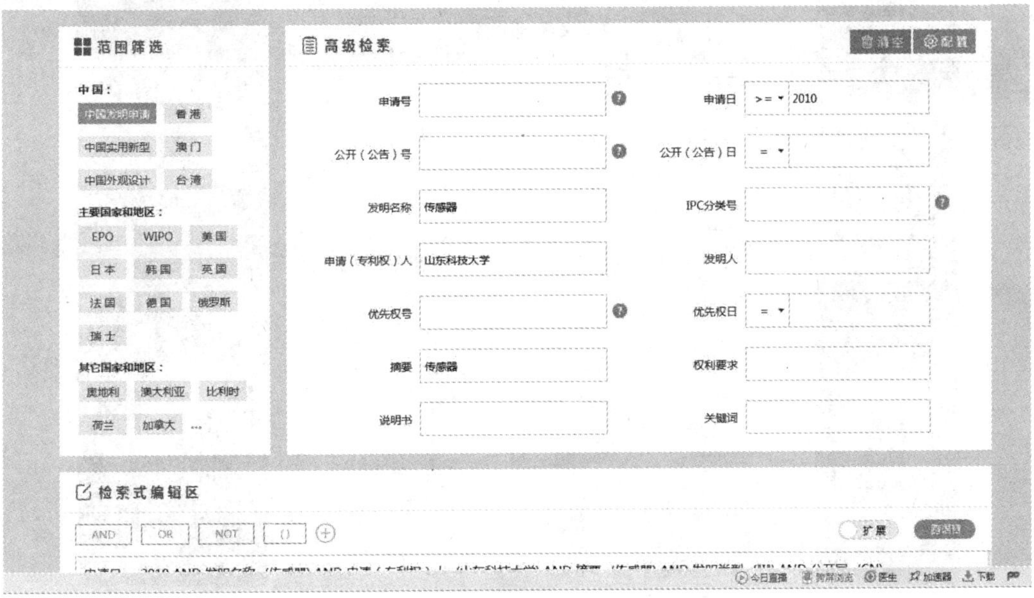

图5.22 专利检索及分析检索界面

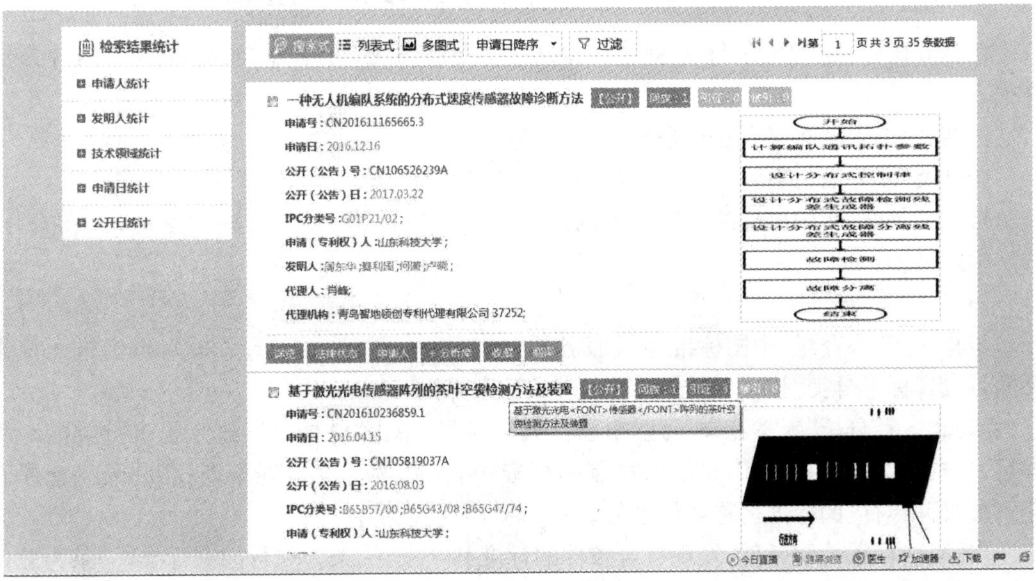

图5.23 专利检索结果

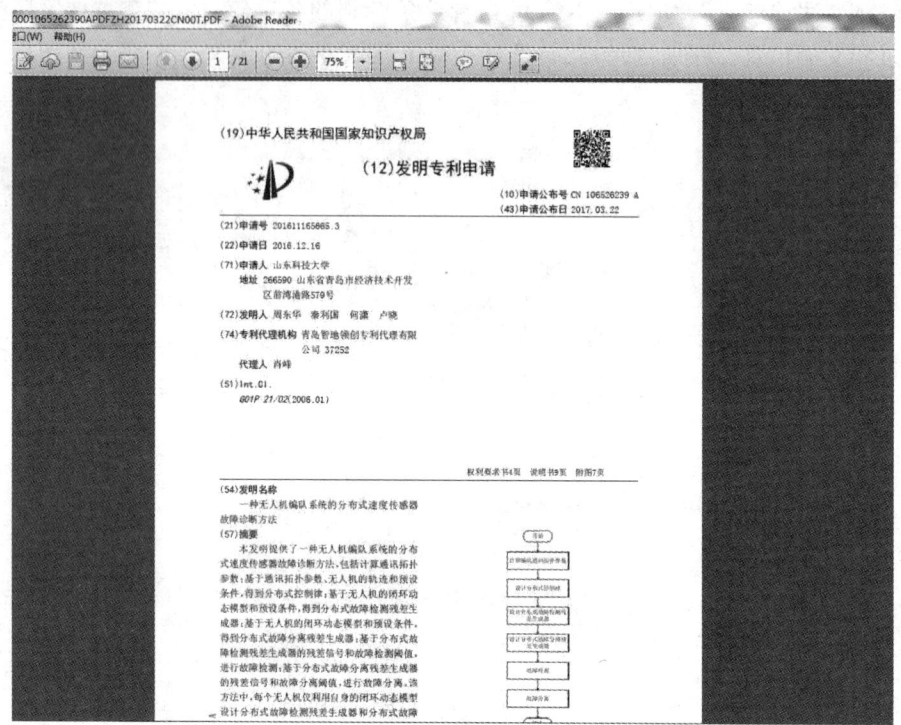

图 5.24 下载的专利说明书全文

案例二 利用标准网站查找"天然花岗石建筑板材"的国家标准

课题分析:此题给出条件为特定标准内容,要求确切,可用分类、标准名称两种方法查找。

标准名称:天然花岗石建筑板材。

按分类:属建筑材料。

检索工具选择:中国标准在线服务网。

检索过程:

(一) 分类检索法

步骤一:选择登录"中国标准在线服务网"(http://www.spc.org.cn/),点击进入检索页面,点击"标准分类"按钮(见图 5.25),进入检索界面。

步骤二:经分析"天然花岗石建筑板材"属建材类,单击"Q 建材",进入标准分类的二级类目,单击"Q21 石材制品",显示石材制品标准列表(见图 5.26),逐条查找到"天然花岗石建筑板材"所对应的标准名称和标准号。

步骤三:根据检索条件,发现符合条件的标准共 2 条,一条为现行国家标准,一条为被代替标准,用户注册登录后,点击右侧的在线阅读,可查看标准全文,或直接进行网上订购获取标准原文(见图 5.27)。

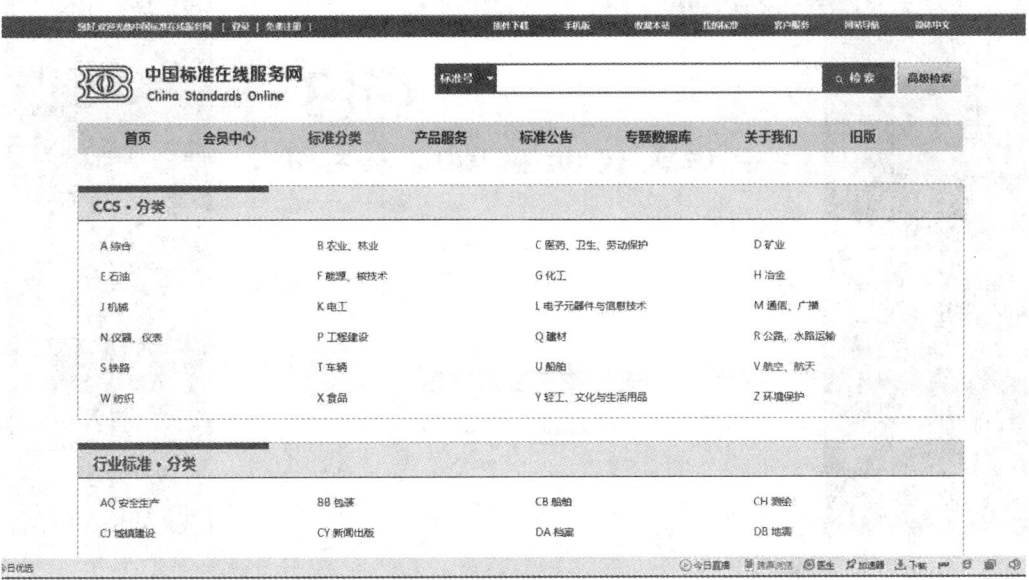

图 5.25　标准分类检索界面

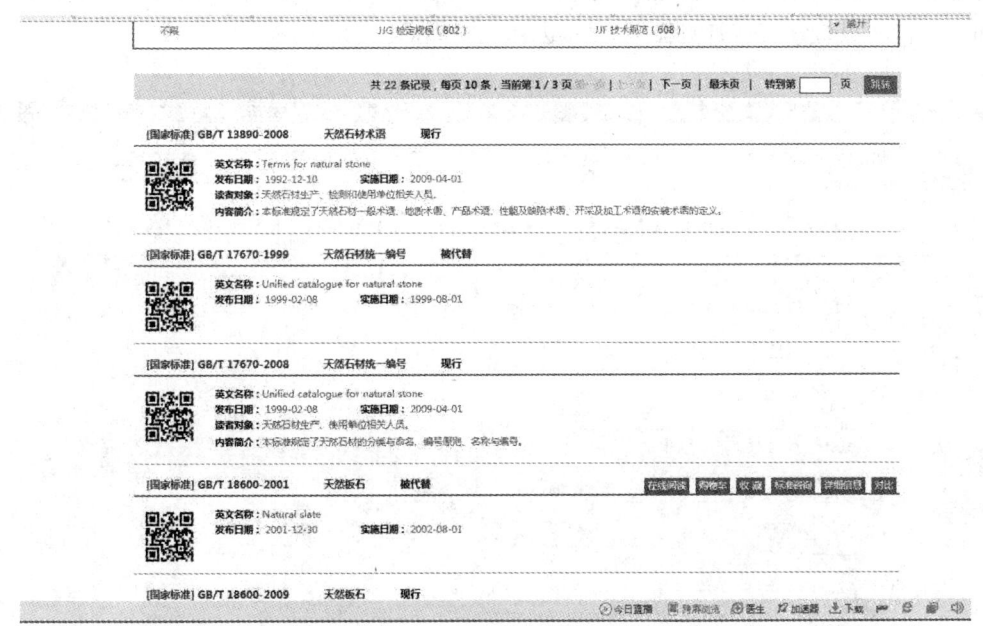

图 5.26　标准分类检索结果

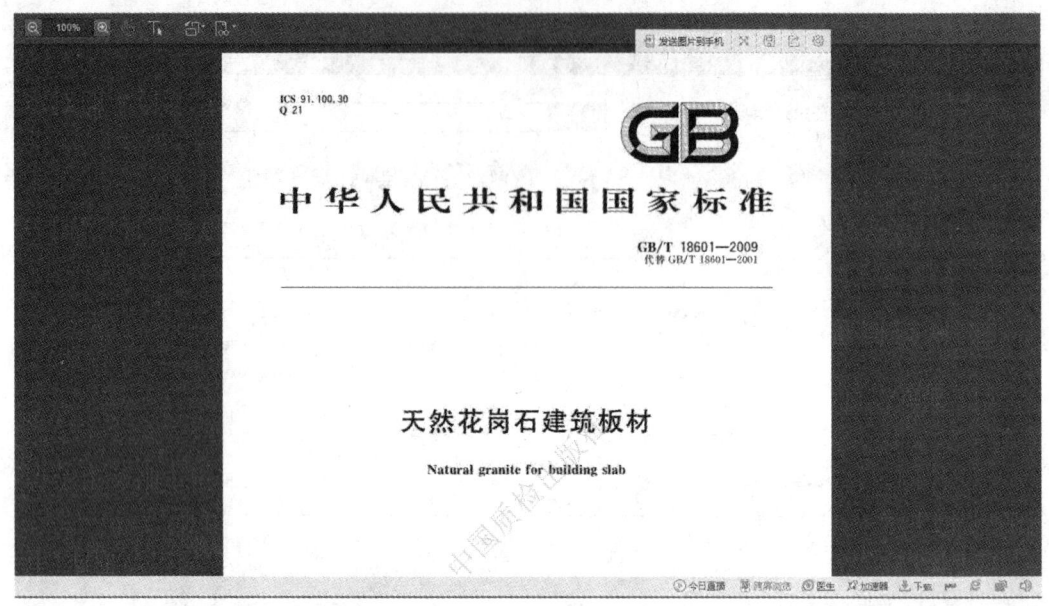

图 5.27 在线阅读标准全文

（二）标准名称检索法

步骤一：选录登录"中国标准在线服务网"(http://www.spc.org.cn/)，点击进入检索页面，点击"高级检索"按钮（见图 5.28），进入检索界面。

图 5.28 标准检索高级界面

步骤二:在标准名称检索途径,输入检索词"天然花岗石建筑板材",点击"提交"按钮。

步骤三:输出2条检索结果(见图5.29),其中一条为现行国家标准,点击右侧的"在线阅读"按钮,用户登录后,可在线阅读标准全文。或直接进行网上订购获取标准原文。

图 5.29　标准名称检索结果

复习思考题

一、填空题

1. 我国专利类型分_____、_____、_____3种,专利申请必须具备3个条件:_____、_____、_____。
2. 发明专利申请的优先权期限是_____个月。
3. 发明专利保护期限为_____年;实用新型保护期为_____年;外观设计的有效期为_____年;上述3个保护期的计算均是自专利的_____起算。
4. 中国标准分为_____、_____、_____和_____4级。
5. 我国标准按标准文献的成熟程度分为:_____、_____和试行标准。

二、判断题

1. 新颖的茶具造型及图案设计属于外观设计专利保护的对象。　　　　　(　　)
2. 国际专利分类(IPC)一共分为8个部,其中B部的内容是人类生活所需。(　　)
3. 中华人民共和国国家知识产权局专利检索系统可以进行多个国家专利文献的全文检索。　　　　　　　　　　　　　　　　　　　　　　　　　　　(　　)

三、选择题(单选或多选)

1. 专利法中所称的发明人或设计人是指(　　)。
   A. 对发明创造做出实质性贡献的人　　B. 负责组织工作的领导
   C. 为物质条件提出便利的人　　　　　D. 其他辅助性工作的人
2. 下列标准是国际标准的有(　　)。
   A. GB 2312—80　　B. ISO 4084—71　　C. IEC 1234—89　　D. 京Q/JB 1-79
3. 授予专利的时候给出的编号是(　　)。
   A. 公告号　　　　B. 发明号　　　　C. 专利号　　　　D. 公开号
4. 在国家知识产权局,有两位申请人提交了同样发明创造的专利申请(　　)。
   A. 国家知识产权局将把专利权授予最先提交专利申请人
   B. 国家知识产权局将把专利权授予最先收到的专利申请的申请人
   C. 两份申请中,专利权授予有优先权的申请人
   D. 若两位申请人同一天提交的申请,应在收到国家知识产权局通知书后,自行协商确定申请人
5. 标准文献的特点有(　　)。
   A. 由权威部门发布　　　　　　　B. 自成体系
   C. 时效性强　　　　　　　　　　D. 具有约束性
6. 专利文献的特点有(　　)。
   A. 内容详尽　　B. 技术新颖　　C. 涉及领域广泛　　D. 技术保守
7. 下列属于国家强制性标准的是(　　)。
   A. GB/T 2821—2003 齿轮几何要素代号
   B. GB 748—2005 抗硫酸盐硅酸盐水泥
   C. GB 9690—2009 食品容器、包装材料用三聚氰胺-甲醛成型品卫生标准
   D. GB/Z 6829—2008 剩余电流动作保护电器的一般要求
8. 符合专利法规定的职务发明创造的权利归属,可以是下列哪种情况(　　)。
   A. 执行单位任务做出的职务发明创造,申请专利的权利属于该单位,申请被批准,专利权属于该单位
   B. 利用本单位的物质技术条件做出的职务发明创造,该单位可以申请专利,申请被批准后,专利权属于国家
   C. 发明人和本单位订有合同,合同规定利用本单位的物质技术条件所完成的发明创造,申请专利的权利归发明人和本单位共有,申请被批准后专利权由发明人和单位共享
   D. 两单位合作完成的发明创造,专利申请权归两单位,申请被批准后,专利权归两单位所有

四、简答题

1. 什么是特种文献?特种文献的类型有哪些?
2. 我国专利有哪几种类型?专利必须具备的3个基本条件是什么?
3. 什么是标准?标准有哪些类型?中国标准是如何分类的?

4. 标准文献的特点与作用是什么？

实践技能训练

1. 查找"深圳华为"公司申请的名称中包含"多媒体通讯"，或者"多媒体通信"的相关专利。请列出你在进行这项检索课题时所选择的检索词、检索途径及检索表达式（检索字段代码：TI＝专利名称，KY＝关键词，AB＝摘要，CLC＝专利分类号，SQR＝申请人，FMR＝发明人）。

2. 选择不同的检索平台检索"速溶豆粉和豆奶粉"的相关标准。

检索要求如下：① 利用"中国标准在线服务网"检索，在名称中输入"豆奶粉"，查询相关标准。② 选择搜索引擎（如百度），通过"速溶豆粉和豆奶粉的标准"关键字查找相关标准的标准号。③ 利用②中找到的标准号在"中国标准在线服务网"中进行搜索，找到相关标准。

第六章 网络信息资源检索

随着现代社会和计算机技术的不断发展,网络越来越渗透到人们生活的各个领域,信息资源网络化也已经成为一大潮流。网络是当今获取信息的最主要途径,已经成为全球范围内传播科研、教育、商业及社会信息的最重要的渠道。随着计算机技术和网络通信技术的发展,Internet已经发展成为世界上规模最大、资源最丰富的网络互联系统,为全球范围内快速传递信息提供了有效手段,也为信息检索提供了广阔的发展平台。与传统的信息资源相比,网络信息资源作为一种新的资源类型,既继承了一些传统的信息组织方式,又在网络技术的支撑下呈现出许多与传统信息资源显著不同的独特之处。因此,了解信息资源的特点、类型、组织形式等方面的信息,对有效利用网络信息资源检索工具,实施网络信息资源检索具有重要的作用。

第一节 网络信息资源基础知识

一、网络信息资源

(一)网络信息资源的含义

网络信息资源(Network Information Resources)指以数字化形式记录的,以多种媒体形式表达的,分布式存储在互联网不同主机上的,并通过计算机网络通信方式进行传递的信息资源集合,是计算机技术、通信技术、多媒体技术相互融合而形成的,互联网上可查找、利用到的资源。简言之,网络信息资源就是通过计算机网络可以利用的各种信息资源的总和。目前网络信息资源以因特网信息资源为主,同时也包括其他没有联入因特网的专用网络信息资源和内部网络信息资源。

(二)网络信息资源的特点

1. 数量大,增迅快

由于Internet结构的开放性和信息发布的自由性,网络信息呈爆炸式增长和全球化分布结构,从而使得网络用户通过Internet可以利用分布于世界各地的信息资源,远远突破了联机检索系统和光盘检索系统所能提供的信息资源范围。

2. 存储数字化

信息资源由纸张上的文字变为磁性介质上的电磁信号或者光介质上的光信息,使信息的存储和传递、查询更加方便,而且所存储的信息密度高、容量大,可以无损耗地被重复使用。以数字化形式存在的信息,既可以在计算机内高速处理,又可以通过信息网络进行远距离传送。

3. 形式多样化

传统信息资源主要是以文字或数字形式表现出来的信息。而网络信息资源则可以是文本、图像、音频、视频、动画、软件、数据库等多种形式存在的,涉及经济、科研、教育、艺术等多个领域,包含的文献类型从电子报刊、电子工具书、商业信息、新闻报道、书目数据库、文献信息索引到统计数据、图表、电子地图等。另外,通过因特网,人们可以获取学习、娱乐、工作、生活、购物等各方面的信息。

4. 动态播放,时效强,稳定性差

网络信息资源出版周期短、更新快、时效性很强,特别是新闻信息实时更新,由此也带来了信息的变化和更迭的加快,信息地址、信息链接、信息内容处于经常性变动之中,信息资源的更迭、消亡无法预测,进而导致网络信息资源不稳定,动态性和不确定性高。

5. 信息分散、无序,管理困难

网络共享性与开放性使得人人都可以在互联网上索取和存放信息,信息分散于不同国家、不同地区的服务器上,采用不同的操作系统及数据结构,字符界面、图形界面、菜单方式、超文本方式等,对网络信息资源本身的组织管理无统一标准和规范,没有质量控制和管理机制,使得各种不良和无用的信息大量充斥在网络上,形成了一个纷繁复杂的信息世界,给用户选择、利用网络信息带来了障碍。

(三) 网络信息资源的类型

网络信息资源包罗万象,从不同角度可将其划分为多种类型。

(1) 按信息来源划分:政府、公众、商用、教育科研、个人等信息资源。

(2) 按信息承载平台划分:网络资源指南和搜索引擎、联机馆藏目录、网络数据库、电子出版物、网上参考工具书、电子邮件、基于开放平台的协作型信息资源及其他。

(3) 按网络传输协议划分:www、Telnet、FTP、P2P、Gopher、WAIS、用户服务组等信息资源。

(4) 新型信息资源:论坛、博客、微博等信息资源。

二、网络信息资源检索

(一) 网络信息资源检索的含义

网络信息资源检索是以 Internet 为检索平台,利用相应的网络信息检索工具,运用一定的网络信息检索技术与策略,从网络信息资源集合中查找出所需信息的过程。

(二) 网络信息资源检索工具

网络信息检索工具是指在因特网上提供信息检索服务的计算机系统,其检索的对象是存在于因特网信息空间中各种类型的网络信息资源。

(三) 网络信息检索工具的类型

按检索机制类型划分:分类目录型、搜索引擎型、混合型检索工具。

按检索范围类型划分:综合型、专题型、特殊型检索工具。

(四) 网络信息资源检索的一般方法

1. 基于超文本的信息检索（浏览）

基于超文本的信息检索又称浏览。网上浏览主要包括偶然发现和顺"链"而行。它是依靠专职编辑人员建立，完全依赖手工操作。其优点是信息准确、导航质量高，分类浏览方式直观易用。其缺点是查全率不高、因更新维护不及时导致"死链"的存在等。

2. 基于目录的信息检索

为了帮助 Internet 用户方便地查询到所需要的信息，人们按照图书馆管理书目的方法设置了目录。网上目录一般以主题方式来组织，大主题下包含小主题，一层层查下去，直到比较具体的信息标题。这种通过目录帮助的方法获得所需信息的网址进而查找信息的方法称为基于目录的信息检索方法。优点是由于人工的干预提高了检索结果的相关性，但其数据库规模较小，检索到的信息资源有限，且其更新维护的速度和周期受系统人员工作效率的制约。

3. 基于搜索引擎的信息检索

基于搜索引擎的信息检索是从互联网上抓取网页→建立索引数据库→在索引数据库中搜索排序。优点是信息量大、更新及时、无须人工干预。缺点是返回信息过多，有很多无关信息，用户必须从结果中进行筛选，用户检索策略的构造和输入方式直接影响检索结果。

4. 基于网络数据库的信息检索

基于网络数据库的信息检索是指利用网上的在线数据库进行查询。访问网络数据库是用户获取学术性信息的最有效方法。

第二节 搜索引擎及检索技巧

一、常用搜索引擎

（一）国内常用搜索引擎

百度 http://www.baidu.com/
雅虎 http://www.yahoo.cn/
谷歌 http://www.google.com/
搜狗 http://www.sogou.com/
新浪爱问 http://www.iask.com/
搜搜 http://www.soso.com/
中搜 http://www.zhongsou.com/

（二）全球常用搜索引擎

Google http://www.google.com
Yahoo http://www.yahoo.com
Bing http://www.bing.com
Ask http://www.ask.com

Lycos http：//www.lycos.com
Dmoz http：//www.dmoz.com

1. 必应(Bing)

必应(Bing)是微软公司于2009年5月28日推出的全新搜索引擎服务。必应集成了多个独特功能，包括每日首页美图，与Windows 8.1深度融合的超级搜索功能，以及崭新的搜索结果导航模式等。用户可登录微软必应首页，打开内置于Windows 8操作系统的必应应用，或直接按下Windows Phone手机搜索按钮，均可直达必应的网页、图片、视频、词典、翻译、资讯、地图等全球信息搜索服务。它作为最贴近中国用户的全球搜索引擎，微软必应一直致力于为中国用户提供美观、高质量、国际化的中英文搜索服务，如图6.1所示。

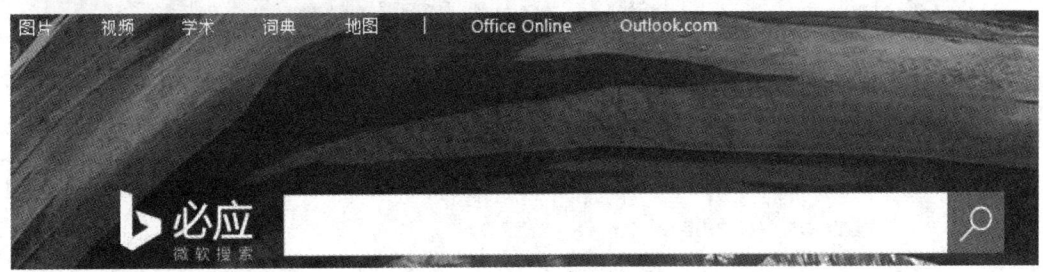

图6.1 必应检索页面图

2. Ask

Ask(又名askjeeves)是国外比较有名的一款搜索引擎，其规模虽不大，但是很有特色。Ask是DirectHit的母公司，于2001年收购Teoma搜索引擎，并全部采用Teoma搜索结果。Ask是一个支持自然提问的搜索引擎，它的数据库里储存了超过1 000万个问题的答案，只要用英文直接输入一个问题，它就会给出问题答案，如果问题答案不在它的数据库中，那么它会列出一串跟问题类似的问题和含有答案的链接，供用户选择，如图6.2所示。

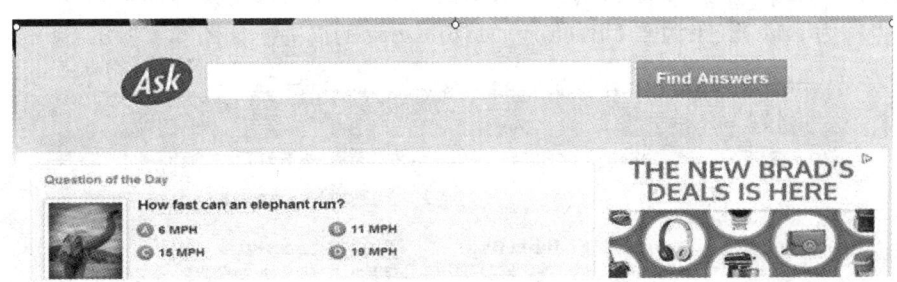

图6.2 Ask检索页面图

3. Lycos

Lycos是搜索引擎中的元老，是最早提供信息搜索服务的网站之一，2000年被西班牙网络集团Terra Lycos Network以125亿美元收归旗下。根据媒体调查统计机构Nielsen/NetRatings 2002年10月的数据，Lycos以当月3 700万次的独立访问位居第5大用户最常访问的网站。Lycos整合了搜索数据库、在线服务和其他互联网工具，提供网站评论、图像及包括MP3在内的压缩音频文件下载链接等等。Lycos是目前最大的西班牙语门户网络，提供常规及高级搜索。高级搜索提供多种选择定制搜索条件,并允许针对网页标题、地址进行检索。Lycos具有多语言搜索功能,共有25种语言供选择。首页下部显示部分Open Directory的目录索引,如图6.3所示。

图6.3 LYCOS检索页面图

4. Open Directory Project

Open Directory Project是互联网上最大的、最广泛的人工目录。它是由来自世界各地的志愿者共同维护与建设的最大的全球目录社区。DMOZ网站(www.dmoz.org)是一个著名的开放式分类目录(Open Directory Project)。之所以称为开放式分类目录,是因为DMOZ不同于一般分类目录网站利用内部工作人员进行编辑的模式,而是由来自世界各地的志愿者共同维护与建设的最大的全球目录社区。开放目录项目(Open Directory Project,ODP),也称为DMOZ(来源于Directory.Mozilla.org的简写),如图6.4所示。

图6.4 DOMZ检索页面图

5. KidRex

KidRex是一个为孩子定制的Google搜索引擎。界面很像是一个孩子的蜡笔画(恐龙代表警卫),如图6.5所示。它使用安全搜索并且试图保持所有的搜索结果尽可能的纯洁。

KidRex 还有自己的不良网站和关键词数据库,更加能够帮助保持结果纯净。

图 6.5 KidRex 检索页面图

二、搜索引擎概念及原理

搜索引擎是一种在 Internet 上的应用软件系统,它以一定的策略在网络中搜集、发现信息,对信息进行理解、提取、组织和处理,并为用户提供检索服务。

搜索引擎是通过网上机器人(Spider 或 Robot)自动在网页上按一定的方式进行远程数据采集,将采集到的信息按组织机制进行分析标引,建立相应的索引数据库。当用户通过用户接口在搜索引擎的 Web 页上输入查询信息请求时,搜索引擎的检索器即在其建立的索引数据库中,利用检索软件进行检索,找到相关信息并按一定的规则整理后输送出来反馈给用户浏览,搜索引擎原理如图 6.6 所示。

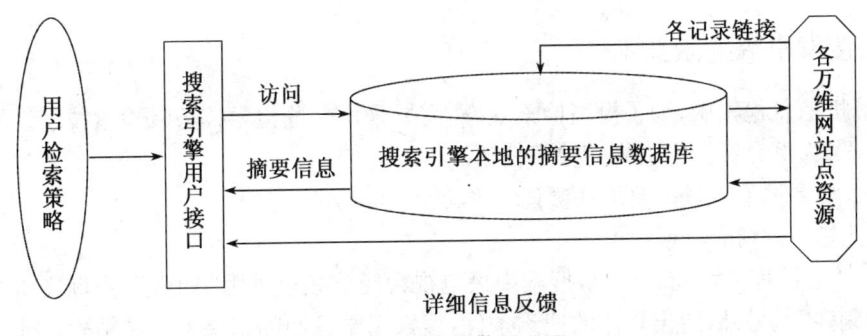

图 6.6 搜索引擎原理图

搜索引擎的原理可以简单地看作三步:从互联网上抓取网页、建立索引数据库、在索引数据库中搜索排序。大多数搜索引擎并不真正搜索互联网,它搜索的实际上是预先整理的网页索引数据库，另外，搜索引擎也不能真正理解网页上的内容，它只能机械地匹配网页上的文字。

三、搜索引擎类型

按照信息搜集方法和服务提供方式的不同，搜索引擎系统可以分为三大类：目录式搜索引擎、全文搜索引擎、元搜索引擎。

（一）目录式搜索引擎

通过用户浏览层次类型目录来寻找所需信息。其优点是系统先将网络资源信息系统归类，用户可清晰方便地查找到某一类信息，尤其适合那些希望了解某一范围内信息，并不严格限于查询关键字的用户。缺点是搜索范围较全文搜索引擎要小许多，尤其是当用户选择类型不当时，可能遗漏某些重要的信息源。目录库小，更新慢，影响使用效果。代表性的目录式搜索引擎是 Yahoo、搜狐、新浪网站。

（二）全文搜索引擎

用户使用关键词搜索，搜索引擎从互联网上提取的各个网站的信息而建立的数据库中，检索与用户查询条件匹配的相关记录，然后按一定的排列顺序将结果返回给用户，都包含页面标题和网址。其优点是信息量大、全面，更新快，用户能够对各网站的每篇文章中的每个词进行搜索。缺点是检索结果反馈的信息太多，用户很难直接从中筛选自己真正感兴趣的内容，需要借助语法规则和限制符号达到理想的检索结果。代表性的全文搜索引擎是 Google、百度。

（三）元搜索引擎

元搜索引擎又称为多元集成型，建立在多个搜索引擎基础之上，没有自己的数据库，但可利用一个统一的界面，同时在其他多个引擎上进行搜索，并将结果返回给用户。优点是快捷，信息覆盖面更加广泛。缺点是高级检索功能不完善，检索结果没有经过处理。著名的元搜索引擎有 InfoSpace、Dogpile、Vivisimo 等，中文元搜索引擎中具代表性的有北斗等。

按其收录信息范围划分，搜索引擎综合型搜索引擎、专业型搜索引擎和专类型搜索引擎。综合型搜索引擎，如 Google、百度等；专业型搜索引擎，如医学专业 Medical Matrix 等；专类型搜索引擎，如图片类、循证医学类等。

四、搜索引擎检索技术

计算机信息检索中，为了提高检索效率，需要采用一些检索技巧或检索技术。下面以百度搜索引擎为例介绍搜索引擎的检索技巧。

（一）学会搜索、提炼、使用关键词

1. 提炼关键词和搜索结果

（1）学会提炼关键词。例如，搜索中央电视台经济频道可用"cctv2"；查询飞机票价格用"航班时刻表"。另外，给出具体的搜索条件，搜索引擎返回的结果也会越精确。比方说想查找有关电脑冒险游戏方面的资料，用"computer adventure game"比用"game"或"computer game"检索返回的结果会精确得多。关键词可以是任何中文、英文、数字，或中文英文数字的混合体。关键词可以输入一个，也可以输入两个、三个、四个，甚至可以输入一句话（多个

关键词之间必须留一个空格)。

(2) 从搜索结果中提炼信息。例如,查看中央电视台一套,今晚7:47播放什么节目?输入参考关键词查询:cctv1 今日节目预告。

2. 精确关键词

搜索引擎严谨认真,要求"一字不差"。例如,"舒淇"和"舒琪","电脑"和"计算机",搜索结果是不同的。因此,如果对搜索结果不满意,建议检查输入文字有无错误,并换用不同的关键词搜索。下面列举了5种常见错误。

(1) 错别字。笔者所做的统计表明,常有大量的错误搜索,光一个谢霆锋就有"谢霆锋"、"谢庭锋"、"谢霆峰"、"谢廷锋"、"谢庭峰"、"谢廷峰"6种查法,还有"星际争吧"、"以德制国"之类的。所以当觉得某种内容网上应该有不少,却搜索不到结果时,应该先查一下是否有错别字。

(2) 关键词太常见。搜索"电话",有无数网站提供跟"电话"相关的信息,从网上黄页到电话零售商到个人电话号码都有。"上海常用电话"这样特殊的搜索关键词,会给用户真正有用的结果。当然,如果想找的是一串汽车网站或一串MP3网站,那么用"汽车"、"MP3"搜索就是正确的。

(3) 多义词。要小心使用多义词。比如搜索"Java",要找的信息究竟是太平洋上的一个岛、一种著名的咖啡,还是一种计算机语言?搜索引擎是不能理解辨别多义词的。最好的解决办法是,在搜索之前先问自己这个问题,然后用短语、用多个关键词或者用其他的词语来代替多义词作为搜索关键词。比如用"爪哇印尼"、"爪哇咖啡"、"Java语言"分别搜索可以满足不同的需求。

总之,一次成功的搜索也经常是由好几次搜索组成的,如果对自己搜索的内容不熟,即使是搜索专家,也不能保证第一次搜索就能找到想要的内容。搜索专家会先用简单的关键词测试,他们不会忙着仔细查看各条搜索结果,而是先从搜索结果页面里寻找更多的信息,再设计一个更好的关键词重新搜索,这样重复多次以后,就能设计出很棒的搜索关键词,也就能搜索到满意的搜索结果了。

(二) 用好各种检索语法

1. 使用双引号进行精确查找

搜索引擎大多数会默认对检索词进行拆词搜索,并会返回大量无关信息。解决方法是将检索词用双引号括起来,使用英文输入状态下的双引号,这样得到的结果最少,最精确。

2. 使用多词检索(空格检索)

要获得更精确的检索结果的简单方法就是添加尽可能多的检索词,检索词之间用一个空格隔开。例如,想了解北京奥运会开幕式的相关信息,"2008北京奥运会开幕式"会获得理想的检索结果。空格相当于布尔逻辑"与"。搜索"北京暂住证",可以找到几万篇资料。而搜索""北京暂住证"",则只有严格含有"北京暂住证"连续5个字的网页才能被找出来,不但找到的资料只有几百篇,资料的准确性也比前者好得多。

3. 使用"一"去掉无关资料

如果要避免搜索某个词语,可以在这个词前面加上一个减号("一",英文字符)。在减号之前必须留一空格,但"一"和检索词之间不能留空格。例如,在搜索引擎中输入"电视台一中央电视台",它就表示最后的查询结果中一定不包含"中央电视台"。

4. 在指定网站内搜索(使用 site 语法)

格式为:检索词＋空格＋site:网址。例如,世界杯 site:sohu.com;南非世界杯 site:sohu.com｜sina.com.cn。

注意:site:和站点名之间不要带空格。

5. 指定文档类型搜索

表达式为:查询词＋空格＋Filetype:格式。文档格式可以是 DOC、PDF、PPT、XLS、ALL(全部文档)等类型。例如,filetype:doc 市场分析。语法中的冒号中英文皆可,但检索词和 filetype 之间一定要加一个空格。在部分搜索引擎中,如百度,filetype 语法可以与 site 语法混用。

例如,在中国农业大学和清华大学网站内搜索有关"中国"的文档,就可以用:site:www.cau.edu.cn｜www.tsinghua.edu.cn filetype:all 中国。

6. 限定在标题中搜索(TITLE: or INTITLE:)

"TITLE:"和"INTITLE:"都用于针对标题进行搜索。格式:TITLE:(INTITLE:)检索词。例如,TITLE:北京奥运会闭幕式。

7. 使用"《》"进行精确查找

例如,使用检索式"《手机》",可以精确查找到《手机》这部电影的相关信息,而不是手机信息;而使用《围城》进行检索得到的结果则多为钱锺书的长篇小说以及据此改编的电视剧方面的信息。

五、百度搜索引擎检索技术

百度网址:http://www.baidu.com。现在百度已成为世界上最大的中文搜索引擎,用户能够访问超过 10 亿的中文网页。

(一)百度三种检索

(1)百度的简单搜索——关键词检索。仅需输入查询内容的关键词并敲一下回车键(Enter),即可得到相关资料。或者输入查询内容后,用鼠标点击"百度一下"按钮,也可得到相关资料。

(2)网站导航。单击"更多",进入功能模块全页面显示,用户可进行任意选择。

(3)百度的高级搜索。单击主页面"高级"进入高级检索界面。

(二)百度检索技巧

1. 输入多个词语搜索

输入多个词语搜索(不同字词之间用一个空格隔开),可以获得更精确的搜索结果。在百度查询时不需要使用符号"AND"或"＋",百度会在多个以空格隔开的词语之间自动添加"＋"。百度提供符合全部查询条件的资料,并把最相关的网页排在前列。

2. 减除无关资料

百度支持"－"功能,用于有目的地删除某些无关网页,但减号之前必须留一空格。例如,要搜寻关于"武侠小说",但不含"古龙"的资料,可使用如下查询:[武侠小说 －古龙]。

3. 并行搜索

使用"A|B"来搜索"或者包含词语 A,或者包含词语 B"的网页。例如,要查询"图片"或"风景"相关资料,无须分两次查询,只要输入[图片|风景]搜索即可。百度会提供跟"|"前后任何字词相关的资料,并把最相关的网页排在前列。

4. 精确匹配

用户可通过使用双引号和书名号来进行精确查找。

输入的查询词很长,百度在经过分析后,给出的搜索结果中的查询词,可能是拆分的,如果给查询词加上双引号,就可以达到精确匹配的效果。例如,搜索上海科技大学,加上双引号后,输入"上海科技大学",获得的结果就全是符合要求的了。

书名号是百度独有的一个特殊查询语法。比如,查电影"手机",如果不加书名号,很多情况下出来的是通信工具——手机,而加上书名号后,《手机》结果就都是关于电影方面的了。加上书名号的查询词,有两层特殊功能,一是书名号会出现在搜索结果中;二是被书名号扩起来的内容,不会被拆分。

5. 在指定网站内搜索

在一个网址前加"site:",可以限制只搜索某个具体网站、网站频道或某域名内的网页。"site:"后面跟的站点域名,不要带"http://";另外,"site:"和站点名之间,不要带空格。

例如:[出国访问 site:www.zju.edu.cn]表示在 www.baidu.com 网站内搜索(官方网站)和"电话"相关的资料。

例如:在峨眉校区网站上查找一些有关四六级考试的信息。检索式:四六级　site:em.swjtu.edu.cn。

注意:site 后的冒号为英文字符,而且,冒号后不能有空格。百度:网站域名不能有"http://"前缀,也不能有任何"/"的目录后缀;http://library.em.swjtu.edu.cn/video→site:library.em.swjtu.edu.cn。除非有特别目的,请不要用www,以免错过相关网站的内容,因为很多网站的频道是没有www的。如:http://library.em.swjtu.edu.cn　http://jiaowu.em.swjtu.edu.cn、passwd.txt site:edu.cn、config.txt site:.jp、admin.txt site:.tw。site:em.swjtu.edu.cn　心脏病(site:sina.com.cn | site:msn.com.cn)

6. 在标题中搜索

网页标题通常是对网页内容提纲挈领式的归纳。把查询内容范围限定在网页标题中,有时能获得良好的效果。在一个或几个关键词前加"intitle:",可以限制只搜索网页标题中含有这些关键词的网页。

例如:[intitle:南瓜饼]表示搜索标题中含有关键词"南瓜饼"的网页;[intitle:百度互联网]表示搜索标题中含有关键词"百度"和"互联网"的网页。

例如:找林青霞的写真,就可以这样查询:写真 intitle:林青霞。

注意:"intitle:"和后面的关键词之间不要有空格。

7. 把搜索范围限定在 url 链接中

网页 url 中的某些信息,常常有某种有价值的含义。如果对搜索结果的 url 做某种限定,就可以获得良好的效果。实现的方式,是用"inurl:",后跟需要在 url 中出现的关键词。

例如,找关于 photoshop 的使用技巧,可以这样查询:photoshop inurl:jiqiao。上面这个查询串中的"photoshop",可以出现在网页的任何位置,而"jiqiao"则必须出现在网页 url 中。

注意:inurl:语法和后面所跟的关键词,不要有空格。

8. 相关检索

如果无法确定输入什么词语才能找到满意的资料,可以试用百度相关检索。用户可以先输入一个简单词语搜索,然后,百度搜索引擎会提供"其他用户搜索过的相关搜索词语"做参考,点击其中一个相关搜索词,就能得到那个相关搜索词的搜索结果。

9. 百度快照

百度搜索引擎已先预览各网站,拍下网页的快照,为用户贮存大量的应急网页。当遇到网站服务器暂时故障或网络传输堵塞时,可以通过"快照"快速浏览页面文本内容。百度快照只会临时缓存网页的文本内容,所以那些图片、音乐等非文本信息,仍是存储于原网页。当原网页进行了修改、删除或者屏蔽后,百度搜索引擎会根据技术安排自动修改、删除或者屏蔽相应的网页快照。

点击每条搜索结果后的"百度快照",可查看该网页的快照内容。百度快照不仅下载速度极快,而且搜索用的词语均已用不同颜色在网页中标明。原网页随时可能更新,跟百度快照内容不同,请注意查看新版。百度和网页作者无关,不对网页的内容负责。

10. 英汉互译词典

百度网页搜索内嵌英汉互译词典功能。如果想查询英文单词或词组的解释,可以在搜索框中输入想查询的"英文单词或词组"+"是什么意思",搜索结果第一条就是英汉词典的解释,如"received 是什么意思";如果想查询某个汉字或词语的英文翻译,可以在搜索框中输入想查询的"汉字或词语"+"的英语",搜索结果第一条就是汉英词典的解释,如"龙的英语"。另外,用户可以通过点击搜索框右上方的"词典"链接,到百度词典中查看想要的词典解释。例如,搜索"apple",点击结果页上的"词典"链接,就可以得到高质量的翻译结果。用户也可以通过百度词典搜索界面(http://dict.baidu.com),直接使用英汉互译功能。

11. 专业文档搜索

百度支持对 Office 文档(包括 Word、Excel、Powerpoint)、Adobe PDF 文档、RTF 文档进行全文搜索。要搜索这类文档,在普通的查询词后面,加一个"filetype:"。"filetype:"后可以跟以下文件格式:DOC、XLS、PPT、PDF、RTF、ALL。其中,ALL 表示搜索所有这些文件类型。

例如,查找张五常关于交易费用方面的经济学论文:"交易费用张五常 filetype:doc"。用户也可以通过百度文档搜索界面(http://file.baidu.com),直接使用专业文档搜索功能。

12. 拼音提示

如果只知道某个词的发音,却不知道怎么写,只要输入查询词的汉语拼音,百度就能把最符合要求的对应汉字提示出来。它事实上是一个无比强大的拼音输入法。拼音提示显示在搜索结果上方。输入"zhurongji",提示如下:"您要找的是不是:朱镕基"。百度会给出错别字纠正提示。错别字提示显示在搜索结果上方。输入"唐醋排骨",提示如下:"您要找的是不是:糖醋排骨"。

13. 百度百科

百度百科是百度为网友提供的信息存储空间,是一部内容开放、自由的网络百科全书。

百度百科本着平等、协作、分享、自由的互联网精神,提倡网络面前人人平等,所有人共同协作编写百科全书,让知识在一定的技术规则和文化脉络下得以不断组合和拓展。为用户提供一个创造性的网络平台,强调用户的参与和奉献精神,充分调动互联网所有用户的力量,汇聚上亿用户的头脑智慧,积极进行交流和分享,同时实现与搜索引擎的完美结合,从不同的层次上满足用户对信息的需求。

14. 百度地图

百度地图搜索是百度提供的一项网络地图搜索服务,覆盖了国内近400个城市、数千个区县。在百度地图里,可以查询街道、商场、楼盘的地理位置,也可以找到离您最近的所有餐馆、学校、银行、公园等等。

百度地图还提供了丰富的公交换乘、驾车导航的查询功能,为用户提供最适合的路线规划,让用户不仅知道要找的地点在哪,还可以知道如何前往。

同时,百度地图还提供了完备的地图功能(如搜索提示、视野内检索、全屏、测距等),让用户得心应手地使用地图,便捷地找到所求之地。百度地图提供了普通搜索、周边搜索和视野内搜索三种方法。

15. 移动搜索技术

移动搜索是指用户在移动通信网络中,通过移动终端,利用SMS、WAP等多种特定搜索方式获取所需信息的搜索行为。移动搜索服务的核心是将搜索引擎与移动设备有机结合,生成符合移动产品和用户特点的搜索结果,从而脱离对固定设备和固定通信网的依赖,实现随时随地的信息获取。

移动搜索具有搜索的便利性、搜索的精准性、提供个性化服务、本地搜索服务为主、用户终端数量巨大等特点。

移动搜索是对互联网搜索的延伸和传承,由于移动网络的无处不在,使得移动搜索的使用更加便捷;同时,较之互联网搜索,其有更多的搜索途径,包括WAP、SMS、MMS,甚至人工客服等。不过由于移动网络的带宽比固定接入互联网带宽窄,移动终端的性能也没有PC机强大,因此与互联网搜索相比,移动搜索面临着更严格的要求。同时,移动搜索不可能像互联网搜索那样把成千上万的结果直接推给用户,而应对信息进行更精确的筛选等,但移动搜索作为一种新兴业务,正在受到越来越多的关注。

第三节 开放学术信息资源及其利用

一、开放存取的含义

开放存取(Open Access,OA),是网络学术信息传播的一种重要的方式。用户通过公共Internet免费阅读、下载、复制、传播、打印和检索作品,或者实现对作品全文的链接、为作品建立索引和将作品作为数据传递给相应软件,进行任何其他出于合法目的的使用,除了保持作品的完整性之外,没有经济、法律或技术的限制。

开放存取资源在狭义上主要指通过开放存取的实现途径出现的信息资源,广义上指任何用户均可免费在线获取的、不受许可限制的所有数字化学术信息资源。

开放存取与传统学术信息取得的区别：传统模式是读者付费模式，出版物以商品的形式有偿提供给订户，信息的载体可能是印刷版、电子版，而开放存取采用作者付费模式，信息的载体以电子版为主，无偿提供给用户使用。

开放存取资源的发布形式主要有开放存取期刊、开放存取知识库、开放存取门户网站、开放存取个人主页或博客等形式。

开放获取期刊（OA Journals），采取读者免费，作者付费模式，如 PLoS Biology，BioMed Central（BMC），New Journal of Physics（NJoP）等。作者自存档（Author-Self Archiving），即作者把将发表，或已发表的研究文章以电子格式放到专门的开放获取知识库中与同行交流，如 arxiv.org 等。开放获取的动力是可提高作者文章的引用率（高引用率＝对学者学术地位、水平等的肯定）。有研究表明开放获取会获得更高的引用率（Citation），在线文章具有更高的引用率。

二、开放存取资源

（一）开放存取期刊

DOAJ——瑞典隆德大学（Lund University Libraries）开放存取期刊目录 http://www.doaj.org，共收录 124 个国家 9800 多种学术期刊。检索方法分为期刊检索和全文检索两种方式。

HighWire——斯坦福大学 Highwire 出版社免费全文网站 http://highwire.stanford.edu。全球最大的提供免费全文的学术文献出版商，提供包括物理、生物医学和社会学领域的核心期刊论文。

生物医学期刊出版中心开放存取期刊 http://www.biomedcentral.com。提供经过同行评议的生化研究期刊论文。

美国科学公共图书馆开放存取期刊 http://www.plos.org。全球范围内科技和医学领域类期刊。

（二）开放存取学术论文

美国电子预印本 http://arxiv.org。

奇迹文库 http://www.qiji.cn。

中国预印本服务系统 http://prep.istic.ac.cn；http://prep.nstl.gov.cn。预印本（preprint）指科研工作者的研究成果还未在正式出版物上发表，而出于和同行交流目的自愿先在学术会议上或通过互联网发布的科研论文、科技报告等文献。与刊物发表的文章以及网页发布的文章比，预印本具有交流速度快、利于学术争鸣、可靠性高的特点。

中国科技论文在线 http://www.paper.edu.cn。中国科技论文在线网站打破传统出版物的概念，免去传统的评审、修改、编辑、印刷等程序，给科研人员提供一个方便、快捷的交流平台，提供及时发表成果和新观点的有效渠道，有利于新成果的及时推广和科研创新思想的及时交流。

中国学术会议在线 http://www.meeting.edu.cn。为用户提供学术会议信息预报、会议分类搜索、会议在线报名、会议论文征集、会议资料发布、会议视频点播、会议同步直播等服务。

（三）开放存取学位论文
网络博硕士学位论文数字图书馆 http：//www.ndltd.org。
澳大利亚数字博硕士论文系统　http：//adt.caul.edu.au。
（四）开放存取图书
电子图书 http：//www.netLibrary.com。
在线图书网页 http：//onlinebooks.library.upenn.edu。
古登堡开放存取图书 http：//promo.net/pg/。
（五）开放存取教学资源
美国麻省理工学院开放式课程　http：//ocw.mit.edu/index.html。
中国开放式教育资源共享协会开放式教育资源 http：//www.core.org.cn。
（六）开放存取门户网站
Socolar OA 平台 http：//www.socolar.com/提供基于开放获取期刊和开放获取机构仓储的导航、免费文章检索和全文链接服务。需要先注册,填好验证码获取全文。

Scirushttp：//www.scirus.com。

SPARC 开放信息门户网站 http：//www.arl.org/sparc/index.shtml。

Google Scholarhttp：//scholar.google.com/。

OALib——傻瓜式一站检索。

open-access.net.cn。中科院国家科技图书馆主办开放获取资源整合平台,相当于导航,可指引到国外开放获取资源页面。

总之,开放获取资源可以提供大量免费且高水平的学术文献,更新速度快,文献覆盖率高,可因需选择。

三、网络开放课程

大规模网络开放课程(Massive Open Online Coursesas,MOOC),是一种在线课程开发模式,人们可以通过网络来学习在线课堂。MOOC 是远程教育的最新发展,它是一种通过开放教育资源形式而发展来的。MOOC 的课程目前并不提供学分,也不列入本科生或研究生学位课程中,参与 MOOC 学习一般是免费的,如需获得某种认证,则一些大规模网络开放课程收取一定学费。

2012 年,美国的顶尖大学陆续设立网络学习平台,在网上提供免费课程,Coursera、Udacity、edX 三大课程提供商的兴起,给更多学生提供了系统学习的可能。2013 年 2 月,新加坡国立大学与美国公司 Coursera 合作,加入大型开放式网络课程平台。新加坡国立大学是第一所与 Coursera 达成合作协议的新加坡大学,它在 2014 年率先通过该公司平台推出量子物理学和古典音乐创作的课程。这三个大平台的课程全部针对高等教育,并且像真正的大学一样,有一套自己的学习和管理系统。再者,它们的课程都是免费的。以 Coursera 为例,这家公司原本已和包括美国哥伦比亚大学、普林斯顿大学等全球 33 所学府合作。2013 年 2 月,公司再宣布有另外 29 所大学加入他们的阵容。

中国大学 MOOC 是由网易与高教社携手推出的在线教育平台,承接教育部国家精品开放课程任务,向大众提供中国知名高校的 MOOC 课程。在这里,每一个有意愿提升自己的人都可以免费获得更优质的高等教育。每一张证书皆证明学习者的能力与水平,这对学习者升学、求职、职业提升等多方面都有帮助。证书现已获得猎聘网、Linkedin(领英)、周伯通招聘等求职招聘渠道的认可,获得证书后可一键添加简历至这些网站。

"爱课程"网是教育部、财政部"十二五"期间启动实施的"高等学校本科教学质量与教学改革工程"支持建设的高等教育课程资源共享平台。该网站集中展示"中国大学视频公开课"和"中国大学资源共享课",并对课程资源进行运行、更新、维护和管理。网站利用现代信息技术和网络技术,面向高校师生和社会大众,提供优质教育资源共享和个性化教学资源服务,具有资源浏览、搜索、重组、评价、课程包的导入导出、发布、互动参与和"教"、"学"兼备等功能。

第四节 综合检索实例及分析

案例一 考研信息检索

据教育部新闻办公室官方微博消息,2016年考研的报考人数为177万人,比2015年增长7%,部分省市甚至呈现大幅度增长态势。其中专硕报考人数增幅明显。近几年本科毕业生人数连创新高,就业压力增大从而催生"考研大军"。此例介绍的是如何利用搜索引擎检索网络上丰富的考研信息。

(1) 使用搜索引擎 Baidu,为了取得更好的检索结果,进入百度的高级检索网页 https://www.baidu.com/,如图 6.7 所示。

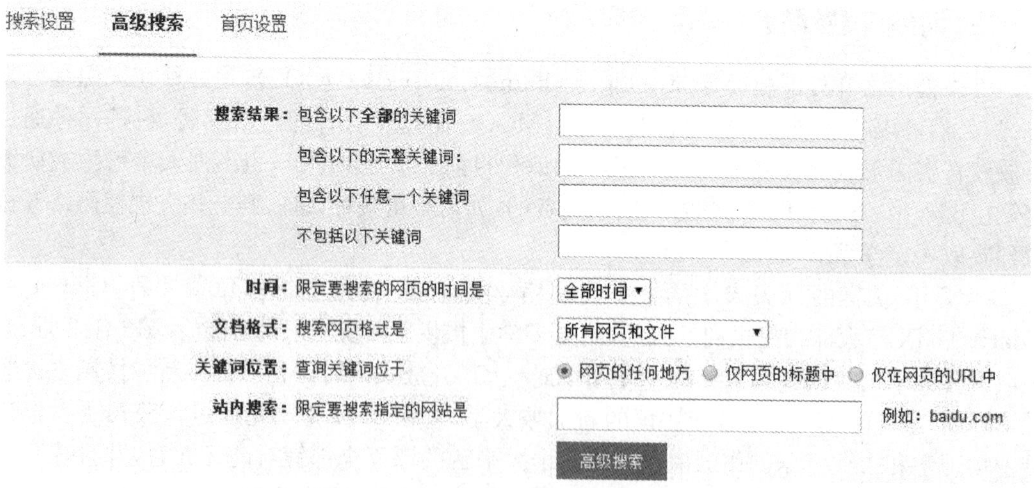

图 6.7 Baidu 高级检索界面

在"搜索结果:包含以下全部的关键词"中输入"考研信息",并且在"关键词位置:查询关键词位于"选项中选择"仅网页的标题中",如图 6.8 所示,这样可以进行标题检索,否则搜索到的网页会过多,并且不能保证查全率。

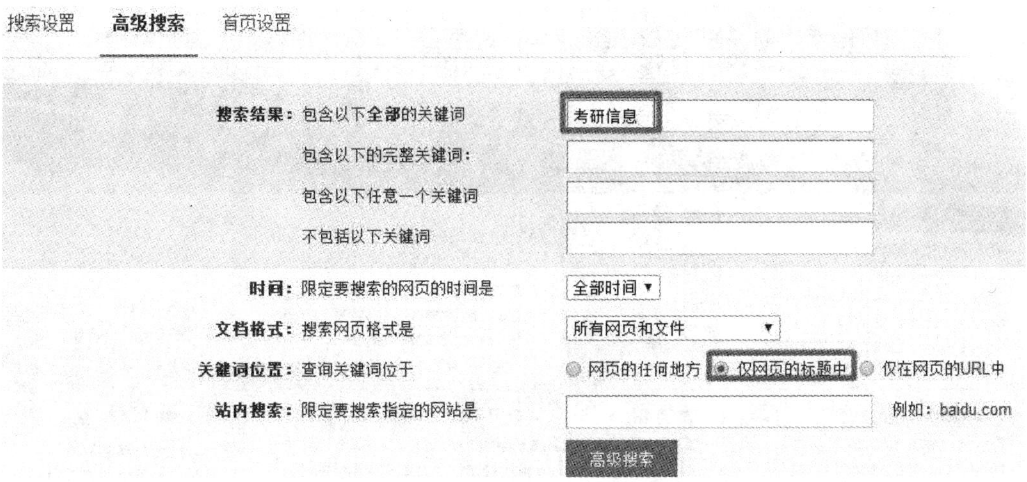

图 6.8 Baidu 高级检索输入界面

点击"高级搜索"后百度的高级检索结果界面,如图 6.9 所示。

图 6.9 Baidu 高级检索结果界面

(2)直接利用大学研究生院的网站,查找相关信息,信息一定准确无误,可以通过中国教育科研网(www.cernet.edu.cn),来搜索各大学的网站,如图 6.10 所示。

图 6.10 Baidu 中国教育科研网界面

例如:登录北京大学研究生院网站 http://grs.pku.edu.cn/,如图 6.11 所示,查找北京大学研究生招生信息。

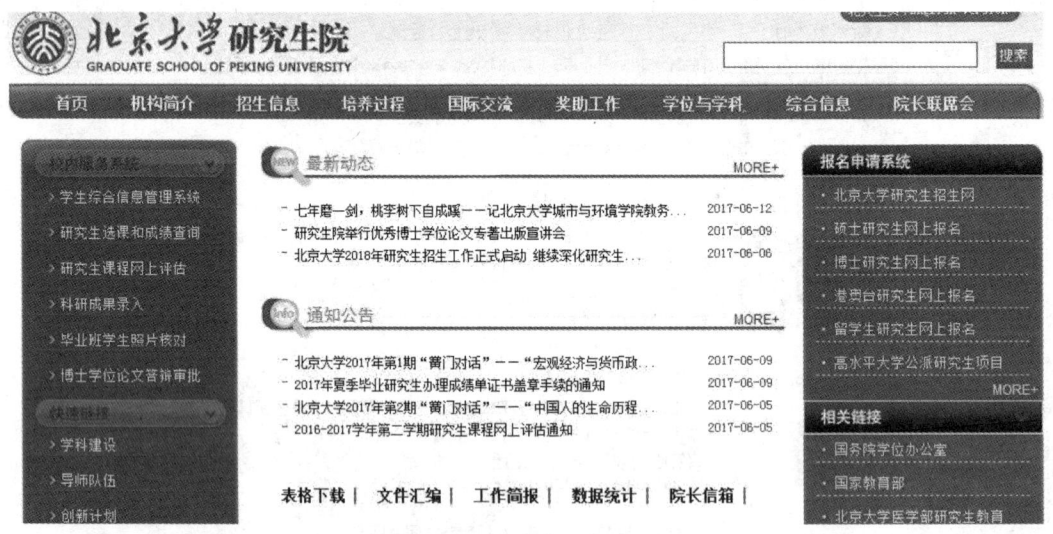

图 6.11 北京大学研究生院网站界面

进入清华大学研究生院网站 http://yz.tsinghua.edu.cn/,如图 6.12 所示,查找清华大学研究生招生信息。

与考研相关的网站还有考研加油站(www.kaoyan.com)、中国研究生招生信息网(yz.chsi.com.cn)、考研网(www.kaoyan.net)、国家教育部考试中心(www.neea.edu.cn)、中国教育中国考研信息网(www.chinese-edu.net)、考研天下(www.kaoyansky.com)等。

图 6.12　清华大学研究生院网站界面

案例二　用百度搜索引擎搜索 Office 文档中文件格式为 PPT 的"搜索引擎应用"方面的文档

(1) 进入百度"简单检索"页面,直接指定文档类型搜索,拟定检索式为 filetype:ppt 搜索引擎应用,点击"百度一下",检索结果均为"搜索引擎应用"课件,如图 6.13 所示。

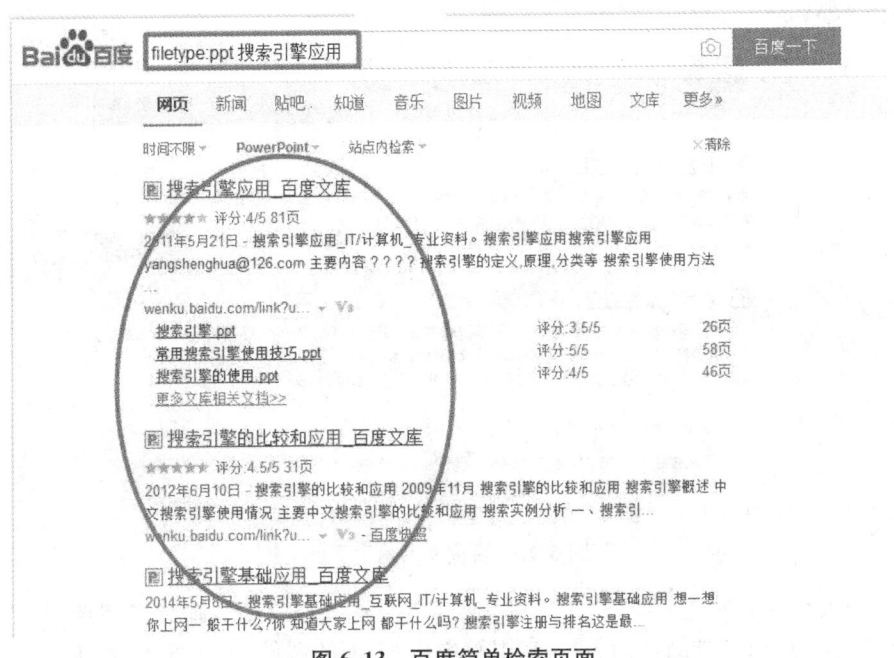

图 6.13　百度简单检索页面

(2) 进入百度高级检索页面,"搜索结果:包含以下全部的关键词"检索框输入"搜索引擎应用","文档格式:搜索网页格式是"部分选择"微软 Powerpoint.ppt",如图 6.14 所示,然后点击"高级搜索"。检索结果如图 6.15 所示。

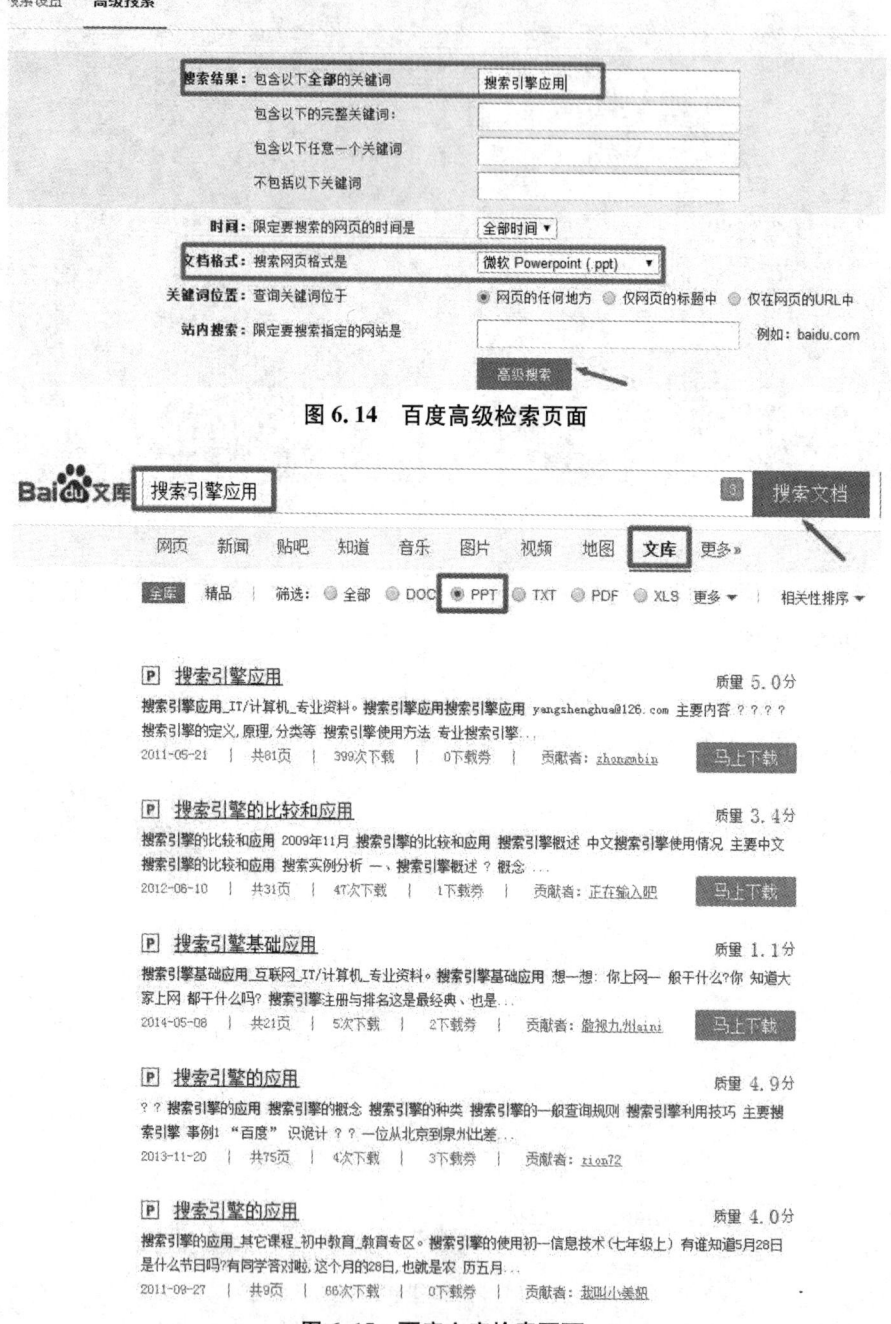

图 6.14　百度高级检索页面

图 6.15　百度文库检索页面

(3) 进入百度文库主页面,利用关键词搜索"搜索引擎应用",筛选类型选中"PPT",点击"搜索文档",检出文献同样均为"搜索引擎应用"方面的课件,如图 6.15 所示。

复习思考题

一、填空题

1. 搜索引擎按其工作方式主要分为三种：_____、_____、_____。
2. _____指以数字化形式记录的,以多种媒体形式表达的,分布式存储在互联网不同主机上的,并通过计算机网络通信方式进行传递的信息资源集合,是计算机技术、通信技术、多媒体技术相互融合而形成的,互联网上可查找、利用到的资源。
3. _____是一种在 Internet 上的应用软件系统,它以一定的策略在网络中搜集、发现信息,对信息进行理解、提取、组织和处理,并为用户提供检索服务。
4. 搜索引擎的原理可以简单看作三步_____—_____—_____。
5. _____是网络学术信息传播的一种重要的方式,用户通过公共 Internet 免费阅读、下载、复制、传播、打印和检索作品,或者实现对作品全文的链接、为作品建立索引和将作品作为数据传递给相应软件,进行任何其他出于合法目的的使用,除了保持作品的完整性之外,没有经济、法律或技术的限制。
6. _____是一种在线课程开发模式,人们可以通过网络来学习在线课堂。

二、判断题

1. "爱课程"网是教育部、财政部"十二五"期间启动实施的"高等学校本科教学质量与教学改革工程"支持建设的高等教育课程资源共享平台,该网站集中展示"中国大学视频公开课"和"中国大学资源共享课",并对课程资源进行运行、更新、维护和管理。（ ）
2. 基于目录的信息检索又称浏览,它是依靠专职编辑人员建立,完全依赖手工操作。（ ）
3. 网络信息资源类型按信息承载平台划分:网络资源指南和搜索引擎、联机馆藏目录、网络数据库、电子出版物、网上参考工具书、电子邮件、基于开放平台的协作型信息资源及其他。（ ）
4. Baidu 采用的是词语自动分割匹配,查找那些含有案例短语中的任意词的文献线索并按相关度由高到低排序。（ ）
5. 元搜索引擎是指用户使用关键词搜索,从互联网上提取的各个网站的信息而建立的数据库中,检索与用户查询条件匹配的相关记录,然后按一定的排列顺序将结果返回给用户,都包含页面标题和网址。（ ）

三、选择题

1. 下列不是常用搜索引擎网站的是（ ）。
   A. www.google.com   B. www.baidu.com
   C. www.yahoo.com   D. www.bgy.gd.cn
2. 在百度搜索引擎中,分别使用加上双引号的"上海科技大学"与不加双引号的上海科技大学进行搜索,加上双引号的搜索（ ）。
   A. 获得的搜索结果多   B. 获得的搜索结果更准确

C. 搜索的结果更全面　　　　　　D. 搜索结果中关键词被拆分了

3. 在 Google 或百度中精确检索关于"虚拟技术在内燃机中的应用"方面的 PDF 格式的文件,最宜使用下列哪一检索式?（　　）。
   A. filetype：pdf　虚拟技术在内燃机中的应用
   B. filetype：jpg　"虚拟技术在内燃机中的应用"
   C. filetype：ppt　虚拟技术在内燃机中的应用
   D. filetype：pdf　"虚拟技术在内燃机中的应用"

4. 检索求职简历的 WORD 文档,为了提高检索效果,要求"求职简历"出现在网页的标题中。比较合适的检索表达式是(　　)。
   A. 求职简历　　　　　　　　　B. 求职简历 word 文档
   C. intitle：求职简历 filetype：doc　D. 求职简历标题 word 文档

5. 国家奖学金申请要开始了,辅导员老师告诉大家有意申请的同学可以到学校网站上下载"国家奖学金申请表",填写后上交,随后写下一个下载网址。小张同学觉得自己学过信息检索,完全有能力通过搜索引擎找到这个文件,就没有去记这个网址。如果通过搜索引擎查找,比较合适的检索表达式是(　　)。
   A. 国家奖学金申请表
   B. 国家奖学金申请表四川师范大学
   C. 国家奖学金申请表 site：sicnu.edu.cn
   D. 国家奖学金申请表下载

6. 在百度搜索框中输入两个检索词,中间用空格连接,体现的是布尔逻辑(　　)关系。
   A. 或　　　　B. 且　　　　C. 非　　　　D. 以上三个

四、简单题

1. 搜索引擎按照资源的搜集、索引方法及检索特点与用途是如何分类的?
2. 搜索引擎概念及原理是什么?
3. 何为网络信息资源检索?网络信息资源检索的方法有哪些?

实践技能训练

1. 百度搜索山东科技大学图书馆网站中英语四六级在线考试的网址并写出检索式。
2. 搜索引擎查找"Site-directed mutagenesis investigation of coupling properties of metal ion transport by DCT1."的详细信息,包括作者、来源期刊名、卷期、页码,并给出该文章在收录数据库中的链接地址。
3. 搜索引擎搜索什么是转基因食品,列举 5 种现在市场上的转基因蔬菜,并注明其出处(网址)。分条简述转基因食品对人类生活的影响。
4. 以"计算机网络课程"为主题查找 DOC、PPT、PDF 各一篇,并提供文章所在的 URL。

微信扫码查看

第七章 学术论文写作规范

第一节 学术论文写作基础知识

一、学术论文的定义

学术论文是科研工作者在其研究领域中,通过严谨规范的科学研究而取得的研究成果,是一种原创性论文。学术论文,也称科学论文、科研论文、研究论文,简称论文,是对某一学科领域中的问题做比较系统、专门的研究和探讨,表述科学研究成果的理论性文章。中国国家标准 GB/T 7713—1987 对学术论文的定义是"某一学术课题在实验性、理论性或观测性上具有新进展的科学研究成果或创新见解和知识的科学记录;或是某种已知原理应用于实际中取得新进展的科学总结,用以提供学术会议宣读、交流或讨论;或在学术刊物上发表;或作其他用途的书面文件。"学术论文应提供新的科技信息,其内容应有所发现、有所发明、有所创造、有所前进,而不是重复、模仿、抄袭前人的工作。学术论文应针对科学领域中的现象和问题进行研究探讨,表述学术见解和研究成果。学术论文要站在一定的理论高度去观察和分析问题,并经过反复实验和充分论证得出新的发现和见解。

二、学术论文的类型

(一) 按研究内容表述形式划分

按照研究内容的表述形式划分,学术论文一般分为理论性、应用性、调查性和综述性 4 种类型。

1. 理论性论文

理论性论文是基础理论性研究成果的表达形式,即从学术性角度对基础理论研究信息进行收集、筛选、评价、分析、研究而形成的论文。其表现特征是具有抽象性,即以概念、判断、推理等逻辑思维方式而达到的高度抽象的理性认识形式;其基本研究方法主要是理论证明、数学推导和综合考察,有的也涉及实验和观测。

2. 应用性论文

应用性论文是应用性研究成果的表达形式,即运用基础理论知识,研究社会实践中的具体问题而形成的研究成果。其特点是具有明确的目的性和针对性,提出能够指导实践的具有可操作性的方案、措施;其成果能够直接应用于社会生活和生活实践中,具有社会和经济效益。应用性论文包括对策性研究报告、实验型论文、设计型论文等。

3. 调查性论文

调查性论文是对通过社会现象、客观事物以及文献资料的调查所获得的资料进行理论研究而形成的成果。其研究方法是对有关资料进行分析、综合、概括、抽象,通过归纳、演绎、类比,以得出某种新的理论和新的见解;其主要特征是所记载的材料其数据的真实性、全面性以及对事实材料所做的理论概括有相当的深度。调查性论文包括调查报告和专题调查报告。

4. 综述性论文

综述性论文是对分散的、不易集中的某学科领域的发展状况、研究现状、发展趋势等资料进行收集、整理、浓缩、介绍,并记录成文的成果形式。

(二) 按写作目的划分

1. 期刊论文

期刊论文是作者根据某期刊载文的特点和取向(表现为学科特征及专业特色),将自己撰写的学术论文有针对性地投稿,并被所投刊物采用发表的论文。

2. 会议论文

会议论文是作者根据即将召开的各种学术会议的研讨主题及相关的规定,撰写专题论文并投寄给会议主办单位,经有关专家审查通过后被录用的学术论文。这些论文将在会议期间进行大会交流或分组交流,会议论文可由主办单位集合出版会议论文集,未参加会议论文集出版的论文可向期刊投稿。

3. 学位论文

学位论文是作者为了取得高等学校及科研院所的相应学位,通过专门的学习、从事科学研究取得创造性成果或创造性的认识、观点,并以此为内容撰写而成学位论文。作为提出申请授予相应学位时评审用的论文,有学士学位论文、硕士学位论文及博士学位论文三种层次之分。

三、学术论文的特点

(一) 学术性

学术论文的学术性是指论文所研究的问题应该具有一定的学术价值,方向和内容应科学合理。要求作者在立论上不能带有个人好恶的偏见,不能主观臆造,要切实地从客观实际出发,从中引出符合实际的结论。在论据上,应尽可能多地占有资料,以最充分的、确凿有力的论据作为立论的依据。在论证时,必须经过周密的思考,进行严谨的论证。

(二) 科学性

科学性主要是指作者有实事求是的工作态度,能以科学的思想方法进行论述,得出科学的结论。在文章中表现为立论客观、合理,建立在对科研命题系统、深入、细致研究的基础上,切忌主观臆断或轻率盲从;论据真实、可靠,力戒不加核实、信手拈来或有意夸饰渲染;论证严谨、周密、逻辑性强、令人信服,不能含混矛盾、任意发挥,要论说有据,言之成理。

(三) 理论性

科学研究离不开理论思维。理论思维成果反映到论文里,构成论文的理论性。理论高度是人类认识发展的标志。论文所能达到的理论高度是衡量其水平和价值的重要标志之一。学术论文的理论性要求我们在论文写作中不能停留在就事论事的水平上,而是要分析具体事物的具体矛盾,从中找出事物的规律和本质,从而把自己的认识和发现上升到理论高度。

(四) 创造性

科学研究是对新知识的探求。创造性是科学研究的生命。学术论文的创造性在于作者要有自己独到的见解,能提出新的观点、新的理论。这是因为科学的本性就是"革命的和非正统的","科学方法主要是发现新现象、制定新理论的一种手段,旧的科学理论就必然会不断地为新理论推翻"(斯蒂芬·梅森)。因此,没有创造性,论文就没有科学价值。

四、学术论文写作的目的与意义

学术论文的写作,经过一代又一代的科研工作者的不断实践、探索、再实践、再探索,已总结出一些带有规律性的经验和体会,有的已经上升到一定的理论高度,可以用以指导学生,帮助他们少走些弯路,不用再经过很长的时间去探索,就能写出符合要求的较高质量的学术论文。因此,有必要对学术论文写作目的和意义做一个全面的归纳。

(一) 体现自己的劳动价值

科学研究是一种创造知识的活动,必须创造出前所未有的新知识。记录新的科学研究成果,是一种积累,将新的科学研究用语言文字记录下来,贮存在人类科技宝库中,体现出科研水平的继承性。当全社会共享作者的科研成果的同时,也就体现出科研工作者自身的劳动价值。

(二) 进行学术交流和技术交流的工具

学术论文不仅有贮存信息、传递情报的功能,而且它还能使人们从中汲取知识,并在此基础上不断地创造和发明,从而具有"再创造"的功能。学术论文的公开发表,能够交流与推广科研成果,促进向现实生产力的转化或推动科学技术的发展。正因为学术论文的发表不受时间和空间的限制,所以它是国内、国际进行学术和技术交流的有力工具。

(三) 促进科学研究工作的深化

作为科学研究的有机组成部分,学术论文必须具备科学性,这是由科学研究的任务所决定的。科学研究的任务是揭示事物发展的客观规律,探求客观真理,指导人们改造世界。无论社会科学还是自然科学都必须根据科学研究这一总的任务,对本门学科研究的对象进行深入的探讨,揭示其规律。通过论文的写作,往往可以发现自己科研工作的不足,补充或继续深入地进行研究。这样,既能进一步提高研究水平,还能促进自己科学素质的提高,甚至开拓新的研究领域。

(四) 有益于培养和发现人才

大学生的基本任务是学习。为了适应毕业后的工作任务,在学习期间,要学习好基础课和专业课,系统地掌握专业基础知识、基本理论,打好基础。但是掌握理论知识不是目的,目的是为了将来创造性的工作做好准备。为此,就要求学生在学习期间掌握已经学到的理论知识和培养解决实际问题的能力。这就要求学生通过毕业论文和学位论文的写作,运用已学知识对未知知识进行研究和探讨,锻炼和培养独立分析和解决问题的能力。

了解科学研究的过程和方法,懂得怎样搜集和整理材料,怎样利用图书馆,怎样检索文献资料,学会科学研究的基本方法,使学生学习如何撰写论文,懂得选题的重要性、选题的原则和方法,使他们能够运用已经掌握的知识来处理某个课题,进行新的探索,在探索中提高他们的认识能力和培养创新精神,使他们的智慧得到开发,智力得到提高,学会创造性地劳动。

撰写学术性的毕业论文和其他各种论文,有助于培养青年知识分子对科学研究的热情和对工作的责任感。学术论文的创造性是衡量学术论文价值的根本标准。在学生撰写论文的过程中,可以培养人才、发现人才,各行各业的科研人员的科研成果、创造发明用学术论文的形式写出来,发表出来,为社会所承认,转化为社会知识的组成部分,转化为社会生产力,这也是青年知识分子成才的标志。

(五)作为业务考核、晋升学位和职称评定的条件

我国是一个大国,需要培养千千万万的科研工作者和专家,就要通过培养和考核来选拔人才,而进行考核的主要内容之一就是撰写论文。一个科研工作者撰写的论文或发表的学术论文的数量和质量,事实上已经成为考核其业务成绩、晋升学位和职称的重要的公认的标准之一,同时也是发现人才的重要渠道。

因此,无论从个人角度,从单位角度,还是从国家的角度来看,都需要培养和提高科研人员写作各类学术论文的能力。国内外许多事实证明,一些著名科学家的社会声望,不仅仅取决于他们的学术成就和工作能力,在同等学识的条件下,一个文笔和口才出众的专家学者往往会赢得社会更大的认可。

无论大学生、研究生将来从事什么研究、从事什么职业,也无论他们职位的高低,都要经常地或多或少地写些东西。学术论文写作,除了成为他们的业务考核、晋升学位和职称评定的相应条件外,论文水平的提高还将给他们带来许多好处,并且终身受益。

第二节 学术论文的写作与发表

一、选题

所谓选题就是确定论文的题目,明确论述的对象、范围、角度。学术论文的选题是完成一篇论文最重要、最关键的环节,也是作者最感困惑、最费精力的阶段。爱因斯坦在评价伽利略提出的测定光速问题时指出:"提出一个问题往往比解决一个问题更重要,因为解决一个问题也许仅仅是一个数学上的或实验上的技能而已。而提出新问题、新的可能性,从新的角度去看问题,却需要有创造性的想象力,而且标志着科学的真正进步。"选题直接影响并制约着论文的效果和价值。由此可见,"正确的选题是学术论文成功的一半"的说法是合理的。

(一)选题的原则

正确的选题应是作者结合自己的实际情况,尽量发挥自己的优势和长处,根据自己的实际能力选择合适的题目和范围,选题时应避免选题过大。同时,选题时也应考虑到研究所需资源的保障问题,没有充足的资源而开展研究是不可行的。另外,选题还应考虑到时间和资

金问题,理科论文还应考虑到实验设备和实验的可操作性等问题。

1. 学术性

学术性是选题首要坚持的原则,没有学术价值的文章也无法称之为学术论文。选题应该从整个学科或专业的全局出发,研究该课题在学科建设中的地位以及对本学科或者专业发展的作用,要把那些对学科发展起重要作用的问题作为自己的研究对象,发现并研究对本学科、本专业的建设与发展起引导和开拓作用的问题,选择那些对各项工作有重要指导和推动作用的重大理论问题作为论文的选题。

2. 实用性

实用性是指选题要从社会实际需要出发,论文内容要具备为国民经济建设、科学技术发展、人民生活提高等方面服务的作用,要能够为科学技术转化为生产力服务。对于时代所提出的课题的一种解答是学术论文写作的最基本动因,随着时代进步、社会发展,新问题会不断呈现,也需要不断研究来解决。尤其是和社会现实联系最紧密的方面,是最具有现实性特点的问题。在选题的过程中,要尽量贴近社会现实需要,结合所学专业的选题与社会现实需要紧密联系。从某个角度讲,选题的最终价值并不仅仅是主体因素,还包括社会这一客观因素,衡量学术论文的最终价值取决于论点对现实社会的实际作用。

3. 创新性

选题应切合实际,在实用的基础上力求创新。创新是学术与科学研究的生命,论文的选题要刻意求新,即表现自己的新看法、新观点。新颖的观点是文章的灵魂,也是文章存在的价值所在。在论文的题目中,要用简洁的语言包含论文中作者的新观点、新见解和新发现,起到醒目的作用,以利于论文的新颖观点为更多读者所接受。选题的创新性潜在包含两个方面要求:一是选题要有适当的难度,要有利于呈现作者的科研能力和水平,发挥作者的创造精神。这要求作者要有严肃的科学态度和高度责任感。二是要在现有研究成果的基础上有所提高和突破,要了解本学科、本专业和相关研究领域的研究进展和发展趋势,了解研究历史,在此基础上,提出自己独特的见解。

(二) 选题的方法与途径

1. 选择自己熟悉的课题

一般说来,自己最熟悉的东西,对它才能有独特的见解或深刻的理解,对它才能有较全面的看法,才能提出新的观点或新的做法,反之便达不到这种目的。选题时要注意扬长避短,所以选题要切合自身实际,力求选择那些与自己所学专业对口,或者自己原有知识基础较好,又有一定研究条件的选题。

2. 选择新课题

选择新课题也可以叫选择前人没有研究过的问题,学术论文最大价值是其创造性,所以在选题时应写那些前人没有研究过的问题。正像控制论的创始人维纳说的"在科学发展史上可以得到最大收获的领域是各种已经建立起来的部门之间被忽视的无人区。"当然,这是具有开拓意义的研究,既然是开辟新领域,就要提出新观点,所以难度较大,但一经成功,则有较大影响。

3. 选择热门课题

许多专业不同时期总有不同的中心议题。由于它是议论的热点,智者见智,仁者见仁,相互讨论、相互补充,容易深入思考,产生独到见解。又因为热点话题往往是与广大人民群众密切相关,是社会亟待解决的问题,运用理论知识对其进行研究,提出自己的见解,探讨解决问题的方法很有现实意义。

4. 选择冷门课题

与热门选题相反,有些议题因其难度大,或其重要意义还不为人们所认识而成为冷门。如果作者能耐得寂寞,不畏艰难,坚持研究下去,也能收获成功的喜悦。

5. 选择有争论的课题

这类课题虽然有不少人研究过,但各有所见,以至于几种观点并存。我们可以在分析诸种观点的基础上,或者是吸取争论诸方的合理成分,另辟蹊径,创立新说,或者是择其善者而从之,补充新的论据,改变论证的方法,使论证更为充分,更加严密。

6. 选择向传统观点提出质疑的课题

人认识的真理性是相对的,认识不可能一次完成,绝对正确。即使是真理,也还需要发展。更何况,由于历史局限,前人的观点还有许多错误的东西。可以选择对传统观念提出质疑的课题,以新的角度、新的研究方法、新的材料做进一步研究,大胆假设,小心求证,纠正原来片面、偏颇甚至错误的观点,积极大胆、实事求是地探索真理,也是很有创造性的选题。

7. 选题要注意题目大小适中

初学者以题目小一点为好,因为题目太大了,驾驭不了,难以完成。即使勉强完成,内容也会贫乏、空泛。题目小一点,容易把握得住,经过努力能够完成。

二、收集资料

资料的收集是科学研究的依据和基础。可以说,科学研究过程就是文献信息的获取、积累、整理、加工的过程,这是写好学术论文的基础。只有掌握足够的资料,才能了解自己研究学科的发展阶段、发展动向、研究范围和深度、存在的问题等。一般的资料主要包含以下几个方面。

(一) 通过自己实验、调查得来的资料

这是最主要的,也是最根本的素材,是论文中提出论点的基本依据。收集资料应注意其真实性、典型性、新颖性和准确性。这是撰写论文的出发点,也是论文质量高低的前提。但值得注意的一个倾向是局限于自己的直接感官素材,从而不去参考或钻研他人的研究成果,会导致立意不高、眼界不宽,影响论文的写作质量。

(二) 其他学者的论文和科研成果

需要注意的是任何科研都不可能是一个人独自完成的,正确的科研方法应该是在大量掌握前人的研究成果后,将自己的新发现结合已有的成果展现出来,这是一项新发现得以立足的重要因素。收集和研读前人的研究成果可以使我们避免重复,站在新的高度,用更广阔的眼光审视科研,做出具有前瞻性的成绩。

(三) 资料收集应注意的问题

(1) 对资料的收集必须把握研究的主题,阅读中应注意不可被非研究资料吸引,到处"流连忘返",忘记了研究主题需要的是什么。也就是说,对资料必须进得去、出得来,始终围绕主题这个中心。

（2）对资料要作科学处理，要尽量消化、理解、融会贯通，化为自己真正可以吸收的东西，切忌望文生义，一知半解便盲目地搬用，生吞活剥；或者是有意地断章取义，甚至歪曲原意，对资料采用自利态度。

（3）资料的使用应避免"观点＋例子"的形式。在学术论文写作的过程中，使用资料时应避免"观点＋例子"的形式，必须有逻辑上的必然联系和文字上的融为一体，使资料真正变成论文的一个有机部分。

三、拟定提纲

写作提纲是论文写作的设计蓝图，是对论文进行构思和设计的过程，可描绘出通篇的轮廓，先写什么、后写什么，前后表述如何一致，首尾如何贯通呼应，全文的重点在哪里等，在提纲中都可一目了然。拟写提纲是构思文章实用而有效的办法，也是锻炼思路、提高构思能力的手段。

（一）拟定提纲的原则

（1）提纲要紧贴主题和论点。拟定提纲时，要结合选题和论点，确定从何角度以何种方式立论，以及中心论点之下有哪些次要论点。文章的内容和结构要服从论文的立论，各级纲目都要围绕主要论点和从主要论点区分出来的次要论点展开，主次分明，从容序列，为全文的写作打好基础。

（2）提纲结构要有逻辑性。由于科研工作研究的对象都具有自身的规律性，要揭示反映这种规律性及其多个现象之间的联系，论文的纲目结构必须要具有严密的逻辑性。论文的逻辑性主要表现在论文结构、论证、论述过程等各个方面，既在横向纲目之间，又在上下层次的纲目之间，以及它们和它们所包含的内容之间。

（3）提纲结构要完整齐备。由于论文内容反映的是一个完整的研究过程，要表达完整过程就要有一个完整的结构。完整的论文结构要求有合理的布局，将文章各部分有机地组织在一起，使整篇文章层次清楚、前后呼应、材料充实，文字疏密得当。这些都必须建立在纲目的完整性基础上。

（二）拟定提纲的方法

论文提纲可简、可详，一般有标题式和句子式两种。标题式写法是以简要的语言，以标题的形式把该部分内容概括出来，这种写法简明扼要，一目了然。句子式写法是以能够表达完整意思的句子形式把该部分内容概括出来，这种写法具体明确，但费时费力。

四、撰写初稿

撰写初稿是按照拟订的论文结构和写作提纲，运用语言文字，将作者的研究成果、思想观点表达出来。撰写初稿之前，许多思想是模糊的、混乱的、未成形的，撰写初稿时使它们明朗化、条理化、定型化。在行文的过程中，将原来的选题、创意、布局不断调整、补充、修正，这是文章从内容到形式的基本成形的过程。

（一）撰写初稿要求

（1）围绕中心，紧扣主题。中心论点是学术论文的灵魂和核心，学术论文的各个环节都是围绕中心论点而展开。材料的取舍、结构的安排甚至句式的选择、词语的使用都要紧紧把握中心论点,这样写出的文章不至于杂乱无章、支离破碎。

(2) 思路清晰,完整统一。学术论文除要做到观点鲜明,中心明确外,各部分之间要具有内在的逻辑联系。比如各段落之间要完整统一,每段大意要单一而不杂乱,还要注意段与段之间的衔接,使得全文每一段落、每一章节、每一部分都能前后照应、浑然天成。

(二) 撰写初稿的方法

(1) 全文一气呵成法。一气呵成法指按照事先拟订的写作提纲,一直写下去,不使思路中断,直到初稿完成后,再对文稿仔细推敲、修改和润饰。这种方法要求作者对论文各部分内容了如指掌,各种材料准备得很完备。即使在写作过程中遇到观点不深刻、材料不充实、结构不严谨、文字不通顺时,一概不做停顿,待到初稿完成后再做修改。

(2) 按章节各个击破法。对于篇幅较长的论文,可把论文划分成若干个相对独立的部分,然后逐个部分撰写,最后排列组合成一篇完整的论文。这种方法使作者不受写作提纲中部分与部分之间排列顺序的限制,考虑成熟一部分,撰写一部分。这种写法要注意根据实际情况,制订出分段写作的计划,既要保持各部分内容的独立性,又要保证论文的完整统一性。

五、学术论文格式规范

学术论文的内容和表达方式虽各不相同,但贯穿其中的思想方法和科学逻辑思维却基本相同。因此,学术论文的写作格式越来越趋于程式化和国际化。国内外对论文格式的要求基本上是一致的,一般由前置部分、主体部分、后置部分组成。

(一) 前置部分

1. 题名

题名又叫篇名,是学术论文的中心和总纲。它要求用最简洁、恰当的词组反映文章的特定内容,把论文的主题明白无误地告诉读者,并且使之具有画龙点睛,启迪读者兴趣的功能。题名应简短,不应很长,国际上不少著名期刊都对题名的字数有所限制。对于我国的学术期刊,论文题名用字不宜超过 20 个汉字,外文题名不超过 10 个实词。使用简短题名而语意未尽时,可借助于副标题名以补充论文的内容。

2. 作者署名及工作单位

作者署名是文责自负和拥有著作权的标志,便于读者与作者联系及文献检索,应是参加论文撰写的主要人员,按贡献大小先后排列,需用真实姓名,一般不用笔名、化名,不带头衔或职称,署在文章标题下一行,多个作者时姓名之间用",""分开。作者单位及其通信地址应用全称,不能用简称,写在姓名下一行,并要注明地区及邮政编码,同时,在篇首页页脚标注主要作者简介,内容包括姓名、性别、出生年月、学历、学位、职称、研究方向、E-mail、联系电话等(作者简介也可放在文章最后,视投稿期刊要求进行标注)。

3. 摘要

摘要是以提供文章内容梗概为目的,不加评论和补充解释,简明、确切地记述文章重要内容的短文。其基本要素包括研究的目的、方法、结果和结论。摘要应具有独立性和自明性,并拥有与文献同等量的主要信息,即不阅读全文,就能获得必要的信息。摘要有报道性摘要、指示性摘要。一般的学术论文都应尽量写成报道性摘要。报道性摘要是文章的主题范围及内容梗概的简明摘要,相当于简介。它反映了论文的目的、方法及主要结果与结论,在有限的字数内向读者提供尽可能多的定性或定量的信息,充分反映该研究的创新之处。指示性摘要是文章的论题及取得的成果的性质和水平的摘要,其目的是使读者对该研究的主要内容(即作者做了什么工作)有一个轮廓性的了解。通常中文文摘要求200字左右。

摘要的内容不得简单地重复文章中已经表述过的信息,要求结构严谨,语义确切,表述简明,一气呵成,一般不分段落;忌发空洞的评语,不做模棱两可的结论。要用第三人称的写法,应采用"对……进行了研究"、"报道了……现状"、"进行了……调查"等记述方法,不必使用"本人"、"作者"、"我们"等作为摘要陈述的主语。

4. 关键词

关键词是从其题名、层次标题和正文中选出来的,能反映论文主题概念的词或词组,是表达文献主题概念的自然语言词汇,是学术论文的文献检索标识。一般每篇文章标注3~8个,英文关键词与中文关键词相一致。

5. 中图分类号

中文学术论文应按照《中国图书馆分类法》对论文标引分类号。一篇论文一般提供一个分类号,涉及多学科的可给出几个分类号,主分类号排在第一位。

6. 文献标识码

文献标识码是我国目前较有影响的大型全文学术期刊数据库《中国期刊网》对其收录的期刊上刊登的论文的类型所规定的标识码。

A——理论与应用研究学术论文(包括综述报告)。

B——实用性技术成果报告(科技)、理论学习与社会实践总结(社科)。

C——业务指导与技术管理性文章(包括领导讲话、特约评论等)。

D——一般动态性信息(通讯、报道、会议活动、专访等)。

E——文件、资料(包括历史资料、统计资料、机构、人物、书刊、知识介绍等)。另外,不属于上述各类型的文章以及文摘、零讯、补白、广告、启事等不加文献标识码。

7. 基金项目

论文如系国家基金项目或部、省级以上攻关课题,应在论文文题页脚注中注明。基金项目名称及编号应按国家有关部门规定的正式名称填写;多项基金项目应依次列出,之间以分号隔开。例如,基金项目:国家自然科学基金资助项目(60474013);山东省优秀中青年科学家基金资助项目(2004BS01010)。

(二) 论文的主体部分

1. 引言(或前言)

学术论文一般都有引言或前言,以概述本论题研究目的、意义、背景、范围、主要方法、前人工作程度、目前的研究现状和存在的问题,以及该项研究工作在本学科中的地位、作用等。必要时还可写出该项研究工作的区域范围、合作单位和个人。引言应能起到引导全文和为正文主体部分奠定基础的作用。引言的写作要注意开门见山,言简意赅,不要与文摘雷同,或成为文摘的注释。"引言"或"前言"二字通常可以省略。

2. 正文部分

正文是学术论文的核心组成部分,正文应充分阐明论文的观点、原理、方法及具体达到预期目标的整个过程。由于研究工作涉及的学科、选题、研究方法、工作进程、结果表达方式等存在很大差异,对正文的内容不能规定得千篇一律。但实事求是、客观真实、合乎逻辑、层次分明、简练可读是任何一篇学术论文的起码要求。根据需要,论文可以分层深入,逐层剖析,按层设分层标题。分层标题是指文章题名以下的各级分标题。分层标题应简短明确,准确反映该层次的内容。同一层次的标题应尽可能"排比",即语词类型意义相同或相近,语气一致。分层标题一般以15个字以内为宜,最多不超过当行字数。

3. 结论

结论又称结束语、结语。它是在理论分析和实验验证的基础上,通过严密的逻辑推理而得出的富有创造性、指导性、经验性的结果描述。它又以自身的条理性、明确性、客观性反映了论文或研究成果的价值。结论与引言相呼应,同摘要一样,其作用是便于读者阅读和为二次文献作者提供依据。

(三) 后置部分

1. 致谢

现代科学技术研究往往不是一个人能单独完成的,而需要他人的合作与帮助,因此,当研究成果以论文形式发表时,作者应当对他人的劳动给以充分肯定,并对他们表示感谢。致谢的对象是对本研究直接提供过资金、设备、人力,以及文献资料等支持和帮助的团体和个人。致谢一般单独成段,放在文章的最后面,但它不是论文的必要组成部分。

2. 参考文献

参考文献是指那些著者亲自阅读过和论文中引用过,而且是正式发表的出版物,故一般又称之为引文。

1) 参考文献的表现形式

学术论文中参考文献的表现形式(加注的方法)主要有以下三种:

夹注,即段中注,在正文中对被引用文句在相应位置标注顺序编导并置于方括号内。在文后参考文献著录部分其编号与正文部分对参考文献的完整记录内容顺序一致。

脚注,在某页中被引用文句出现的位置加注顺序编号并置于括号内。同时,在当前页正文下方编排相应编号参考文献的完整记录。

尾注,将所有需要记录的参考文献顺序编号,统一集中记录在全文的末尾。

2) 参考文献的著录项目

(1) 主要责任者。主要责任者是指对文献的知识内容负主要责任的个人或团体,包括专著作者、论文集主编、学位申请人、专利申请人、报告撰写人、期刊文章作者、析出文章作者等。多个责任者之间以","分隔,责任者超过3人时,只著录前3个责任者,其后加"等"字。主要责任者只列姓名,其后不加"著"、"编"、"合编"等责任说明文字。

(2) 文献名及版本(初版省略)。文献名包括书名、论文题名、专利题名、析出题名等。文献名不加书名号"《》"。

(3) 参考文献类型标识。在参考文著录中,用英文大写方式标识以下各种参考文献类型。

常用文献类型标识:专著[M];期刊[J];论文集[C];学位论文[D];标准[S];报告[R];专利[P];报纸[N]。

电子文献类型标识:数据库[DB];计算机程序[CP];电子公告[EB]。

电子文献的载体类型及其标识:联机网上数据库[DB/OL];磁带数据库[DB/MT];光盘图书[M/CD];磁盘软件[CR/DK];网上期刊[J/OL];网上电子公告[ED/OL]。

(4) 参考文献起止页码。参考文献的起止页码,指引文所在的位置编码。应著录引文所在的起始页码或起止页码,如为起止页,则在2个数字之间用"-"号连接,如10-12。若论文中多次引用同一文献上的多处内容,则应依次著录相应的引文所在起始页码或起止页码,各次之间用","相隔。例如,2016:135-138,145,156-159。

3) 参考文献的著录格式

(1) 图书著录格式。

图书(原著):

[序号]著者. 书名[M]. 版本(第1版不著录). 出版地:出版者,出版年:引文页码.

例如:[1] 王伟,钟绍春. 研究生活必备的八堂课[M]. 北京:清华大学出版社,2013:18-20.

图书(译著):

[序号]著者. 书名[M]. 译者,译. 版本. 出版地:出版者,出版年:引文页码.

例如:[2] 霍斯尼 RK. 谷物科学与工艺学原理[M]. 李庆龙,译. 2版. 北京:中国食品出版社,1989:15-20.

(2) 期刊著录格式。

[序号]著者. 题名[J]. 刊名,出版年份,卷(期):引文页码.

例如:[3] 柯平,邹金汇,宫平. 战略管理工具在公共图书馆"十三五"规划中的应用[J]. 图书馆,2016(10):9-14.

(3) 学位论文著录格式。

[序号]著者. 题名[D]. 出版地:出版者,出版年:引文页码.

例如:[4] 陈冬. 地震多属性分析及其在储层预测中的应用研究[D]. 北京:中国地质大学,2008:1-113.

(4) 论文集著录格式。

[序号]著者. 题名[C]//著者. 专题名:其他题名. 出版地:出版者,出版年:引文页码.

例如:[5] 白书龙. 植物开花研究[C]//李承森. 植物科学进展. 北京:高等教育出版社,1998:146-163.

(5) 电子文献。

[序号]主要责任者. 题名[文献类型/载体类型]. 发表或更新日期/引用日期. 电子文献的出版或可获得地址.

例如:[15] 台北市立图书馆 2005—2010 年战略规划. [2015-07-22]. http://www.tpml.edu.tw/TaipeiPublicLibrary/index.php?subsite=english&page=english-about-plan05_10.php.

六、论文修改

好文章都是改出来的,对完成的初稿要反复推敲琢磨,经过多次修改、润饰,论文才能更加完善。

(一)论文修改的范围

1. 论点

论点的修改要综观全局,立足全篇。首先要审视中心论点是否正确、集中、鲜明、深刻,是否有创新。再者根据中心论点审视各分论点是否与中心论点保持一致。

2. 结构

结构是文章的整体框架,是作者思路的表现,也是表达思想内容的重要手段。结构包括层次、段落、开头和结尾等内容。论文的结构是否完整、严密,层次是否清晰,段落划分是否合适,开头和结尾是否呼应,直接关系到论文的表达效果。调整结构时注意把杂乱无章的层次梳理顺畅,上下文断裂的地方连贯协调,详略不当、轻重倒置的调整适宜。

3. 材料

对选用的材料要求真实、典型、新颖、合适,恰到好处,不滥不缺。如不符合要求,就要增补、删减、调换。

4. 语言

语言运用是否准确、精炼,直接影响论文的质量。对语言的修改,是对字、词、句及标点符号的修改。要看用词是否准确,句子是否通畅,使语言精练,文字通顺。

5. 标题

标题的修改包括总标题和节段标题的修改。总标题在写作前已经拟好,对文章的写作有重要的指导作用。初稿完成后,应根据内容对总标题再进行斟酌和推敲,如文不配题,要再调整、修改使之具有高度概括性。对节段标题要检查层次是否清晰,格式是否一致。对同一层次的标题表达应一致。

(二)论文修改的方法

论文修改的方法主要有热改法、冷改法、求助法和诵读法。

1. 热改法

热改法指初稿完成后立即进行修改的方法。在作者完成初稿,还处于写作兴奋状态,对需要删改的地方及时修改。这种方法比较适合对论文进行补充修改。

2. 冷改法

冷改法指初稿完成后,放上一段时间再修改的方法。论文初稿完成后,不急于修改,待写作兴奋期已过,跳出原来的思路和情绪,用一种更加客观、清醒的眼光重新审视原稿,能够摆脱原来固定思路的束缚,发现原稿中的不足和毛病,修改时更趋理性。

3. 求助法

求助法指初稿完成后虚心听取别人的意见,请求他人帮助修改的方法。由于每个人的生活阅历、文化水平和思维方式不同,别人意见可作为参考意见,不一定要全盘接受。

4. 诵读法

诵读法指初稿完成后,诵读几遍发现问题及时修改的方法。通过诵读,有时会发现论文存在的问题,能把论文修改得更好。

七、学术论文的发表

作者撰写学术论文的目的在于发表,使自己的劳动成果能得到同行专家和社会的认可。

学术论文大多数是通过学术期刊发表的，也有的是通过学术会议的论文集或专业报纸发表，前者是学术论文发表的主要形式。

（一）投稿

投稿，一般是指作者向学术期刊投寄学术论文，编辑部接受的稿件主要是手写稿、打印稿、电子稿，现在以电子稿为主。一般来说，期刊编辑部接受来自任何个人的论文投稿，只要稿件符合期刊的规范要求，内在质量高，编辑部就愿意发表。为了提高论文的发表率，应选择合适的期刊进行投稿。

学术期刊一般都有明确的办刊方针。办刊方针规定了学术期刊的性质、任务、报道范围、读者对象、刊期、版面以及发行方式。投稿时尤其要注意它的报道范围和刊期。若投寄的稿件不在其报道范围之内，自然不会予以发表。刊期短者，发文的速度快且用稿量相对较大；刊期长者，发文的速度慢且用稿量相对较小。投寄稿件前要充分考虑自己论文的内容和水平，一般来说，级别越高的期刊，论文的质量要求也越高。因此，作者一定要正确评估自己论文的质量，为自己的稿件选择一个合适的期刊。如果质量一般，则不妨向一些普通期刊投稿，把握相对来说就会大一些。

学术期刊有正式出版者，也有非正式出版者。投稿前可到中华人民共和国国家新闻出版广电总局中国记者网查阅该期刊是否备案，查阅中国知网（CNKI）或万方数据库对该期刊的收录情况。学术期刊根据其主办单位的级别也可分为国家级、省级、地市级等。一般来讲，主办单位的级别愈高，其刊物的档次愈高，对论文的水平要求愈高。除此之外。学术期刊还有核心期刊和非核心期刊之分。核心期刊指在本学科中刊载专业学术论文量（率）大，引用量（率）、文摘量（率）、利用量（率）高，被专家公认为代表该学科或该领域发展水平和方向的少数期刊。核心期刊具有学术的权威性，对论文的质量要求更高。目前大多数期刊都有自己的网上投稿平台，极大地方便了学者投稿，学者可网上查找、注册以便投稿并及时查阅审稿过程。另外，在投稿前一定要小心谨慎，在自己不能辨别的情况下，可咨询图书馆等专业部门，以防投到非法期刊或非正规期刊。

（二）审稿

编辑在收到来稿后，认为不适合在本期刊发表的来稿不送同行评议，编辑会及时通知作者，一般在2个星期左右。进入同行评审过程的稿件，将被送交两名或几名外部审稿人。大多数期刊是匿名审稿。所以当稿件被编辑部退回修改时，说明文章已向刊出迈出了一大步，但是并不能说明一定登载。这时，作者应认真地考虑修改意见，并进行修改。如果对修改意见有不同的看法，也可向编辑提出自己的观点，但应注意态度的诚恳和语言的得体。如果稿件没有得到编辑的青睐，笔者也不应灰心，通常编辑者会给出文章被驳回的原因，作者应正确地对待编辑的意见，对自己的文章进行进一步完善，然后可再进行其他期刊的投稿，直至发表为止。

（三）论文发表的法律与道德

当一篇论文被接受在期刊上发表后，论文作者应该明白和遵守双方的法律约定，避免正式出版后的学术道德问题，保证没有虚假、伪造、抄袭、剽窃等违反著作权的行为。另外不要一稿多投，所谓一稿多投指同一作者的同一论文同时向多家期刊投稿。这样容易造成多家刊物同时或先后发表同一篇论文，造成重复发表，有损作者和期刊的声誉。但目前作者本人的硕士、博士论文在取得相关学位或过后,可以再投公开发行的刊物。

第三节 毕业论文的写作规范

一、毕业论文的定义

毕业论文是指高等学校应届毕业生在指导教师指导下独立完成的用来表述科学研究成果和阐述学术观点的总结性的学术文章。毕业论文的主要特征是由应届毕业生承担和独立完成,需要运用所掌握的本专业的基础理论、专门知识、基本技能开展学术研究,分析和解决一些理论问题和实际问题,是完成全部学业的必修科目之一。由于毕业生的层次不同,毕业论文在学术性方面的标准和要求也有所不同。

二、毕业论文写作的意义

毕业论文是大学教学计划中一个重要环节,它与其他教学环节构成一个有机的整体,又是各教学环节的继续、深化和检验。毕业论文写作的目的是培养学生综合运用所学专业理论知识和技能,培养学生对本专业领域问题的观察能力、思维能力、分析能力、判断能力、创新能力、文字表达能力和解决实际问题的能力,使学生养成勇于探索、严肃认真的科学态度和严谨求实的工作作风,为学生今后从事专业领域的相关工作和撰写学术论文奠定良好的基础。毕业论文写作具有重要意义,主要体现在以下几个方面。

(一)对学生综合素质和教学质量的综合检验

进行毕业论文写作之前对学生的考试通常是按单科进行的,主要考核学生对本门课程所学知识的记忆程度和理解程度。但写好一篇毕业论文,就要求学生系统地运用所学的知识和技能,理论与实际相结合,有较宽的知识面和一定的写作功底,提高分析问题、解决问题的能力,并在毕业论文写作过程中得到拓宽、深化和升华。

(二)有助于学习与工作态度的养成

进行毕业论文写作能够提高学生对工作认真负责、一丝不苟、敢于创新和协作攻关的精神,以及对事物潜心考察、勇于开拓、勇于实践的态度;能培养学生勇于探索、严谨推理、实事求是、用实践检验理论、全方位考虑问题等科学技术人员应具有的素质,养成理论联系实际的工作作风和严肃认真的科学态度。

(三)提高查阅和利用文献资料的能力

在教师指导下独立进行调查研究、搜集资料、分析综合、实验研究、推理论证和系统表述,培养学生从文献、科学实验、生产实践和调查研究中获取知识的能力,使学生会利用别人的经验,从其他相关学科找到解决问题的新途径。

(四)提高提出问题、分析问题、解决问题的能力

培养学生能综合利用所学知识去处理实际问题的能力,如设计、计算和绘图的能力,实验研究和数据处理的能力;能发现问题和提出问题,会综合分析和总结归纳;能综合运用所学知识,拓宽学生的知识面和掌握知识的深度,善于对这些知识综合利用来独立完成课题,

提高外语、计算机应用能力等。

(五) 提高学生文字及口头表达能力

学生走向工作岗位后,写一份报告或总结,向领导作一些口头汇报是经常的事情,而毕业论文写作的成果是除了要交一份完整的书面材料,还要在答辩中为自己进行辩说,因此,学生在完成这一教学环节中得到了很大的锻炼。

毕业论文写作对于保证教学质量,培养合格的大学毕业生具有重要意义。因此,无论从学校方面还是从学生方面,都必须十分重视毕业论文的指导和写作,确保毕业论文写作任务的圆满完成。

三、毕业论文的类型

按申请学位分类可把毕业论文分为学士论文、硕士论文和博士论文。当毕业生有资格申请学位并为申请学位所写的毕业论文就称为学位论文,它是考核申请者能否被授予学位的重要条件。学位论文和毕业论文对一些学生来说是没有区别的,一篇论文可以有两个含义,既毕业了也有了学位,如学士学位论文既是学位论文也是毕业论文;可对一些学生来说,毕业了,但没有获得学位,那么他写的论文只能称其为毕业论文。

学士论文是指大学本科毕业生申请学士学位要提交的论文,这种论文一般只涉及不太复杂的课题,论述的范围相对较窄,深度也较浅。工科大学生有的还要作毕业设计,论文或设计应反映出作者具有专门的知识和技能,具有从事科学技术研究或担负专门技术工作的初步能力。

硕士论文是指硕士研究生申请硕士学位要提交的论文,其学术水平要比学士论文高,篇幅要比学士论文长。硕士论文应反映出作者所掌握知识的深度,必须具有较新的见解,强调作者的独立思考作用,具有从事科研工作和专门技术工作的独立能力。

博士论文是指博士研究生申请博士学位要提交的论文。博士论文应反映出作者具有坚实、广博的基础理论知识和系统、深入的专门知识,具有独立从事科学技术研究工作的能力,应能反映出该科学技术领域最前沿的独创性成果。

四、毕业论文的格式规范

毕业论文的格式与学术论文基本一致,但是毕业论文一般篇幅较长,所以又有自己的特点。

(一) 封面

由于学位论文的篇幅较长,且一般都是以单行本递交学位审定委员会的,最后单行本存档,因此要求有封面,封面内容主要有标题,作者及其单位,指导老师的姓名、职称申请的学位,课题的专业方向,完成论文的日期等。学位论文的封面一般都有其相应统一的格式。

(二) 目录

由论文的藏、章、条款、附录的序号、题名和页码组成,一般另页排在扉页之后。在必要的时候,硕士论文,特别是博士论文,可以在目录前写一篇精悍、类似文学作品承首前的作者简介,以使论文评选人、答辩委员、学位评选人员等对学位申请者情况、科研成果等有所了解,有效地缩短"读者"与"作者"的距离。或者在论文目录前写一篇"序"文,有时也称"前言"。它与论文的引言不同,它是论文的作者或是别人对论文及其写作过程的有关事项的评价、议论、介绍和解释。致谢的内容可以提前在前言中说明。

（三）摘要

学位论文有两种不同的摘要（中文、英文）：一种是放在学位论文目录之后、正文之前的摘要,要求比较简洁,其写法与前面介绍的摘要写法相同。另外一种是供学科评议组对口科研单位审查用的详细摘要,这种摘要一般有 2 500~3 000 字,它的内容除了包括一般论文的那些项目外,还应较突出地说明研究工作的思路、方法和过程,以便评议者了解作者的研究能力。

（四）引言

学位论文的引言有如下三个特点：一是对课题和选择这一课题的原因要作详细的说明；二是对与论文主题有关的文献进行综述,这是一项重要的必不可少的内容,它能反映研究工作的范围和质量,反映作者对文献的分析、综合和判断能力。但是不要不分主次将大量文献逐一说明,而应根据论文主题需要加以选择,并按其重要性做详略不同的评述。三是对研究工作的界限、规模、工作量做必要说明。增加这些内容后,学位论文的引言自然要比学术论文长,但表述时仍要简明扼要。

（五）正文

正文是作者对研究工作的详细表述。它占全文的绝大部分,其内容包括问题的提出,研究工作的基本前提；假设和条件；基本概念和理论基础；模型的建立,实验方案的拟定；设计计算的方法和内容；实验方法,内容及其分析；理论论证,理论在课题中的应用；课题得出的结果,以及对结果的讨论等。一般情况下,正文可能仅由上述内容的若干部分构成。

撰写正文部分的具体要求如下：

（1）理论分析部分应写明所做的假设及其合理性,所用的分析方法、计算方法、实验方法等哪些是他人用过的,哪些是自己改进的,哪些是自己创造的,以便指导教师审查和纠正意见。篇幅不宜过多,应以简练的文字概括地表达。

（2）对于用实验方法研究的课题,应具体说明实验用的装置、仪器的性能,并应对所用装置、仪器做出检验和标定。对实验的过程和操作方法,力求叙述简明扼要,对人所共知的内容或细节不必详述。

（3）对于经理论推导达到研究目的的课题,内容要精心组织,做到使用概念准确,判断推理符合客观事物的发展规律,符合人们对客观事物的认识习惯。换言之,要做到言之有序,言之有理,以论点为中心,组成完整而严谨的内容整体。

（4）结果与讨论是全文的心脏,一般要占较多篇幅,在撰写时对必要而充分的数据、现象、认识等要作为分析的依据写进去。在对结果做定性和定量分析时,应说明数据的处理方法以及误差分析,说明现象出现的条件及其可证性,交代理论推导中认识的由来和发展,以便他人以此为依据进行实验验证。对结果进行分析后得出的结论,也应说明其适用的条件与范围。此外,适当运用图、表作为结果与分析,也是科技论文通用的一种表达方式,应精心制作,整洁美观。

（六）参考文献

参考文献是毕业设计（论文）不可缺少的组成部分,它反映毕业设计（论文）的取材来源,材料的广博程度和材料的可靠程度。一份完整的参考文献也是向读者提供的一份有价值的信息资料。一般做毕业设计(论文)的参考文献不宜过多,但应列入主要的中外文献。

(七) 致谢

致谢应以简短的文字对课题研究与论文撰写过程中曾直接给予帮助的人员(例如指导教师,答疑教师及其他人员)表示自己的谢意,这不仅是一种礼貌,也是对他人劳动的尊重,是治学者应有的思想作风。

(八) 附录

学位论文的附录是正文的重要补充,也能体现研究工作的数量和质量。由于学位论文不像学术论文那样有严格的篇幅限制,因此,凡正文没有使用的重要原始数据和资料,均可置于附录备查。不宜正文中使用,而又对说明和理解本学位论文有用的信息,都可作为学位论文的附录。这就是有些学位论文的附录比正文还要长的原因。

复习思考题

1. 什么是学术论文?学术论文的特点有哪些?
2. 学术论文选题的主要途径和方法有哪些?
3. 学术论文撰写包含哪些程序?
4. 什么是毕业论文?毕业论文写作的意义?
5. 毕业论文的格式包括哪些要素?

关于印发《发表学术论文"五不准"》的通知

2015 年 12 月 02 日
科协发组字〔2015〕98 号

各省(自治区、直辖市)科协、教育厅(委、局)、科技厅(委、局)、卫生计生委,新疆生产建设兵团科协、教育局、科技局、卫生局,部属高等学校,中科院院属单位,各全国学会(协会、研究会):

  近年来,我国科技事业取得了长足的发展,在学术期刊发表的论文数量大幅增长,质量显著提升。在取得成绩的同时,也暴露出一些问题。今年发生多起国内部分科技工作者在国际学术期刊发表论文被撤稿事件,对我国科技界的国际声誉带来极其恶劣的影响。为弘扬科学精神,加强科学道德和学风建设,抵制学术不端行为,端正学风,维护风清气正的良好学术生态环境,重申和明确科技工作者在发表学术论文过程中的科学道德行为规范,中国科协、教育部、科技部、卫生计生委、中科院、工程院、自然科学基金会共同研究制定了《发表学术论文"五不准"》。根据中央领导意见,现将《发表学术论文"五不准"》印发给你们,请遵照执行。

  各有关单位要组织深入学习、广泛宣传,结合实际制定和完善相关规定,建立学术不端行为调查处理机制,进一步改革完善科技评价体系,为科技工作者创新创业提供良好的政策和环境保障;要采取切实有效的措施对被撤稿作者开展调查,对违反"五不准"的行为视情节作出严肃处理,并将处理结果报上级主管部门备案。广大科技工作者应加强道德自律,共同遵守"五不准",认真开展自查,发现存在违反"五不准"的行为要主动申请撤稿,坚决抵制"第三方"学术不端行为。各全国学会(协会、研究会)要发挥科学共同体作用,做好教育引导,捍卫学术尊严,维护良好学风。

  中国科协、教育部、科技部、卫生计生委、中科院、工程院、自然科学基金会将加强沟通协调和联合行动,落实"五不准",督促有关单位对撤稿事件进行调查处理,逐步建立科研行为严重失信记录制度和黑名单信息共享机制,推动科技评价体系改革,规范科研诚信管理,维护科技工作者合法权益。

中国科协　教育部　科技部
卫生计生委　中科院　工程院
自然科学基金会
2015 年 11 月 23 日

发表学术论文"五不准"

1. 不准由"第三方"代写论文。科技工作者应自己完成论文撰写,坚决抵制"第三方"提供论文代写服务。

2. 不准由"第三方"代投论文。科技工作者应学习、掌握学术期刊投稿程序,亲自完成提交论文、回应评审意见的全过程,坚决抵制"第三方"提供论文代投服务。

3. 不准由"第三方"对论文内容进行修改。论文作者委托"第三方"进行论文语言润色,应基于作者完成的论文原稿,且仅限于对语言表达方式的完善,坚决抵制以语言润色的名义修改论文的实质内容。

4. 不准提供虚假同行评审人信息。科技工作者在学术期刊发表论文如需推荐同行评审人,应确保所提供的评审人姓名、联系方式等信息真实可靠,坚决抵制同行评审环节的任何弄虚作假行为。

5. 不准违反论文署名规范。所有论文署名作者应事先审阅并同意署名发表论文,并对论文内容负有知情同意的责任;论文起草人必须事先征求署名作者对论文全文的意见并征得其署名同意。论文署名的每一位作者都必须对论文有实质性学术贡献,坚决抵制无实质性学术贡献者在论文上署名。

本"五不准"中所述"第三方"指除作者和期刊以外的任何机构和个人;"论文代写"指论文署名作者未亲自完成论文撰写而由他人代理的行为;"论文代投"指论文署名作者未亲自完成提交论文、回应评审意见等全过程而由他人代理的行为。

参考文献

[1] 汪楠,成鹰.信息检索技术[M].北京:清华大学出版社,2014.
[2] 张志东.网络信息资源检索与利用[M].北京:中国社会科学出版社,2015.
[3] 隋莉萍.网络信息资源检索与利用[M].北京:清华大学出版社,2014.
[4] 叶青,方倪,郭璐.网络信息资源检索[M].哈尔滨:东北林业大学出版社,2016.
[5] 陈英.科技信息检索[M].6版.北京:科学出版社,2014.
[6] 花芳.文献检索与利用[M].2版.北京:清华大学出版社,2014.
[7] 于双成,等.科技信息检索与利用[M].北京:清华大学出版社,2012.
[8] 刘廷元,邵卫东,汤凝.信息检索教程[M].北京:北京交通大学出版社,2008.
[9] 吴燕,金少林.信息检索与利用[M].上海:上海交通大学出版社,2014.
[10] 肖琼.信息资源检索与利用[M].北京:北京邮电大学出版社,2014.
[11] 陈荣,霍丽萍.信息检索案例研究[M].上海:华东理工大学出版社,2015.
[12] 黄如花.信息检索[M].武汉:武汉大学出版社,2010.
[13] 曹晓英,韩海涛.基于数字图书馆的大学生信息素质教育研究[J].图书馆学研究,2006(02):83-86.
[14] 李明珍,曲长生.论大学生信息素质教育与创新能力的培养[J].现代情报,2007,27(03):197-199.
[15] 张树忠,黄继东.信息检索与利用[M].南京:东南大学出版社,2012.
[16] 罗明英,曾红岩,坤燕昌.信息检索实训教程[M].成都:四川大学出版社,2012.
[17] 张玉慧.网络信息检索与利用[M].北京:北京理工大学出版社,2014.
[18] 万明.实用科技写作[M].西安:西北大学出版社,2007.
[19] 丁强.科研方法与学术论文写作[M].昆明:云南科学技术出版社,2008.
[20] 张雪梅,过仕明.信息检索实用教程[M].哈尔滨:黑龙江教育出版社,2012.
[21] 王立诚.科技文献检索与利用[M].南京:东南大学出版社,2014.
[22] 韩东,傅兵.文献信息检索与利用[M].北京:清华大学出版社,2014.
[23] 王良超,高丽.文献检索与利用[M].北京:化学工业出版社,2013.
[24] 周新年.科学研究方法与学术论文写作——理论·技巧·案例[M].北京:科学出版社,2012.
[25] 郑霞忠,黄正伟,余肖生等.科技论文写作与文献检索[M].武汉:武汉大学出版社,2012.
[26] 何晓萍.文献信息检索理论、方法和案例分析[M].北京:机械工业出版社,2014.

[27] 刘富霞. 文献信息检索教程[M]. 北京:机械工业出版社,2016.
[28] 李贵成,张金刚. 信息素养与信息检索教程[M]. 武汉:华中科技大学出版社,2016.
[29] 笪佐领,沈逸君. 网络信息检索实用教程[M]. 南京:南京大学出版社,2016.
[30] 张永忠. 信息检索与利用(第二版)[M]. 上海:复旦大学出版社,2017.
[31] 邓发云. 信息检索与利用(第二版)[M]. 北京:科学出版社,2017.
[32] 陈新艳,陈振华,云爱玲等. 信息检索与利用[M]. 武汉:武汉理工大学出版社,2015.
[33] 肖琼. 信息资源检索与利用[M]. 北京:北京邮电大学出版社,2014.
[34] 于光. 信息检索[M]. 北京:电子工业出版社,2014.
[35] 胡春,王筱明,冯凯. 现代信息检索教程[M]. 北京:北京交通大学出版社,2008.
[36] 戴建陆,张岚,信息检索[M]. 北京:北京电力出版社,2013.
[37] 专利文献的作用. 2017-04-15 http://www.sipo.gov.cn/wxfw/zlwxxxggfw/zsyd/zlwxjczs/.
[38] 专利的申请流程. 2017-05-08. Http://baike.baidu.com/link?url=h29xbEOJrH_IQNAy88sK-r-b-Br7LndCiAWPoAb_moLjBb5JlGPt4KRSs1F0gxuglTIjw4NjkNM_S2gxGsPGmvsVSdBnfuqyEBE65SuUADe.
[39] 专利制度. 2017-05-10http://baike.baidu.com/link?url=w_DDpV4ro4jPK2Jme5FEC7Q-93J2eK7fKry8DhRRh7Yxe3Hl0zjRxAkZqWkHJFEyxH4euXQ6i2cRJ3fp04fuY7ctjv_ciz7zw5QgbcG4XcVPciFqzwx7gHbVVrrN40cM.